한시 초보자를 위한

한시 길잡이

영어와 함께 배우는
추구推句와 백련초해百聯抄解

박원익 지음

明文堂

이영주(서울대학교 중문학과 명예교수)

閑山島夜月明時	한산 섬 달밝은 밤에
獨坐戍樓萬感馳	수루에 혼자 앉았으니 만감이 치닫는다.
腰佩大刀愁海沒	큰칼 허리에 차고 시름의 바다에 잠겼는데
胡笳何處斷腸吹	내 애가 끊어지게 어디선가 호가를 부는구나.

　　이 한시는 이 책의 저자인 박원익 선생님이 이순신 장군의 시조時調인 한산도가 閑山島歌를 한역漢譯한 칠언절구七言絶句이다. 시조와 한시는 격률이 아주 달라 시조를 한시로 바꾼다는 것은 여간 어려운 일이 아니다. 그럼에도 이 시는 한시 옆에 병기한 번역문을 보면 알 수 있듯이 한산도가의 의미를 잘 담아내었고 칠언절구의 격률도 지키고 있다. 선생님은 많은 수의 우리 시조를 한시로 바꾸어 발표하였는데, 이는 그런 어려운 작업을 수행할 수 있을 정도로 한시 창작에 능하다는 사실을 알려준다.

　　선생님은 대한한시학회 창립회원으로 사단법인 한국한시협회 자문위원을 지냈고, 서울 강서구에 있는 양천향교에서 한시학회를 조직하여 한시 창작과 보급에 힘써 왔다. 특히 양천향교에서 20년 이상 매주 주말에 한시를 강의하면서 한문 초보자를 위한 한시 교수법 개발에 고심하였다. 한시를 이해하고 창작하기 위해서는 한문 습득이 선행되어야 한다는 생각에 『문법으로 배우는 명심보감』 등 몇 권의 책을 이미 출간하였는데, 이번에 다시 『추구推句』와 『백련초해百聯抄解』를 묶어서 해설한 이 책을 출간하게 되었다.

『추구』는 좋은 오언五言 대구對句 120연聯을 뽑아 만든 작자 미상의 책이고, 『백련초해』는 하서河西 김인후金麟厚 선생이 칠언七言 대구對句 100연聯을 가려 뽑아 만든 책이다. 이 둘은 예전에 어린이들이 『천자문千字文』을 배운 다음 한자를 어느 정도 알게 되면 한문과 한시의 기초 학습을 위하여 읽었다고 하는데, 한문이나 한시를 습득하고자 하는 현대인에게도 그 효용성은 여전하다.

『추구推句』와 『백련초해百聯抄解』 번역서는 다른 출판사에서 이미 출간한 게 있지만, 박원익 선생님의 이 책은 문장의 구조를 분석하여 문법적인 해설을 더하였다는 점에서 기존의 번역서와 차이를 보인다. 우리말 번역 외에 영문 번역이 있다는 점 역시 특기할 만하다.

박원익 선생님은 영문학 박사 학위를 받은 영문학자이다. 근 40년간 교단에서 영어를 가르치기도 하였다. 영문학과 한시에 모두 조예가 깊기에 영문 번역을 곁들일 수 있었을 것인데, 이렇게 한 뜻은 영어에 익숙한 오늘날의 청소년들이 이 책에 관심을 가져주기를 바래서일 것이다. 영어 학습에도 도움이 된다는 생각에 이 책을 접하다 보면 저절로 한문과 한시에 대한 이해도 깊어져, 그야말로 일석이조의 효과를 기대할 수 있을 것이다.

청소년들이 우리의 전통 문화에 관심을 가지지 않고, 한문을 가까이하지 않는 세태가 실로 걱정스럽다. 어떻게 하면 한문 교육이 다시 활성화되고 전통 문화가 관심을 끌 수 있을지 고민하게 된다. 그래서 이 책을 보고 반가웠고 박원익 선생님의 노고에 고마움을 느끼게 되었다. 아무쪼록 이 책이 널리 알려지고 많이 읽히기를 기대한다.

　이 책은 한시를 처음 배우고자 하는 사람이라면 누구나 읽을 필요가 있는 책으로 만들었다. 한시를 배우는 목적은 여러 가지가 있겠지만 먼저 한시를 읽고 감상하는 것과 나아가 작시까지 하는 것으로 볼 수 있다. 읽고 감상하는 경우라면 한자 어휘와 문장 해독력을 길러야 할 것이고, 작시까지 할 경우라면 작시에 필요한 평측平仄(평성과 측성)이라는 까다로운 규칙을 익혀야 할 것이다. 하지만 이 규칙에 너무 얽매이기 보다는 우선 문맥이 통하는 문장을 만드는 데 공을 들이는 것이 좋다. 한자는 사성四聲의 성조언어聲調言語이기 때문에 형식면에서 평측을 고집하는데 오늘날에는 잘 맞지 않는다.

　『추구推句(a couplet selected out of famous phrases)』는 작자가 분명하지 않다. 추구의 내용은 유명한 시인이나 명사들이 애송하던 5언구들 중에서 좋은 대구들만 주로 뽑아 편집한 것이기 때문이다. 推(밀 추)자를 抽(뽑을 추)자로 바꾸어 추구抽句라고도 쓴다. 어린이들이 『천자문千字文』을 배운 다음 한자를 어느 정도 알게 되면 이어서 한시의 기초 학습으로 이 추구를 공부하였다. 추구의 수는 많으나 이 책은 전통문화연구회의 120개 대구對句를 정본으로 하여 해설하였다.

　『백련초해百聯抄解(A guide to Chinese poetry, composed of an excerpts with one hundred stanzas)』는 조선조의 대표적인 한시 교재이다. 조선조 명종 때 문신 하서河西 김인후金麟厚(1510~1560)가 어린이들이 추구를 공부한 다음 한시의 기초를 더욱 튼튼히 할 수 있도록 유명한 칠언율시들 중에서 대구對句(聯句) 100수를 가려 뽑아 한글로 해석을 붙인 한시 입문서이다.

이 책은 1부 『추구』, 2부 『백련초해』, 그리고 부록으로 구성되었다. 추구와 백련초해를 한글과 영문으로 함께 번역한 것은 요즘 젊은이들은 한자보다 오히려 영어에 더 친숙해 있기 때문에 한문을 이해하는데 조금이나마 도움이 되도록 하기 위함이다. 번역은 원의를 살리기 위해 직역을 하고, 시문의 출처와 참고문을 실었다.

『추구』에서는 〈구문 해설〉과 〈대구 구조〉를 싣고, 작시연습을 하도록 한역문제를 만들어 실었다. 여기 〈대구 구조〉는 평측을 이해한 다음에 읽는 것이 좋다. 『백련초해』에서도 〈구문 해설〉을 하고, 좋은 대우구 보기를 실으면서 유사한 한역문제를 넣어보기 〈호대구好對句〉를 활용한 작시연습을 하도록 하였다. 한역문제는 작시 규칙에 맞추어 평측의 2, 4부동과 대구 간에 평측이 대립하도록 문제를 만들어 작시연습을 하도록 하였다. 2행을 평성으로 압운하고 1행의 그 상대어는 측성으로 하였다.

부족한 점이 많지만 한글과 영어로 함께 번역한 것은 오늘날 젊은이들이 보다 친숙한 영어가 한시 공부에 좋은 촉매제가 되기를 바라는 마음에서다.

2022년 2월 22일
관현당에서 저자

용어와 보기

1. 주술(주어＋술어)   : 花開. 鳥啼. 天佑神助.

2. 주술목(주어＋술어＋목적어)   : 我讀書. 仁者樂山. 士愛國者.

3. 주술보(주어＋술어＋보어)   : 明月滿天. 少年易老. 鳥歸巢.

4. 형명수식(형용사＋명사)   : 靑山. 綠水. 美人. 茫茫大海.

5. 부술수식(부사＋술어)   : 必勝. 早起. 極貧. 不明.

6. 주종(수식)구조(主語＋從語)   : 樹葉. 國民. 月影. 人權.

차례

1부

추구
推句

| 추구推句 해설 |

『추구』는 구중句中에서 평측이 2, 4부동이라는 작시 규칙과 구간句間에서 2번, 4번 자끼리 평측이 대립되어야 하는 작시 규칙에 어긋나는 것들이 많이 있다. 그리고 2행 평성 압운자의 상대어는 측성이라야 하는데 그렇지 않은 것들도 있다. 이것은 추구를 처음 지을 때 한시 작법에 따라 작시한 것이 아니기 때문이다. 그러나 한시의 기본을 학습하는 초보자에게는 이 추구집이 좋은 교과서이기 때문에 현재의 작시 규칙을 적용하여 평측의 기본을 연습해 보는 것은 한시 공부에 많은 도움이 되리라고 믿는다. 따라서 모두를 작금의 작시 규칙에 맞추어 해설하였다.

이 책에서 '대구對句'라 칭한 것은 두 글귀가 문법기능이나 품사나 평측이 서로 짝하여 상대가 되는 어휘로 만들어진 어구이기 때문에 대구라 칭하였다. 그리고 서로 짝이 안 되는 대구는 짝이 되는 대구의 관점에서 그 이유를 설명하였다.

한역 문제는 오언으로 된 대우구로 구중에서 평측이 2, 4부동과 구간에서 평측이 대립이 되는 문제를 만들어 작시 연습을 하도록 한 것이다. 여기 한역 문제는 모두 2행 끝에 평성으로 압운하고 1행의 상대어는 측성으로 되어있다.

001 (밑줄이 있는 것은 평성平聲이고 없는 것은 측성仄聲이다.)

> <u>天高</u>日月明 천고일월명 하늘이 높으니 해와 달이 밝고,
>
> The sky is high, and so the sun and the moon are bright.
>
> 地厚草木生 지후초목생 땅이 두터우니 풀과 나무가 자란다.
>
> The earth is thick, and so grasses and trees grow on it.

| 구문 해설 |

① 이 대구는 '주술+주술' 구조로 '~하니 ~하다'의 인과문이다. ② 天高와 地厚는 '주술' 구조의 대구로 天과 地는 주어로 대를 하고, 高와 厚는 형용사술어로 대를 한다. ③ 日月明과 草木生은 '주술' 구조의 대구로, 日月과 草木은 대등관계어로 주어로 대를 하고, 明과 生은 술어로 대를 한다. 日月과 草木은 '명사+명사' 형태로 앞뒤 명사가 대등하다.

| 대구 구조 |

① 2, 4不同 : 첫 구의 高와 月은 평성과 측성이라 2, 4不同이나, 둘째 구의 厚와 木은 둘 다 측성이라 2, 4不同이 아니다. ② 대우구 : 2번 자 高와 厚는 평성과 측성으로 대가 되지만, 4번 자 月과 木은 둘 다 측성이라 失對이다. 평성 자리에 측성자(木)가 왔기 때문이다. 평성운자 生자로 압운했으면 상대어는 측성(明은 평성)이라야 하는데 안 되었다.

| 어휘 |

· 高 높을 고 · 明 밝을 명 · 厚 두터울 후 · 草 풀 초 · 木 나무 목

〈출처〉 이 대구는 동진의 도연명(365~427)의 시 「사계四季」 1수에 있다. 또 산수시인 사령운(385~433)의 시 「초거군初去郡」에 있는 '野曠沙岸淨 天高秋日明'에서 점화點化(parody)한 것으로 보인다.

〈문제 1〉 날이 따뜻하니 백화百花가 피고, 땅이 비옥하니 오곡이 산다(生).

> **月出天開眼** 월출천개안 달이 뜬 것은 하늘이 눈을 연 것이고,
> It is just as the sky opens its eyes that the moon rises.
>
> **山高地舉頭** 산고지거두 산이 높은 것은 땅이 머리를 든 것이다.
> It is just as the earth raises its head that the hill is high.

| 구문 해설 |

　① 이 대구는 '주술+주술목' 구조의 서술문이다. ② 月出과 山高는 '주술' 구조의 대구로, 月과 山이 주어로 대를 하고, 出과 高는 술어로 대를 한다. ③ 天開眼과 地舉頭는 '주술목' 구조의 대구로, 天과 地는 주어로 대를 하고, 開와 舉는 술어로 대를 하고, 眼과 頭는 목적어로 대를 한다. ④ 月出과 山高 다음에 如자를 넣어 '天開眼'과 '地舉頭'를 명사 보어로 하여 단순비교문을 만들면 이해가 쉽다. ⑤ '달이 환히 밝은 것은 하늘이 감았던 눈을 뜬 것과 같고, 산이 우뚝 솟은 것은 땅이 머리를 쳐들은 것과 같다'는 비유문이다.

| 대구 구조 |

　① 2, 4부동 : 첫 구의 出과 開는 측성과 평성, 둘째 구의 高와 舉는 평성과 측성으로 둘 다 2, 4부동이다. ② 대우구 : 2번 자 出과 高는 측성과 평성, 4번 자 開와 舉는 평성과 측성이라 대우구가 된다. 짝수구의 끝 자 평성 頭자가 운자이므로 상대어도 신체의 부위 명사 측성 眼자가 온 것은 좋은 대구이다.

| 어휘 |

　•出 날 출 •開 열 개 •眼 눈 안 •舉 들 거 •頭 머리 두

〈출처〉 이 대구는 동진東晉의 도연명陶淵明의 시 「사계四季」 4수에 있다.

〈문제 2〉 풀집은 남산 아래 있고, 사립문(柴門)은 한강물 머리에 있다(頭).

> **東西幾萬里** 동서기만리　동서는 몇 만 리일까?
> What miles are the distance between the east and the west?
>
> **南北不能尺** 남북불능척　남북은 자로 잴 수 없다.
> We cannot measure the distance of the south and the north.

| 구문 해설 |

① 이 대구는 '주어+술어' 구조이다. ② 東西와 南北은 대등관계의 방향어 대구로 주어이고, 다음 글은 전부 술어이다. ③ 幾는 의문사로 '몇, 얼마'의 뜻이고, 能은 '할 수 있다'는 뜻으로 술어 尺을 돕는 조술사다. 尺이 명사이면 '자'이고, 동사이면 '자로 재다'이다. ④ 幾萬里는 '의문사와 명사'이고, 不能尺은 '부정술어'로 품사상으로 대가 안 된다. ⑤ 南北은 주어이면서 의미상으로 尺의 목적어이다.

| 대구 구조 |

① 2, 4부동 : 첫 구의 西와 萬은 평성과 측성이고, 둘째 구의 北과 能은 측성과 평성으로 둘 다 2, 4부동이다. 幾萬里는 3자가 측성인 下三仄으로 下三平과 함께 작시에서 기피한다. ② 대우구 : 2번 자 西와 北은 평성과 측성이고, 4번 자 萬과 能은 측성과 평성이라 대우구는 되지만 압운할 평성 자리에 측성 尺자가 와서 규칙에 맞지 않다.

| 어휘 |

・幾 몇 기　・萬 일만 만　・里 마을 리　・能 능할 능　・尺 자 척

〈출처〉 이 대구는 동진東晉의 도연명陶淵明의 시 「사계四季」 30수에 있다.

〈문제 3〉 강물을 어찌 말로 셀 수 있으며(能斗), 인심人心은 근으로 달 수 없다(不可斤).

004

> **天傾西北邊** 천경서북변   하늘은 서북 변으로 기울고,
> The sky leans to the side of the northwest.
>
> **地卑東南界** 지비동남계   땅은 동남 경계에서 낮다.
> The earth is low at the border of the southeast.

| 구문 해설 |

① 이 대구는 '주술+부사구' 구조이다. ② 天傾과 地卑는 '주술' 구조의 대구로, 天과 地는 주어로 대를 하고, 傾과 卑는 술어로 대를 한다. ③ 西北과 東南은 대등관계의 방향어로 대를 하고, 邊과 界는 위치(경계)어로 대를 한다. ④ 邊과 界는 '~에서, ~으로' 라고 해석되는 부사어로 술어 傾과 卑를 수식한다. 예 : 古家傾左邊(옛집이 왼쪽으로 기우러졌다) ⑤ 하늘은 서북쪽으로(에서) 기우러져 있고, 땅은 동남쪽 경계에서 나지막하다.

| 대구 구조 |

① 2, 4부동 : 첫 구의 傾과 北은 평성과 측성으로 2, 4부동이지만, 둘째 구의 卑와 南은 둘 다 평성이라 2, 4부동이 안 된다. 卑 자리에 측성이 오면 된다. ② 대우구 : 2번 자 傾과 卑는 둘 다 평성이라 失對이고, 4번 자 北과 南은 측성과 평성이라 대는 되지만 둘째 구가 구중에서 2, 4부동이 안되어 대우구로는 부적합하다. 평성자로 압운하려면 우선 1, 2구의 순서를 바꾸면 된다.

| 어휘 |

• 傾 기울 경   • 邊 가 변   • 地 땅 지   • 卑 낮을 비   • 界 경계 계

〈출처〉 이 대구는 동진東晉의 도연명陶淵明의 시 「사계四季」 41수에 있다.

〈문제 4〉 육신의 삶은 한계가 있고, 짠물 바다는 가가 없다(邊).

005

> <u>春來梨花白</u> 춘래이화백　봄이 오니 배꽃이 희고,
> Spring comes, and so pear-blossoms are white.
>
> <u>夏至樹葉靑</u> 하지수엽청　여름이 되니 나뭇잎이 푸르다.
> Summer arrives, and so tree-leaves are blue.

| 구문 해설 |

① 이 대구는 '주술+주술' 구조이다. ② 春來와 夏至는 '주술' 구조의 대구로, 春과 夏는 주어로 대를 하고, 來와 至는 술어로 대를 한다. ③ 梨花白과 樹葉靑은 '주술' 구조의 대구로 梨花와 樹葉은 수식관계어로 주어로 대를 한다. 白과 靑은 색깔 형용사술어로 대를 한다. ④ '春來하니 梨花가 白하다'에서 春來가 先行爲이고 梨花白은 後行爲로 동작 상태의 순서에 따라 '~하니 ~하다'로 해석한다. '夏至하니 樹葉이 靑하다' 역시 같은 문형이다.

| 대구 구조 |

① 2, 4부동 : 첫 구의 來와 花는 둘 다 평성이고, 둘째 구의 至와 葉은 둘 다 측성이라 두 구 모두 구중에서 2, 4부동이 안 된다. ② 대우구 : 2번 자 來와 至는 평성과 측성이라 대가 되고, 4번 자 花와 葉 역시 평성과 측성이라 대는 되지만, 둘 다 구중에서 2, 4부동이 안 된다. 평성운자 靑과 상대어 측성 白은 색깔 형용사로 좋은 대가 된다.

| 어휘 |

- 梨 배나무 리　• 夏 여름 하　• 至 이를 지　• 樹 나무 수　• 葉 잎 엽

〈출처〉 이 대구는 동진東晉의 도연명陶淵明의 시「사계四季」 2수에 있다.

〈문제 5〉 봄이 오니(春來) 꽃과 새가 웃고, 여름이 이르니(夏至) 물과 산이 푸르다(靑).

> **秋凉黄菊發** 추량황국발　가을이 서늘하니 노란 국화가 피고,
> Autumn is cool, and so yellow chrysanthemums open.
>
> **冬寒白雪來** 동한백설래　겨울이 추우니 흰 눈이 내린다.
> Winter is cold, and so white snow falls.

| 구문 해설 |

① 이 대구는 '주술+주술' 구조이다. ② 秋凉과 冬寒은 '주술' 구조의 대구로 秋와 冬이 주어로 대를 하고, 凉과 寒은 형용사술어로 대를 한다. ③ 黄菊發과 白雪來도 '주술' 구조의 대구로 黄菊과 白雪이 주어로 대를 하고, 發과 來는 술어로 대를 한다. 黄과 白은 색깔 형용사로 대를 이루어 명사 대어 菊과 雪을 수식한다. 가을은 노란색 국화로, 겨울은 흰색 눈으로 표현한 색채 수법이 돋보인다.

| 대구 구조 |

① 2, 4부동 : 첫 구의 凉과 菊은 평성과 측성이고, 둘째 구의 寒과 雪 역시 평성과 측성이라 2, 4부동은 된다. ② 대우구 : 2번 자 凉과 寒은 다 평성이고, 4번 자 菊과 雪은 다 측성이라 失對이므로, 평측 구조상 대우구는 안 되지만 의미상으로는 좋은 대가 된다. 평성운자 來자와 상대어 측성 發자는 동사로 좋은 대어이다.

| 어휘 |

- 秋 가을 추　• 凉 서늘할 량　• 菊 국화 국　• 發 필 발　• 冬 겨울 동
- 寒 찰 한　• 雪 눈 설

〈출처〉 이 대구는 동진東晉의 도연명陶淵明의 시 「사계四季」 3수에 있다.

〈문제 6〉 섣달에 홍매紅梅가 피고, 추운 겨울에 백설白雪이 온다(來).

> **日月千年鏡** 일월천년경　해와 달은 천년의 거울이고,
>
> The sun and the moon are the mirror shining a thousand years.
>
> **江山萬古屏** 강산만고병　강과 산은 만고의 병풍이다.
>
> Rivers and mountains are an immortal folding-screen.

| 구문 해설 |

① 이 대구는 '주어+명사술어' 구조이다. ② 日月과 江山은 대등관계어의 대구로 각각 해와 달, 강과 산 2자 어휘로 된 주어이다. ③ 千年鏡과 萬古屏에서 千과 萬은 숫자로 대를 하고, 年과 古는 시간어로 대를 하고, 鏡과 屏은 명사술어로 대를 한다. ④ 千年鏡과 萬古屏이 명사술어로 '(~은) ~이다(판단문)'로 해석한다. 예 : 杜甫詩聖(두보는 시성이다). 杜甫가 주어, 詩聖이 술어다. ⑤ '해와 달은 불멸의 거울로 세상을 비추고, 강과 산은 천만년을 변함없이 우리를 감싸주는 병풍과 같다.'는 글이다.

| 대구 구조 |

① 2, 4부동 : 첫 구의 月과 年은 측성과 평성으로, 둘째 구의 山과 古는 평성과 측성으로 둘 다 2, 4부동이다. ② 대우구 : 2번 자 月과 山은 측성과 평성이고, 4번 자 年과 古는 평성과 측성이라 좋은 대우구가 된다. 평성운자 屏과 상대어 측성 鏡은 기물 명사로 좋은 대어이다.

| 어휘 |

・鏡 거울 경　・江 물 강　・萬 일만 만　・古 옛 고　・屏 병풍 병

〈출처〉 이 대구는 동진東晉의 도연명陶淵明의 시 「사계四季」 6수에 있다.

〈문제 7〉 일월日月은 하늘 가운데 거울이고, 강산江山은 땅 위 병풍이다(屏).

> <u>東西</u>日月<u>門</u> 동서일월문 동과 서는 해와 달의 문이고,
> The east and the west are the gate of the sun and the moon.
>
> <u>南北</u>鴻雁<u>路</u> 남북홍안로 남과 북은 기러기의 길이다.
> The south and the north are the road of a wild-goose.

| 구문 해설 |

① 이 대구도 007번처럼 '주어+명사술어' 구조이다. ② 東西와 南北은 대등관계의 방향어 대구로 주어이다. ③ 日月과 鴻雁은 각각 해와 달, 큰기러기와 기러기라는 대등관계 어휘로 대를 하여 다음 門과 路를 수식한다. ④ 이 대구도 명사가 술어로 '~은 ~이다' 로 해석한다. ⑤ 동쪽과 서쪽은 해와 달이 떴다 졌다 하면서 다니는 출입문이고, 남쪽과 북쪽은 기러기가 철따라 왔다 갔다 하는 통행로이다.

| 대구 구조 |

① 2, 4부동 : 첫 구의 西와 月은 평성과 측성이라 2, 4부동이지만, 둘째 구의 北과 雁은 둘 다 측성이라 2, 4부동이 안 된다. ② 대우구 : 2번 자 西와 北은 평성과 측성이라 대가 되지만, 4번 자 月과 雁은 둘 다 측성이라 失對이다. 실대의 해결은 측성 雁자리에 평성이 와야 하므로 鴻雁을 雁鴻으로 바꾸면 된다. 1행과 2행 순서를 바꾸어 2행에 평성운자가 오도록 한다.

| 어휘 |

• 門 문 문 • 南 남녘 남 • 鴻 큰기러기 홍 • 雁 기러기 안 • 路 길 로

〈출처〉 이 대구는 동진東晉의 도연명陶淵明의 시 「사계四季」 7수에 있다.

〈문제 8〉 북새北塞는 기러기 돌아가는 곳이고, 동산東山은 해 솟는 문이다(門).

009

> <u>春水滿四澤</u> 춘수만사택 봄비 물이 네 못에 가득하고,
> Spring rain-water is full in the four ponds.
>
> <u>夏雲多奇峰</u> 하운다기봉 여름 구름은 기이한 봉우리가 많다.
> Summer clouds make many wonderful peaks.

| 구문 해설 |

① 이 대구는 '주술보' 구조이다. ② 春水와 夏雲은 '주종' 구조의 대구로 주어이다. 春과 夏는 주어가 되고, 水와 雲은 종어가 되는 관계이다. ③ 滿은 '(~이)~에 가득하다' 는 보어를 필요로 하는 동사로 四澤이 보어이다. 보기 : 春滿乾坤福滿家. ④ 多와 少도 뒤에 보어를 필요로 하는 형용사로 奇峰이 보어이지만 해석은 주어처럼 한다.

| 대구 구조 |

① 2, 4부동 : 첫 구의 水와 四가 모두 측성이고, 둘째 구의 雲과 奇는 모두 평성이라 둘 다 2, 4부동이 안 된다. ② 대우구 : 2번 자 水와 雲은 측성과 평성이고, 4번 자 四와 奇도 측성과 평성이라 대는 되지만 둘 다 구중에서 2, 4부동이 안되어 대우구로는 부적합하다. 滿四澤은 下三仄이고, 多奇峰은 下三平이라 작시에서 피한다. 평성운자 峰과 측성 대어 澤은 명사로 좋은 대어이다.

| 어휘 |

· 滿 찰 만 · 澤 못 택 · 多 많을 다 · 奇 기이할 기 · 峰 봉우리 봉

〈출처〉 이 시구는 다음 010과 함께 도연명陶淵明의 시 「사계四季」 13수에 있는데, 화가 고개지顧愷之(344?~405)의 그림에도 들어 있어 작자가 불분명하다.

〈문제 9〉 춘수春水가 농지에 가득하고, 하운夏雲이 괴상한 봉우리를 만든다(峰).

010

> **秋月揚明輝** 추월양명휘　가을 달은 밝은 빛을 드날리고,
>
> The moon in autumn shines on the earth brightly.
>
> **冬嶺秀孤松** 동령수고송　겨울 산재에는 외로운 소나무가 빼어나다.
>
> A pine tree on the ridge in winter looks outstanding.

| 구문 해설 |

①첫 구는 '주술목' 구조이고, 둘째 구는 '장소어+술어+주어' 구조이다. ② 秋月과 冬嶺은 '主從' 구조의 대구로 秋와 冬은 주어로 대를 하고, 月과 嶺은 종어로 대를 한다. ③ 揚明輝는 揚이 明輝(밝은 빛)를 목적어로 하는 '술목' 구조이고, 秀孤松은 '술주' 구조로 秀가 술어이고, 孤松이 주어이다. ④ 秋月은 揚의 주어이고, 冬嶺은 孤松이 秀하다는 장소어다. 따라서 품사와 기능이 상호 같아야 하는 대우문은 안 된다.

| 대구 구조 |

① 2, 4부동 : 첫 구의 月과 明은 측성과 평성, 둘째 구의 嶺과 孤도 측성과 평성으로 둘 다 구중에서 2, 4부동은 되지만 두 구가 같은 평측 구조를 하고 있어 대구가 성립 안 된다. ② 대우구 : 2번 자 月과 嶺은 다 측성이고, 4번 자 明과 孤는 다 평성으로 失對하여 대우구는 안 된다. 揚明輝는 하삼평이라 기피하므로 輝자를 측성 명사(松의 대어)로 바꾸면 된다.

| 어휘 |

· 揚 날릴 양　· 輝 빛날 휘　· 嶺 재 령　· 秀 빼어날 수　· 孤 외로울 고

〈출처〉 009번 참조.

〈문제 10〉 가을 달은 고향 친구이고, 겨울산은 흰 눈 소나무다(松).

011

> 日月籠中鳥 일월농중조　해와 달은 새장 안의 새이고,
> The sun and the moon are the birds in the basket.
>
> 乾坤水上萍 건곤수상평　하늘과 땅은 물 위의 부평초이다.
> Heaven and earth are the floating weeds on water.

| 구문 해설 |

① 이 대구는 '주어+명사술어' 구조로 '~은 ~이다' 라고 판단되는 평서문이다. ② 日月과 乾坤은 두 글자가 대등관계의 주어로 대를 한다. ③ 籠中鳥와 水上萍은 명사술어로 대를 한다. 籠中과 水上은 위치를 나타내어 鳥와 萍을 수식한다. 籠中과 水上은 籠과 水가 명사 대를 하고, 中과 上은 방향 접미어로 대를 한다. ④ 명사 뒤에 오는 방향이나 장소를 나타내는 접미어는 上, 中, 下, 間, 邊, 頭, 端, 末, 裡, 內, 外 등이 있다. ⑤ 해와 달은 새장에 갇힌 새와 같고, 하늘과 땅은 물 위에 떠다니는 부평초와 같다는 뜻이다.

| 대구 구조 |

① 2, 4부동 : 첫 구의 月과 中은 측성과 평성이고, 둘째 구의 坤과 上은 평성과 측성으로 둘 다 2, 4부동이 된다. ② 대우구 : 2번 자 月과 坤은 측성과 평성이고, 4번 자 中과 上은 평성과 측성으로 좋은 대가 된다. 평성운자 萍자와 상대어 측성 鳥자는 명사로 좋은 대어이다.

| 어휘 |

•籠 대그릇 롱　•鳥 새 조　•乾 하늘 건　•坤 땅 곤　•萍 부평초 평

〈출처〉 이 대구는 동진東晉의 도연명陶淵明의 시 「사계四季」 12수에 있다.

〈문제 11〉 세월은 봄 사이(春間)의 꿈이고, 인생은 물 위의 부평초다(萍).

012

> 白雲山上蓋 백운산상개　흰 구름은 산 위의 덮개이고,
>
> A white cloud is the cover(sunshade) on a mountain.
>
> 明月水中珠 명월수중주　밝은 달은 물속의 구슬이다.
>
> A bright moon is the pearl(jewel) in water.

| 구문 해설 |

① 이 대구는 '주어+명사술어' 구조이다. 011번, 036번과 구조가 같다. ② 白雲과 明月은 수식 구조의 대구로 주어이다. 白과 明은 형용사로 대를 하여 명사 대를 한 雲과 月을 수식한다. ③ 山上蓋와 水中珠는 명사술어로 대를 한다. 山과 水는 명사 대이고, 上과 中은 방향 접미어 대이고, 蓋와 珠는 명사로 대이다. ④ 山上과 水中은 명사 蓋와 珠를 수식하는 관형어다. ⑤ '흰 구름은 산 위에 높이 떠서 햇빛을 가리는 양산과 같고, 밝은 달은 물속에서 환히 비치니 물속의 진주와 같다'는 비유문이다.

| 대구 구조 |

① 2, 4부동 : 첫 구의 雲과 上은 평성과 측성이고, 둘째 구의 月과 中은 측성과 평성이라 모두 2, 4부동이다. ② 대우구 : 2번 자 雲과 月은 평성과 측성으로, 4번 자 上과 中은 측성과 평성으로 좋은 대우구가 된다. 평성운자 珠자와 상대어 측성 蓋자는 명사로 좋은 대어이다.

| 어휘 |

· 白 흰 백　· 雲 구름 운　· 蓋 덮을 개　· 明 밝을 명　· 珠 구슬 주

〈출처〉 이 대구는 동진東晉의 도연명陶淵明의 시 「사계四季」 33수에 있다.

〈문제 12〉 푸른 소나무는 산 위의 덮개요, 전복全鰒은 바닷속의 진주이다(珠).

013

> 月**爲**宇宙燭 월위우주촉 달은 우주의 촛불이 되고,
> The moon is the candle of the universe.
>
> 風**作**山河鼓 풍작산하고 바람은 산하의 북이 된다.
> The wind is the drum of mountains and rivers.

| 구문 해설 |

① 이 대구는 '주어+술어+보어' 구조이다. ② 月과 風은 명사주어로 대를 하고, 爲와 作은 술어로 대를 한다. ③ 爲와 作은 같은 뜻을 나타내는 술어로 '~이 되다, ~ 이다' 등으로 풀이된다. 같은 예문인 014, 015, 017, 042, 044, 104번을 참조. ④ 宇宙 燭과 山河鼓는 술어 爲와 作의 보어로 대를 한다. 宇宙의 宇는 '집'으로 천지사방 공간을 뜻하고, 宙는 '하늘'로 고왕금래 시간을 뜻한다. ⑤ 달은 공간과 시간을 두 고 영원히 꺼졌다 밝았다 하면서 밝히는 촛불과 같고, 바람 부는 소리는 산과 물을 두드리는 북소리와 같다.

| 대구 구조 |

① 2, 4부동 : 첫 구의 爲와 宙는 평성과 측성이고, 둘째 구의 作과 河는 측성과 평 성이라 모두 2, 4부동이다. 宇宙燭은 하삼측으로 작시에서 피한다. ② 대우구 : 2번 자 爲와 作은 평성과 측성이고, 4번 자 宙와 河는 측성과 평성으로 좋은 대우구가 된다. 대우구에서 각 구의 끝자는 평측으로 대가 되어야 한다. 燭과 鼓는 모두 측성이다.

| 어휘 |

· 宇 집 우 · 宙 집 주 · 燭 촛불 촉 · 作 지을 작 · 河 물 하 · 鼓 북 고

〈출처〉 미상

〈문제 13〉 달은 연기 없는 촛불이고, 바람은 운韻이 있는 풍금이다(琴).

014

> 月<u>爲</u>無<u>柄</u>扇 월위무병선 달은 손잡이 없는 부채이고,
>
> The moon is the hand fan without a handle.
>
> 星<u>作</u>絶<u>纓</u>珠 성작절영주 별은 끈이 끊어진 구슬이다.
>
> The stars are the pearl cut a string off.

| 구문 해설 |

① 이 대구는 '주어+술어+보어(술목명)' 구조이다. ② 月과 星이 주어로 대를 하고, 爲와 作은 술어로 대를 한다. 013번과 용법이 같다. ③ 無柄과 絶纓은 뒤의 명사 扇과 珠를 수식하는 관형어이다. ④ '無柄(之)扇'과 '絶纓(之)珠'는 '~이 ~한 ~'라고 풀이하고, 爲와 作의 보어가 된다. ⑤ 달이 동과 서로 왔다 갔다 하는 것은 마치 손잡이가 없는 둥근 부채를 좌우로 흔드는 것과 같고, 별이 반짝이는 것은 마치 하늘에 수놓은 꿰매지 않은 구슬 같다는 뜻이다.

| 대구 구조 |

① 2, 4부동 : 첫 구의 爲와 柄은 평성과 측성이고, 둘째 구의 作과 纓은 측성과 평성이라 둘 다 2, 4부동이다. ② 대우구 : 2번 자 爲와 作은 평성과 측성이고, 4번 자 柄과 纓은 측성과 평성이라 좋은 대우구가 된다. 평성운자 珠자와 상대어 측성 扇자는 명사로 좋은 대어이다.

| 어휘 |

• 柄 자루 병 • 扇 부채 선 • 星 별 성 • 絶 끊을 절 • 纓 갓끈 영

〈출처〉「백련초해百聯抄解」참조 : '月掛靑空無柄燭 星排碧落絶纓珠'에서 점화한 듯하다.

〈문제 14〉 원순園筍이 파란 것은 옥을 뽑은 듯, 첨앵簷櫻이 빨간 것은 구슬을 꿴 듯(珠).

雲作千層峰 운작천층봉 구름은 천 층의 봉우리를 만들고,

A cloud makes a thousand-story peak.

虹爲百尺橋 홍위백척교 무지개는 백 자의 다리를 만든다.

A rainbow makes a hundred-foot bridge.

| 구문 해설 |

① 이 대구는 '주술목(보)' 구조이다. ② 雲과 虹은 명사주어로 대를 하고, 作과 爲는 술어로 대를 한다. 作과 爲를 '~을 만들다'는 타동사로 보아도 되고, '~이 되다'는 자동사로 보아도 된다. ③ 千層은 峰, 百尺은 橋를 수식하는데 千과 百은 숫자로 대를 하고, 層과 尺은 수량 단위로 대를 하고, 峰과 橋는 명사로 대를 한다. ④ 구름은 '夏雲多奇峰'인 것처럼 많은 봉우리를 만들고, 비온 뒤 나타나는 무지개는 모양이 큰 현수교처럼 백 척 다리를 만든다는 뜻이다.

| 대구 구조 |

① 2, 4부동 : 첫 구의 作과 層은 측성과 평성이고, 둘째 구의 爲와 尺은 평성과 측성이라 둘 다 2, 4부동이다. ② 대우구 : 2번 자 作과 爲는 측성과 평성이고, 4번 자 層과 尺은 평성과 측성이라 좋은 대우구가 된다. 千層峰은 하삼평이라 안좋다. 따라서 평성운자 橋의 대어 峰을 측성 嶺자로 바꾸면 된다.

| 어휘 |

•層 층 층 •峰 봉우리 봉 •虹 무지개 홍 •尺 자 척 •橋 다리 교

〈출처〉 굴원의 《시사전집詩詞全集》24 「산영추부출山影推不出」에 있다.

〈문제 15〉 죽순은 노란 송아지 뿔 같고, 활은 자줏빛 놀 다리 같다(橋).

016

> 秋葉霜前落 추엽상전락 가을 잎사귀는 서리 오기 전에 떨어지고,
> The leaves in autumn fall before it frosts.
>
> 春花雨後紅 춘화우후홍 봄의 꽃은 비온 뒤에 붉다.
> The flowers in spring become red after it rains.

| 구문 해설 |

  ① 이 대구는 '주어+시간어+술어' 구조이다. ② 秋葉과 春花는 수식 구조의 대구로 주어이다. 秋와 春은 계절명사로 대를 하여 葉과 花를 한정 수식한다. ③ 霜前落과 雨後紅은 '시간부사+술어' 구조의 대구로 霜前과 雨後는 시간부사이고, 落과 紅은 술어이다. 霜과 雨는 기상어의 대이고, 前과 後는 시간어의 대이다. ④ 기본 구문은 '葉落'과 '花紅'이고, 나머지는 모두 수식어다. ⑤ 가을이면 단풍잎이 싸늘한 날씨 탓에 서리 오기 전에 떨어지고, 봄이면 꽃이 피는데 그 빛깔이 비가 온 뒤에라야 더욱 붉게 빛난다는 뜻이다.

| 대구 구조 |

  ① 2, 4부동 : 첫 구의 葉과 前은 측성과 평성이고, 둘째 구의 花와 後는 평성과 측성이라 둘 다 2, 4부동이다. ② 대우구 : 2번 자 葉와 花는 측성과 평성이고, 4번 자 前과 後는 평성과 측성이라 좋은 대우구가 된다. 평성운자 紅자와 대어 측성 落자는 술어로 좋은 대가 된다.

| 어휘 |

 · 葉 잎 엽 · 霜 서리 상 · 落 떨어질 락 · 雨 비 우 · 後 뒤 후

〈출처〉 이 대구는 동진東晉의 도연명陶淵明의 시 「사계四季」 36수에 있다.

〈문제 16〉 가을 풀은 서리 전에 푸르고, 봄꽃은 눈 온 뒤에 붉다(紅).

017

> **春作四時首** 춘작사시수　봄은 사시의 첫머리가 되고,
> Spring is the first of the four seasons.
>
> **人爲萬物靈** 인위만물령　사람은 만물의 영장이 된다.
> Man is the lord of all creation.

| 구문 해설 |

① 이 대구는 '주술보' 구조로 된 서술문으로 013, 014, 015, 104번과 같은 문형이다. ② 春과 人이 명사주어로 대를 하고, 作과 爲는 술어로 대를 한다. ③ 四時首와萬物靈은 作과 爲의 보어로 대를 한다. 四와 萬은 숫자로 대를 하고, 時와 物은 명사로 대를 하고, 首(=先)와 靈은 명사로 대를 하는데 해석은 술어처럼 한다. ④ 四時와萬物은 首와 靈을 수식하는 관형어다. ⑤ 봄은 춘하추동 사시의 머리(처음)이고, 사람은 천지만물의 영장이라는 뜻이다.

참조 : 「입춘첩立春帖」 : 天上四時春作首 人間五福首爲先.

| 대구 구조 |

① 2, 4부동 : 첫 구의 作과 時는 측성과 평성이고, 둘째 구의 爲와 物은 평성과 측성이라 모두 2, 4부동이다. ② 대우구 : 2번 자 作과 爲는 측성과 평성이고, 4번 자 時와 物은 평성과 측성이라 좋은 대우구가 된다. 평성운자 靈자와 대어 측성 首자는명사로 좋은 대가 된다.

| 어휘 |

· 時 때 시 　· 首 머리 수 　· 萬 일만 만 　· 物 만물 물 　· 靈 신령 령

〈출처〉 미상

〈문제 17〉 고동古洞의 돌은 괴상한 것이 많고, 명산名山의 샘은 신령함이 있다(靈).

> **水火木金土** 수화목금토 수화목금토는 오행五行이고,
>
> Water, fire, wood, metal, and earth are the five elements of the cosmogony.
>
> **仁義禮智信** 인의예지신 인의예지신은 오상五常이다.
>
> Benevolence, righteousness, propriety, wisdom, and sincerity are the five cardinal principles of morality.

| 구문 해설 |

① 문장이 되려면 주어와 술어가 있어야 하는데 명사만을 나열한 제시글이다. ② 水火木金土는 오행으로 천지만물을 생성하는 우주 간의 다섯 가지 원소를 이르는 말이다. ③ 仁義禮智信은 사람이 지켜야 할 다섯 가지 도리로 五常이라고도 하는데, 오상은 五行에 통한다. ④ 仁은 木, 義는 金, 禮는 火, 智는 水, 信은 土를 관장하니 오행의 이치는 木氣가 과한 것은 不仁이 되고, 金氣가 지나친 것은 不義, 水氣가 지나친 것은 無智가 된다.

| 대구 구조 |

① 5자가 모두 대등구조의 대구이나 문장 형식을 갖추지 않았다. ② 2, 4부동 : 첫 구의 火와 金은 측성과 평성으로 2, 4부동이나, 둘째 구의 義와 智는 모두 측성이라 2, 4부동이 안 된다. ③ 대우구 : 2번 자 火와 義는 둘 다 측성이라 대가 안 되지만, 4번 자 金과 智는 평성과 측성이라 평측 대가 된다.

| 어휘 |

· 仁 어질 인 · 義 옳을 의 · 禮 예도 예 · 智 슬기 지 · 信 믿을 신

〈출처〉 미상

〈문제 18〉 하늘의 도道는 사시四時를 믿고, 봄의 마음은 삼월에 인자하다(仁).

019

> 天地人三才 천지인삼재 하늘, 땅, 사람은 삼재이고,
> Heaven, earth and man are the three orders of the universe.
> 君師父一體 군사부일체 군주, 스승, 부모는 일체다.
> King, teacher and father are one body.

| 구문 해설 |

① 이 대구는 '주술' 구조의 단문으로 명사가 술어로 쓰인 구문이다. ② 天地人과 君師父는 3자 각각이 모두 대등관계 구조로 된 주어로 대를 한다. ③ 하늘, 땅, 사람 세 글자와 임금, 스승, 아비 세 글자는 주어로 각각 뜻이 다른 명사 대를 하고 있다. 父는 父母를 지칭한다. ④ 三才와 一體는 명사로 대를 하는 술어이다. 三과 一은 숫자 대를 하고, 才와 體는 명사 대를 한다. ⑤ 하늘과 땅, 그리고 사람을 삼재라 하고, 임금과 스승 그리고 부모를 한 몸통이라 한다.

| 대구 구조 |

① 2, 4부동 : 첫 구의 地와 三은 측성과 평성이고, 둘째 구의 師와 一은 평성과 측성이라 모두 2, 4부동이다. 다만 人三才는 하삼평이고, 父一體는 하삼측이라 작시에서는 피한다. ② 대우구 : 2번 자 地와 師는 측성과 평성이고, 4번 자 三과 一은 평성과 측성이라 좋은 대우구가 된다. 대우구에서는 2구의 끝자를 평성자로 압운해야한다. 1, 2행의 순서를 바꾸면 된다.

| 어휘 |

•才 재주 재 •君 임금 군 •師 스승 사 •父 아비 부 •體 몸 체

- -

〈출처〉 미상

〈문제 19〉 노자老子는 그의 도를 도라 하고, 장주莊周는 재주를 재주 아니라 한다(才).

020

> **天地爲父母** 천지위부모 하늘과 땅은 부모가 되고,
> Heaven and earth are father and mother.
>
> **日月似兄弟** 일월사형제 해와 달은 형제와 같다.
> The sun and the moon are like the brothers.

| 구문 해설 |

① 이 대구는 '주술보'의 구조로 009번과 같다. ② 天地와 日月은 대등관계의 주어로 대를 한다. ③ 爲와 似는 보어를 동반하는 술어로 父母와 兄弟가 보어이다. 父母와 兄弟는 각 글자가 대등관계의 뜻을 갖는 어휘로 대를 한다. ④ 爲자를 如자로 바꾸어 似와 같이 '~와 같다'는 뜻의 유사대로 만들어도 된다. ⑤ 하늘과 땅은 아비와 어미와 같고, 해와 달은 형과 아우와 같다는 천지자연의 이치를 비유한 글이다. 017번 참고. 《명심보감》에는 '兄弟爲手足 夫婦爲衣服'이다.

| 대구 구조 |

① 2, 4부동 : 첫 구의 地와 父가 둘 다 측성이라 2, 4부동이 안 되고, 둘째 구의 月과 兄은 측성과 평성이라 2, 4부동이 된다. ② 대우구 : 2번 자 地와 月이 둘 다 측성이라 失對이나, 4번 자 父와 兄은 측성과 평성이라 평측 대가 된다. 하지만 1구가 2, 4부동이 안되어 대우구는 안 된다. 대우구에서는 2구의 끝자를 평성자로 압운해야 한다. 兄弟를 弟兄으로 하면 된다.

| 어휘 |

· 父 아비 부 · 母 어미 모 · 似 같을 사 · 兄 맏 형 · 弟 아우 제

〈출처〉 미상

〈문제 20〉 늙어서는 무사우無師友가 부끄럽고, 가난할 때 공제형共弟兄이 자랑스럽다(兄).

021

> **夫婦二姓合** 부부이성합　부부는 두 성이 합한 것이고,
> Husband and wife are the union of the two family names.
>
> **兄弟一氣連** 형제일기연　형제는 한 기운이 이은 것이다.
> The brothers are the men linked with one spirit.

| 구문 해설 |

① 이 대구는 '주어+술어(주어+술어)' 구조이다. ② 夫婦와 兄弟는 대등관계의 주어로 남편과 아내, 형과 아우가 각각 2자 어휘로 대가 되어 있다. ③ 술어에 해당하는 二姓合과 一氣連은 '주어+술어' 구조로 대를 이루고 있다. ④ 二姓과 一氣는 주어로 대이고, 合과 連은 술어로 대이다. 二와 一은 숫자로 대이고, 姓과 氣는 명사 대이다. 姓은 性과 발음상 상통한다. ⑤ 부부란 남성과 여성 두 성이 혼인으로 결합한 것을 말하고, 형제란 같은 부모의 정기를 받고 태어났으니 하나의 기가 이어졌음을 나타낸다.

| 대구 구조 |

① 2, 4부동 : 첫 구의 婦와 姓은 둘 다 측성이고, 둘째 구의 弟와 氣도 모두 측성이라 둘 다 2, 4부동이 안 된다. 二姓合은 하삼측이라 하삼평과 함께 작시에서 피한다.
② 대우구 : 2번 자 婦와 弟, 4번 자 姓과 氣가 모두 측성이라 失對했다. 평성운자 連과 대어 측성 合은 술어로 대가 된다.

| 어휘 |

　• 婦 며느리 부　• 姓 성 성　• 合 합할 합　• 氣 기운 기　• 連 이을 련

〈출처〉《동몽선습》참조 : 夫婦 二姓之合 生民之始 萬福之原.

〈문제 21〉 잎이 떨어지니 천봉千峰이 보이고, 하늘은 길고 한 물로 이었다(連).

父慈子當孝 부자자당효　부모는 사랑하고 자식은 마땅히 효도하고,

The parents are gracious, and their children should be dutiful to them likewise.

兄友弟亦恭 형우제역공　형은 우애하고 동생은 역시 공경한다.

The elder brother has a brotherly love, and the young brother should be respectful to him as well.

| 구문 해설 |

① 이 대구는 '주어·술어+주어·술어' 구조의 중문이다. ② 父慈와 兄友는 '주술' 구조의 대구로 父와 兄은 주어로 대를 하고, 慈와 友는 술어로 대를 한다. ③ 두 글을 연결하는 접속사를 순접으로 하여 '~하고, ~하니'로 해석 연결한다. ④ 子當孝와 弟亦恭은 '주술' 구조의 대구로 子와 弟가 주어로 대를 하고, 當과 亦은 부사로 대를 하고, 孝와 恭은 술어로 대를 한다. 當은 '마땅히[당연히] ~하다.'이다.

| 대구 구조 |

① 2, 4부동 : 첫 구의 慈와 當은 모두 평성이고, 둘째 구의 友와 亦은 모두 측성이라 둘 다 2, 4부동이 안 된다. ② 대우구 : 2번 자 慈와 友는 평성과 측성, 4번 자 當과 亦도 평성과 측성으로 대는 되지만 둘 다 구중에서 2, 4부동이 안 되어 대우구가 안 되지만 시문 구조는 좋은 대가 되어있다. 평성운자 恭과 대어 측성 孝자는 술어로 대가 된다.

| 어휘 |

• 慈 사랑 자　• 當 마땅 당　• 孝 효도 효　• 友 우애할 우　• 恭 공손할 공

〈참조〉《예기》: 父慈, 子孝, 兄良, 弟弟, 夫義, 婦聽.

　　《소학》: 父慈子孝 兄愛弟敬 夫和妻柔 姑慈婦聽 禮也.

〈문제 22〉 모름지기 모옥(茅茨)에서 검소를 생각하고, 고향(桑梓)에서 공손함을 잊지 말라(恭).

> **父母千年壽** 부모천년수 부모는 천년을 수하고,
>
> The parents live to be a thousand years [enjoy longevity.
>
> **子孫萬世榮** 자손만세영 자손은 만대가 영화롭다.
>
> The children are prosperous through all generations.

| 구문 해설 |

① 이 대구는 '주어+시간어+술어' 구조이다. ② 父母와 子孫은 대등관계어로 구성된 대구로 주어이다. ③ 千年과 萬世는 시간어 대구로 千과 萬은 숫자로 대를 하고, 年과 世는 시간 명사로 대를 한다. 壽와 榮은 술어로 대를 한다. 壽가 술어로 쓰이면 '장수하다' 는 뜻이고, 榮은 '영화롭다' 는 형용사술어이다. ④ 기본형은 父母壽와 子孫榮으로 '주술' 구조이고 나머지는 수식어다. ⑤ 부모님은 건강하게 만수무강하시고, 자손은 행복하게 천세만세 영화를 누리라는 기원문이다.

| 대구 구조 |

① 2, 4부동 : 첫 구의 母와 年은 측성과 평성이고, 둘째 구의 孫과 世는 평성과 측성이라 둘 다 2, 4부동이다. ② 대우구 : 2번 자 母와 孫은 측성과 평성이고, 4번 자 年과 世는 평성과 측성이라 좋은 대우구가 된다. 평성운자 榮과 대어 측성 壽는 술어로 좋은 대가 된다.

| 어휘 |

- 父 아비 부 • 母 어미 모 • 壽 목숨 수 • 子 아들 자 • 孫 손자 손 • 萬 일만 만
- 世 대 세 • 榮 영화 영

〈참조〉《격암유록》: 堂上父母千年壽, 膝下子孫萬歲榮.

〈문제 23〉 봄 산에 뭇 새들 즐기고, 어진 마을에 만 사람 영화롭다(榮).

> **愛君希道泰** 애군희도태　군주를 사랑하여 도가 태평하기를 바라고,
> Loving the king, he hopes that the way of life is peaceful.
>
> **憂國願年豊** 우국원년풍　나라를 걱정하여 해가 풍년이기를 원하다.
> Worrying about the country, he wants a good harvest.

| 구문 해설 |

① 이 대구는 '술목+술어+목적어(주술)' 구조로 본다. ② 愛君과 憂國은 '술목' 구조의 대구로 愛와 憂는 술어로 대를 하고, 君과 國은 목적어로 대를 한다. 앞뒤 술어 사이를 순접으로 '~하여, 하고'로 해석 연결한다. ③ 希道泰와 願年豊은 '술목' 구조의 대구로 希와 願은 술어로 대를 하고, 道泰와 年豊은 명사구 목적어로 대를 한다. ④ 명사구 道泰와 年豊은 '주술' 구조로 道와 年이 주어로 대를 하고, 泰와 豊은 술어로 대를 한다. ⑤ 임금을 사랑하고[하여] 왕도가 태평하기를 바라고, 나라를 걱정하여[하고] 해마다 풍년 들기를 원한다.

| 대구 구조 |

① 2, 4부동 : 첫 구의 君과 道는 평성과 측성이고, 둘째 구의 國과 年은 측성과 평성으로 모두 2, 4부동이다. ② 대우구 : 2번 자 君과 國은 평성과 측성이고, 4번 자 道와 年은 측성과 평성이라 좋은 대우구가 된다. 평성운자 豊과 대어 측성 泰자는 형용사술어로 대가 된다.

| 어휘 |

　・希 바랄 희　・泰 편안할 태　・憂 근심할 우　・願 원할 원　・豊 풍년 풍

〈출처〉 이덕무의 《세시잡영》, 홍석모의 《동국세시기》, 유득공의 《춘첩》, 최영년의 《해동죽지》 등에 있다.

〈문제 24〉 작자는 글의 미美를 자랑하고, 세인世人은 곡식 풍년을 기뻐한다(豊).

> **妻賢夫禍少** 처현부화소　아내가 어질면 남편의 재화가 적고,
>
> If the wife is wise, her husband has little misfortune.
>
> **子孝父心寬** 자효부심관　아들이 효도하면 부모의 마음이 너그럽다.
>
> If the son practices filial piety, his father is generous.

| 구문 해설 |

① 이 대구는 '주술+주술' 구조의 가정문이다. ② 妻賢과 子孝는 '주술' 구조의 대구로 妻와 子는 가족명사로 주어로 대를 하고, 賢과 孝는 형용사술어로 대를 한다. ③ 두 문장 사이에 접속사 則자를 넣어 가정문으로 해석한다. ④ 夫禍少와 父心寬은 '주술' 구조의 대구로 夫禍와 父心이 주어로 대를 하고, 少와 寬은 형용사술어로 대를 한다. 夫와 父는 禍와 心을 수식하는 관형어다. ⑤ 아내가 어질면 남편이 화를 입는 일이 적을 것이고, 아들이 효도하면 부모의 마음이 너그러워 화내는 일이 없을 것이다.

| 대구 구조 |

① 2, 4부동 : 첫 구의 賢과 禍는 평성과 측성이고, 둘째 구의 孝와 心은 측성과 평성으로 모두 2, 4부동이다. ② 대우구 : 2번 자 賢과 孝는 평성과 측성이고, 4번 자 禍와 心은 측성과 평성으로 좋은 대우구가 된다. 평성운자 寬과 대어 측성 少자는 형용사술어로 대가 된다.

| 어휘 |

· 妻 아내 처　· 賢 어질 현　· 禍 재화 화　· 少 적을 소　· 孝 효도 효　· 寬 너그러울 관

〈참조〉《명심보감》 : '父不憂心因子孝 夫無煩惱是賢妻.'

〈문제 25〉 꿈속에서는 고금古今이 아름답고, 잔속에서는 풍월이 너그럽다(寬).

> **子孝雙親樂** 자효쌍친락　아들이 효도하면 두 부모가 즐겁고,
>
> If a son is dutiful to his parents, they feel joyful.
>
> **家和萬事成** 가화만사성　집안이 화목하면 만사가 이루어진다.
>
> If a family is harmonious, everything goes well.

| 구문 해설 |

① 이 대구는 '주술+주술' 구조의 가정문으로 본다. 025번과 같은 문형이다. ② 子孝와 家和는 '주술' 구조의 대구로 子와 家는 명사주어로 대를 하고, 孝와 和는 술어로 대를 한다. ③ 이 글 역시 025번 글처럼 접속사 則을 넣어 가정문을 만든다. 한문은 접촉사가 자주 생략되므로 해석이 어렵다. ④ 雙親樂과 萬事成은 '주술' 구조의 대구로 雙親과 萬事가 주어로 대를 하고, 樂과 成이 술어로 대를 한다. 雙과 萬은 숫자로 대이고, 親과 事는 명사로 대이다. 雙은 兩과 같은 뜻이지만 평측 구조상 평성 雙자가 와야 한다.

| 대구 구조 |

① 2, 4부동 : 첫 구의 孝와 雙은 측성과 평성이고, 둘째 구의 和와 事는 평성과 측성으로 모두 2, 4부동이다. ② 대우구 : 2번 자 孝와 和는 측성과 평성이고, 4번 자 親과 事는 평성과 측성으로 좋은 대우구가 된다. 평성운자 成과 대어 측성 樂자는 술어로 대가 된다.

| 어휘 |

・親 어버이 친　・樂 즐거울 락　・家 집 가　・和 화할 화　・成 이룰 성

〈출처〉 이 대구는《명심보감》치가편治家篇에 있다.

〈문제 26〉 몸이 즐거우면 인정이 후하고, 마음이 평안하면 세상일 이루어진다(成).

027

> **思家淸宵立** 사가청소립　고향집을 그리워하며 맑은 밤에 서있고,
> Thinking of the home town, he stands on a clear night.
>
> **憶弟白日眠** 억제백일면　아우를 생각하며 대낮에 졸고 있다.
> Keeping a brother in mind, he dozes in the daytime.

| 구문 해설 |

①　이 대구는 '술목+시간 명사+술어' 구조이다. ② 思家와 憶弟는 '술목' 구조로 주어는 생략되었다. 思와 憶은 술어로 대를 하고, 家와 弟는 목적어로 대를 하여 '~ 하며'라고 해석 연결한다. ③ 淸宵와 白日은 밤과 낮을 대로 한 시간 명사로 淸과 白 은 형용사로 대를 하여 宵와 日을 수식한다. 宵는 夜와 같은 뜻이나 宵는 평성이고 夜는 측성이다. ④ 立과 眠은 생략된 주어의 동작 상태를 나타내는 술어이다. ⑤ 고 향집이 그리워 홀로 서서 맑은 밤하늘을 쳐다보고, 동생과의 옛 생각이 나서 눈을 감으니 대낮에도 졸음이 온다.

| 대구 구조 |

①　2, 4부동 : 첫 구의 家와 宵는 모두 평성이고, 둘째 구의 弟와 日은 모두 측성이 라 둘 다 2, 4부동이 아니다. ② 대우구 : 2번 자 家와 弟는 평성과 측성이고, 4번 자 宵와 日도 평성과 측성이라 대는 되지만 둘 다 구중에서 2, 4부동이 안 되어 대우구 는 안 된다. 평성운자 眠과 대어 측성 立자는 술어로 대가 된다.

| 어휘 |

　•思 생각할 사　•淸 맑을 청　•宵 밤 소　•憶 생각할 억　•眠 잠잘 면

〈출처〉 이 대구는 두보시 「한별」의 '思家步月淸宵立 憶弟看雲白日眠'을 오언으로 축약 한 것임.

〈문제 27〉 주객酒客은 화간花間에서 취하고, 소인騷人은 월하月下에서 존다(眠).

028

家貧思賢妻 가빈사현처 집이 가난하면 어진 아내가 생각나고,
When the house is poor, I think of my wise wife.

國亂思良相 국난사양상 나라가 어지러우면 어진 재상을 생각한다.
When the country is troubled, I think of a wise premier.

| 구문 해설 |

① 이 대구는 '주술+(주)술목' 의 가정문이다. ② 家貧과 國亂은 '주술' 구조의 대구로 家와 國은 명사주어로 대를 하고, 貧과 亂은 형용사술어로 대를 한다. ③ 두 문장 사이에 접속사 則자를 넣어 해석하면 가정문이 된다. ④ 思賢妻와 思良相은 '술목' 구조로 思는 술어이고, 賢妻와 良相은 목적어로 대를 한다. 賢과 良은 형용사로 대를 하여 명사로 대를 한 妻와 相을 수식한다. 相은 측성명사로 '재상' 이다. ⑤ 妻가 賢하면 夫의 禍가 少하다. 025번 참조.

| 대구 구조 |

① 2, 4부동 : 첫 구의 貧과 賢은 둘 다 평성이라 2, 4부동이 아니지만, 둘째 구의 亂과 良은 측성과 평성이라 2, 4부동이 된다. ② 대우구 : 2번 자 貧과 亂은 평성과 측성이라 대가되지만, 4번 자 賢과 良은 둘 다 평성이라 失對이다. 2구에 평성으로 압운하고 대어는 측성으로 한다. 1, 2구의 순서를 바꾸면 된다. 相과 妻는 좋은 人對이다.

| 어휘 |

· 貧 가난할 빈 · 賢 어질 현 · 妻 아내 처 · 亂 어지러울 난 · 相 정승 상

〈출처〉 이 대구는 동진東晉의 도연명陶淵明의 시 「사계四季」 70수에 있다.

〈문제 28〉 원장元章(米芾)은 돌(石)을 어른이라 불렀고, 화정和靖(林逋)은 매화를 아내로 맺었다(妻).

綠竹君子節 녹죽군자절　푸른 대나무는 군자의 절개이고,
The blue bamboo is the integrity of a nobleman.

靑松丈夫心 청송장부심　푸른 소나무는 장부의 마음이다.
The blue pine tree is the mind of a great man.

| 구문 해설 |

① 이 대구는 '주어+명사술어'의 판단문(~은 ~이다)이다. ② 綠竹과 靑松은 수식 구조의 대구로 주어이다. 綠과 靑은 색깔로 대를 하고, 竹과 松은 식물끼리 대를 한 다. ③ 君子節과 丈夫心은 명사술어로 대를 한다. 예 : 杜甫詩聖(두보는 시성이다). ④ 君子와 丈夫는 사람끼리의 대구로 뒤의 節과 心을 수식한다. ⑤ 속 비고 곧은 대 나무는 군자의 절개에, 변함없이 푸른 소나무는 장부의 마음에 비유한 글이다.

| 대구 구조 |

① 2, 4부동 : 첫 구의 竹과 子가 둘 다 측성이고, 둘째 구의 松과 夫는 모두 평성 이라 둘 다 2, 4부동이 안 된다. ② 대우구 : 2번 자 竹과 松은 측성과 평성이고, 4번 자 子와 夫도 측성과 평성이라 평측 대는 되지만 둘 다 구중에서 2, 4부동이 안 되므 로 대우구가 안 된다.

평성운자 心과 대어 측성 節자는 명사로 대가 된다.

| 어휘 |

・綠 초록빛 록　・君 임금 군　・節 절개 절　・靑 푸를 청　・丈 어른 장

〈출처〉 주희의 「팔장부八丈夫」 '山上靑松君子節 水中蓮葉佳人香'에서 점화點化한 것으 로 보인다.

〈문제 29〉 청산靑山은 오직 옛날 색이고, 백수白首는 아직 어린이 마음이다(心).

> **人心朝夕變** 인심조석변   사람의 마음은 아침저녁으로 변하고,
> Human nature changes day and night.
>
> **山色古今同** 산색고금동   산의 색깔은 예나 지금이나 한가지다.
> Mountain scenery is the same in all ages(present and past).

| 구문 해설 |

①이 대구는 '주어+시간 명사로 부사+술어' 구조의 서술문이다. ②人心과 山色은 '主從' 관계의 주어로 대를 한다. 人과 山은 주어로 대가 되고, 心과 色은 종어로 대가 된다. ③朝夕과 古今은 朝와 夕이 반의어로, 古와 今도 반의어로 절묘한 대를 하고, 그리고 동사(變, 同) 앞에서 부사로 '~으로, ~이나' 등으로 해석된다. ④사람의 마음은 아침저녁으로 변하지만 산색은 옛날이나 지금이나 한결 같다는 대구로 인간과 자연을 비교한 글이다.

| 대구 구조 |

①2, 4부동 : 첫 구의 心과 夕은 평성과 측성이고, 둘째 구의 色과 今은 측성과 평성이라 둘 다 2, 4부동이다. ②대우구 : 2번 자 心과 色은 평성과 측성이고, 4번 자 夕과 今은 측성과 평성으로 좋은 대우구가 된다. 평성운자 同과 상대어 측성 變자는 술어로 대가 된다.

| 어휘 |

• 心 마음 심 • 朝 아침 조 • 夕 저녁 석 • 變 변할 변 • 色 빛 색 • 古 옛 고
• 今 이제 금 • 同 한가지 동

〈출처〉이 대구는 동진東晉의 도연명陶淵明의 시 「사계四季」 5수에 있다.

〈문제 30〉 재인才人은 시 생각이 별나고, 놀이 객은 술 마음이 같다(同).

031

> <u>江山</u>**萬古主** 강산만고주 강과 산은 만고의 주인이고,
> The rivers and hills are the immortal host of the land.
>
> <u>人物</u>**百年賓** 인물백년빈 사람과 물건은 백년의 손님이다.
> A man and a thing are the visitors to the land for a hundred years.

| 구문 해설 |

① 이 대구는 '주어+명사술어' 구조로 된 판단문이다. ② 江山과 人物은 대등구조의 어휘로 주어로 대를 한다. ③ 萬古主와 百年賓은 명사술어로 대를 한다. 萬古와 百年은 세월의 길이를 뜻하는 시간 명사로 대를 하여 主와 賓을 수식한다. ④ 萬과 百은 숫자 대이고, 古와 年은 시간어의 대이고, 主와 賓은 상반의의 명사로 대를 한다. ⑤ 강과 산은 언제나 변함없이 제자리에서 주인 노릇하고, 사람과 사물은 세월과 함께 변하므로 왔다 갔다 하는 손님에 비유하였다.

| 대구 구조 |

① 2, 4부동 : 첫 구의 山과 古는 평성과 측성이고, 둘째 구의 物과 年은 측성과 평성으로 모두 2, 4부동이다. 萬古主는 하삼측이라 안 좋다. ② 대우구 : 2번 자 山과 物은 평성과 측성이고, 4번 자 古와 年은 측성과 평성이라 좋은 대우구가 된다. 평성 운자 賓과 상대어 측성 主자는 명사로 좋은 대가 된다.

| 어휘 |

· 江 물 강 · 萬 일만 만 · 主 주인 주 · 物 만물 물 · 賓 손 빈

〈출처〉 이 시는 굴원의 「오언절구」와 도연명의 「사계」 10수에 있다.

〈문제 31〉 사해四海가 모두 형제인데, 한 상床에 누가 주인이고 손님이냐(賓)?

世事琴三尺 세사금삼척　세상일은 석 자 거문고(이고)로 보내고,
The worldly affairs play on the three-foot Korean harp.

生涯酒一杯 생애주일배　사람 삶이란 한 잔 술(이다)로 보낸다.
Livelihood goes along with a glass of liquor.

| 구문 해설 |

① 이 대구는 '주어+명사술어'로 031과 같은 구조이다. ② 주어인 世事와 生涯는 수식 구조의 대구로 世와 生은 事와 涯를 수식한다. ③ 琴三尺과 酒一杯는 명사술어 대구로 형식상 '주술' 구조이다. 琴과 酒는 주어이고, 三尺과 一杯는 술어이다. ④ 三과 一은 수량 대이고, 尺과 杯는 단위명사 대이다. ⑤ 복잡한 세상일은 석 자 밖에 안 되는 거문고 소리에 실어 보내고, 고달픈 인생살이는 술 한 잔 들면서 잔 속에서 시름을 보낸다는 뜻이다.

| 대구 구조 |

① 2, 4부동 : 첫 구의 事와 三은 측성과 평성이고, 둘째 구의 涯와 一은 평성과 측성으로 모두 2, 4부동이다. ② 대우구 : 2번 자 事와 涯는 측성과 평성이고, 4번 자 三과 一은 평성과 측성으로 좋은 대우구가 된다. 평성운자 杯와 상대어 측성 尺자는 명사로 좋은 대어이다.

| 어휘 |

· 世 세상 세　· 琴 거문고 금　· 尺 자 척　· 涯 물가 애　· 杯 잔 배

- -

〈출처〉 이 대구는 초나라 굴원의 「오언절구」와 동진 도연명의 시 「사계」 53수에 있다.

〈문제 32〉 이리저리 뒤집히는(飜覆) 바둑은 천국千局이고, 가득하다가 텅 비는(盈虛) 술은 한 잔이다(杯).

> <u>山</u>靜似太古 산정사태고   산이 고요하니 태고 때 같고,
>
> A mountain is as quiet as it was in ancient times.
>
> <u>日</u>長如少年 일장여소년   해가 기니 소년과 같다.
>
> The sun is as long as the young boy is.

| 구문 해설 |

　① 이 대구는 '주술+술보' 구조이다. ② 山靜과 日長은 '주술' 구조의 대구로 山과 日이 주어로 대이고, 靜과 長은 술어로 대이다. 다음에 '~하니 그래서' 라고 해석하여 인과문으로 함이 좋다. ③ 似와 如는 단순비교문을 만드는 술어로 '~와 같다'로 해석한다. 혹은 靜과 長을 문장술어로 하여 '~처럼 ~하다' 로 해석해도 된다. ④ 太古는 지난 세월이 오램을 나타내고, 少年(나이가 어리다)은 앞으로의 시간이 많다는 뜻이다. ⑤ 산이 고요하니 마치 태고와 같고, 해가 기니 마치 소년처럼 앞으로 세월이 많이 남았다는 글이다.

| 대구 구조 |

　① 2, 4부동 : 첫 구의 靜과 太는 둘 다 측성이라 2, 4부동이 안 되지만, 둘째 구의 長과 少는 평성과 측성으로 2, 4부동이 된다. 似太古는 하삼측이라 안 좋다. ② 대우구 : 2번 자 靜과 長은 측성과 평성으로 대가 되지만, 4번 자 太와 少는 둘 다 측성이라 失對이지만 시문 형식상으로는 좋은 대우구이다. 평성운자 年과 상대어 측성 古자는 명사로 좋은 대가 된다.

| 어휘 |

　•靜 고요 정 　•似 같을 사 　•太 클 태 　•古 옛 고 　•長 긴 장 　•少 적을 소

〈참조〉 송宋나라 당경(1071~1121)의 「취면」에 있다.

〈문제 33〉 봄은 과객過客처럼 가버리고, 해는 소년처럼 길다(長).

> **靜裏乾坤大** 정리건곤대   고요한 가운데 건곤이 크고,
> Heaven and earth are limitless when it is quiet.
>
> **閒中日月長** 한중일월장   한가한 속에 일월이 길다.
> The sun and the moon shine long when one is free.

| 구문 해설 |

① 이 대구는 '상황어+주어+형용사술어' 구조의 묘사문이다. ② 靜裏와 閒中은 '형용사+장소접미어' 구조의 상황어로 대를 한다. ③ 乾坤과 日月은 두 글자가 대등관계로 조립된 주어로 대를 한다. 乾坤은 둘 다 평성으로 天地와 동의어이고, 日月은 해와 달로 세월을 뜻하기도 한다. ④ 大와 長은 형상 형용사술어로 대를 한다. ⑤ 사방이 조용한 가운데 하늘과 땅이 큰 것을 알겠고, 만사가 한가로운 속에서 세월이 더디게 감을 느낀다는 뜻이다. 바쁘면 세월도 빠르다.

| 대구 구조 |

① 2, 4부동 : 첫 구의 裏와 坤은 측성과 평성이고, 둘째 구의 中과 月은 평성과 측성이라 둘 다 2, 4부동이다. ② 대우구 : 2번 자 裏와 中은 측성과 평성이고, 4번 자 坤과 月은 평성과 측성이라 좋은 대우구가 된다. 평성운자 長과 상대어 측성 大자는 형용사술어로 좋은 대가 된다.

| 어휘 |

· 靜 고요할 정   · 裏 속 리   · 乾 하늘 건   · 坤 땅 곤   · 閒 한가할 한

〈출처〉 이 대구는 동진東晉의 도연명陶淵明의 시 「사계四季」 67수에 있다.

〈문제 34〉 판옥板屋은 푸른 산이 두르고, 후미진 마을은 흐르는 물이 길다(長).

035

> **耕田埋春色** 경전매춘색　밭을 갈면서(갈 때) 봄빛을 파묻고,
> Plowing a field, a farmer buries spring scenery.
>
> **汲水斗月光** 급수두월광　물을 길으면서(길을 때) 달빛을 말로 뜬다.
> Drawing water, a man scoops moonlight up with a mal.

| 구문 해설 |

　① 이 대구는 '술목+술목' 구조이다. ② 耕田과 汲水는 '술목' 구조의 대구로 耕과 汲은 술어로 대를 하고, 田과 水를 목적어로 대를 한다. 두 술어 耕과 埋, 汲과 斗를 '~하면서 ~하다'로 해석 연결한다. ③ 埋春色과 斗月光은 '술목' 구조의 대구로 埋와 斗는 술어로 대를 하고, 春色과 月光은 목적어로 대를 한다. ④ 斗는 본래 명사로 수량의 단위인 '말'을 뜻하지만 명사 앞에 위치하고, 대구의 동사 埋의 상대어이므로 '말로 뜨다'는 술어로 풀이한다. 「백련초해」에는 '耕田野叟埋春色 汲水山僧斗月光.'이다.

| 대구 구조 |

　① 2, 4부동 : 첫 구의 田과 春은 모두 평성이고, 둘째 구의 水와 月은 모두 측성이라 둘 다 2, 4부동이 안 된다. ② 대우구 : 2번 자 田과 水는 평성과 측성이고, 4번 자 春과 月도 평성과 측성이라 평측대는 되지만 모두 구중에서 2, 4부동이 안 된다. 하지만 형식상으로는 좋은 대우구이다. 평성운자 光과 대어 측성 色자는 명사로 좋은 대가 된다.

| 어휘 |

　• 耕 밭갈 경　• 田 밭 전　• 埋 묻을 매　• 汲 길을 급　• 斗 말 두

〈출처〉 이 대구는 동진東晉의 도연명陶淵明의 시 「사계四季」 45수에 있다.

〈문제 35〉 다락 밖은 푸른 산색이고, 술잔 속은 밝은 달빛이다(光).

036

> 西亭江上月 서정강상월　서쪽 정자에는 강 위에 달이 떠오르고,
>
> At the western arbor, the moon rises above the river.
>
> 東閣雪中梅 동각설중매　동쪽 누각에는 눈 속에 매화가 피어있다.
>
> At the eastern tower, the plum-blossoms open in the snow.

| 구문 해설 |

① 이 대구는 '장소·위치어+명사술어'로 된 구조이다. 011, 012번 글과 구조가 같다. ② 西亭과 東閣은 장소어로 문두에서 앞에 '於' 자가 생략되고, 뜻은 '~에 (는)'으로 풀이한다. ③ 西와 東은 방향어 대이고, 亭과 閣은 명사 '집'으로 대를 한다. ④ 江上과 雪中은 방향어로 江과 雪이 대를 하고, 上과 中이 대를 한다. 이 글은 月(달이 뜨다)과 梅(매화가 피다)가 주어이면서 술어 역할을 겸하고 있다. ⑤ 서쪽 정자에는 강 위로 달이 떠오르고, 동쪽 누각에는 눈 가운데 매화가 피어있다.

| 대구 구조 |

① 2, 4부동 : 첫 구의 亭과 上은 평성과 측성이고, 둘째 구의 閣과 中은 측성과 평성이라 모두 2, 4부동이다. ② 대우구 : 2번 자 亭과 閣은 평성과 측성이고, 上과 中은 측성과 평성이라 구조상으로 좋은 대우구가 된다. 평성운자 梅와 상대어 측성 月자는 명사로 좋은 대어가 된다.

| 어휘 |

· 西 서녘 서　· 亭 정자 정　· 江 물 강　· 上 윗 상　· 月 달 월　· 雪 눈 설
· 東 동녘 동　· 閣 큰집 각　· 梅 매화 매

〈출처〉 이 대구는 동진東晉의 도연명陶淵明의 시 「사계四季」 54수에 있다.

〈문제 36〉 노인은 학처럼 희고, 가난한 선비는 매화보다 춥다(梅).

037

> **飮酒人顔赤** 음주인안즉 술을 마시니 사람의 얼굴이 붉고,
> Drinking makes a man's face red.
>
> **食草馬口靑** 식초마구청 풀을 먹으니 말의 입이 푸르다.
> Grazing makes a horse's mouth blue.

| 구문 해설 |

  ① 이 대구는 '술목+주어+형용사술어' 구조이다. ② 飮酒와 食草는 '술목' 구조의 대구로 飮과 食이 술어로 대를 하고, 酒와 草는 목적어로 대를 한다. 다음에 '~하니 ~하다' 로 해석 연결한다. ③ 人顔赤과 馬口靑은 '주술' 구조로 人顔과 馬口가 주어로 대를 하고, 赤과 靑은 색깔 형용사술어로 대를 한다. ④ 人과 馬의 대, 顔과 口의 대가 잘 되었고, 顔과 口의 색깔을 적색과 청색으로 묘사한 것이 돋보인다. ⑤ '술ㆍ얼굴ㆍ적색' 과 '풀ㆍ말입ㆍ청색' 을 대어로 묘사한 어휘 연결이 좋다.

| 대구 구조 |

  ① 2, 4부동 : 첫 구의 酒와 顔은 측성과 평성으로 2, 4부동이지만, 둘째 구의 草와 馬는 둘 다 측성이라 2, 4부동이 안 된다. ② 대우구 : 2번 자 酒와 草는 모두 측성이라 失對이고, 4번 자 顔과 口는 평성과 측성이라 평측은 맞지만, 둘째 구가 2, 4부동이 안 되어 대우구는 안 되지만 시문의 구조상으로는 좋은 대가 된다. 평성운자 靑과 상대어 측성 赤자는 색깔 형용사로 좋은 대가 된다.

| 어휘 |

  •飮 마실 음 •酒 술 주 •人 사람 인 •顔 얼굴 안 •赤 붉을 적 •食 먹을 식
  •草 풀 초 •馬 말 마 •口 입 구 •靑 푸를 청

〈출처〉 이 대구는 동진東晉의 도연명陶淵明의 시 「사계四季」 23수에 있다.

〈문제 37〉 만 리에 버들 꽃 희고, 천 마을에 뽕나무 잎 푸르다(靑).

038

白酒紅人面 백주홍인면 흰 술은 사람 얼굴을 붉게 하고,
A glass of white rice liquor reddens a man's face.

黃金黑吏心 황금흑리심 노란 금은 관리의 마음을 검게 한다.
A lump of yellow gold blackens a public servant's mind.

| 구문 해설 |

① 이 대구는 '주어+술어+목적어' 구조이다. ② 白酒와 黃金은 수식 구조의 대구로 白과 黃은 색깔로 대를 하여, 주어로 대를 한 酒와 金을 수식한다. ③ 紅人面과 黑吏心은 '술목' 구조로 紅과 黑은 술어로 대를 하고, 人面과 吏心은 목적어로 대를 한다. 紅과 黑은 본래 형용사이지만 목적어를 가진 타동사가 되어 '~을 붉게 하다', '~을 검게 하다' 로 풀이된다. ④ 人面과 吏心은 人과 吏를 대로 하고, 面과 心을 대로 하였다. ⑤ '흰 술은 사람 얼굴을 붉게 한다.' 또는 '흰 술을 마시면 사람 얼굴이 붉어진다.' 로 해석해도 된다.

| 대구 구조 |

① 2, 4부동 : 첫 구의 酒와 人은 측성과 평성이고, 둘째 구의 金과 吏가 평성과 측성으로 둘 다 2, 4부동이 된다. ② 대우구 : 2번 자 酒와 金은 측성과 평성이고, 人과 吏는 평성과 측성이라 좋은 대우구가 된다. 평성운자 心과 상대어 측성 面자는 명사로 좋은 대가 된다.

| 어휘 |

・紅 붉을 홍 ・面 낯 면 ・黃 누를 황 ・黑 검을 흑 ・吏 관리 리

〈출처〉 이 대구는 동진東晉의 도연명陶淵明의 시 「사계四季」 68수에 있다.

〈문제 38〉 성인聖人의 말씀은 모두 하늘의 말이고, 정성스런 마음은 곧 도의 마음이다(心).

001

> **老人扶杖去** 노인부장거 노인이 지팡이를 짚고 가고,
> An old man walks with the help of a stick.
>
> **小兒騎竹來** 소아기죽래 소아는 대나무를 타고 온다.
> A young child comes with a ride on a bamboo.

| 구문 해설 |

① 이 대구는 '주술목+술어' 구조이다. ② 老人과 小兒는 수식 구조의 대구로 노인과 어린이 사람을 대로 한 주어이다. ③ 扶杖과 騎竹은 '술목' 구조의 대구로 扶와 騎는 술어로 대를 하고, 杖과 竹은 목적어로 대를 한다. ④ 다음 글과 '~하고 ~하다'라고 동작의 순서대로 해석 연결한다. 去와 來는 자동사술어로 의미상 반대어다. ⑤ 노인은 지팡이를 짚고 걸어가고, 어린이는 죽마를 타고 온다. 노인과 어린이, 지팡이와 죽마를 대로 한 문장이다.

| 대구 구조 |

① 2, 4부동 : 첫 구의 人과 杖은 평성과 측성이고, 둘째 구의 兒와 竹도 평성과 측성이라 둘 다 같은 구조로 2, 4부동은 된다. ② 대우구 : 2번 자 人과 兒는 둘 다 평성이고, 4번 자 杖과 竹은 둘 다 측성이라 규칙에 맞지 않아 대우구는 안 되지만 시문 형식상으로는 좋은 대우문이다. 평성운자 來와 상대어 측성 去자는 동사술어로 좋은 대어이다.

| 어휘 |

- 老 늙을 로 · 扶 붙을 부 · 杖 지팡이 장 · 去 갈 거 · 小 작을 소
- 兒 아이 아 · 騎 말탈 기

〈출처〉 미상

〈문제 39〉 이웃 노인이 술 들고 이르고, 들사람(野客)이 꽃 보러 온다(來).

040

> **男奴負薪去** 남노부신거　남자 종이 나무 섶을 지고 가고,
> A male-servant goes with firewood on his back.
>
> **女婢汲水來** 여비급수래　여자 종은 물을 길러 이고 온다.
> A female-servant comes with water in a bucket.

| 구문 해설 |

① 이 대구는 앞의 039번과 같은 '주술목+술어' 구조이다. 男奴와 女婢는 수식 구조의 대구로 男과 女의 대, 奴(남종)과 婢(여종)를 대로 한 주어이다. ② 負薪과 汲 水는 '술목' 구조의 대구로 負와 汲은 술어로 대를 하고, 薪과 水는 목적어로 대를 한다. ③ 다음에 동작 순서에 따라 '~하고 ~하다' 라고 해석 연결한다. 去와 來는 負 와 汲 다음에 일어나는 동작 행위로 상반의어다. ④ 남자 종은 땔나무를 해 지게에 짊어지고 가고, 여자 종은 동이에 물을 길러 이고 온다.

| 대구 구조 |

① 2, 4부동 : 첫 구의 奴와 薪은 모두 평성이고, 둘째 구의 婢와 水는 모두 측성이 라 둘 다 2, 4부동이 안 된다. ② 대우구 : 2번 자 奴와 婢는 평성과 측성이고, 4번 자 薪과 水도 평성과 측성이라 평측의 대는 되지만 둘 다 구중에서 2, 4부동이 안 되어 대우구로는 부적합하다. 하지만 형식상으로는 좋은 대우문이다. 평성운자 來와 상 대어 측성 去자는 동사술어로 좋은 대어이다.

| 어휘 |

· 奴 남종 노　· 負 질 부　· 薪 섶 신　· 婢 여종 비　· 汲 길을 급

〈출처〉 이 대구는 동진東晉의 도연명陶淵明의 시 「사계四季」 69수에 있다.

〈문제 40〉 이백李白은 문장의 맏이요(伯), 항우項羽는 의기의 남아다(男).

041

> 洗硯魚吞墨 세연어탄묵 벼루를 씻으니 고기가 먹물을 삼키고,
> As a man washes an ink-stone, a fish swallows the black.
>
> 煮茶鶴避煙 자다학피연 차를 달이니 학이 연기를 피한다.
> As a man boils tea, a crane escapes the smoke.

| 구문 해설 |

① 이 대구는 '술목+주술목' 구조이다. ② 洗硯과 煮茶는 '술목' 구조의 대구로 洗와 煮는 술어로 대를 하고, 硯과 茶는 목적어로 대를 한다. ③ 두 글 사이를 '~하므로, ~하니' 라고 원인구로 해석 연결한다. ④ 魚吞墨과 鶴避煙은 '주술목' 구조의 대구로 魚와 鶴은 주어로 동물끼리 대를 하고, 吞과 避는 술어로 대를 하고, 墨과 煙은 목적어로 무생물끼리 대를 한다.

| 대구 구조 |

① 2, 4부동 : 첫 구의 硯과 吞은 측성과 평성이고, 둘째 구의 茶와 避는 평성과 측성이라 모두 2, 4부동이 된다. ② 대우구 : 2번 자 硯과 茶는 측성과 평성이고, 4번 자 吞과 避는 평성과 측성이라 좋은 대우구가 된다. 평성운자 煙와 상대어 측성 墨자는 명사로 좋은 대어이다.

| 어휘 |

- 洗 씻을 세 · 硯 벼루 연 · 魚 고기 어   · 吞 삼킬 탄 · 墨 먹 묵 · 煮 삶을 자
- 鶴 학 학 · 避 피할 피 · 煙 연기 연

〈출처〉「백련초해」에는 '池邊洗硯魚吞墨 松下烹茶鶴避煙'으로 되어 있고, '洗硯魚吞墨 烹茶鶴避煙'은 송宋의 위야(960~1019)의 시이다.

〈문제 41〉 매화 열매 노랄 때 비 오고, 버들꽃 흰 곳에 연기난다(煙).

> **松作延客蓋** 송작연객개 소나무는 손님을 맞는 일산이 되고,
> A pine-tree is a sunshade receiving a visitor.
>
> **月爲讀書燈** 월위독서등 달은 글을 읽는 등불이 된다.
> The moon is a lamp for reading a book.

| 구문 해설 |

① 이 대구는 '주어+술어+보어(목적어)' 구조로 014번과 같다. ② 松作과 月爲는 '주술' 구조로 松과 月은 주어로 대를 하고, 作과 爲는 술어로 대를 한다. ③ 作과 爲는 같은 뜻의 술어인데 '~을 만들다' 로 하면 목적어가 필요하고, '~이 (되)다' 라고 하면 보어를 필요로 한다. ④ 延客蓋와 讀書燈은 보어(목적어) 대구로, 延客과 讀書는 '술목' 구조로 蓋와 燈을 수식하는 관형어이다. 延을 迎으로 한 책도 있다. ⑤ 소나무는 손님을 맞아 햇볕을 가리는 양산이 되고, 달은 글을 읽을 때 필요한 등불이 된다. 솔은 양산에, 달은 등불에 비유했다.

| 대구 구조 |

① 2, 4부동 : 첫 구의 作과 客은 모두 측성이고, 둘째 구의 爲와 書는 모두 평성이라 둘 다 2, 4부동이 안 된다. ② 대우구 : 2번 자 作과 爲는 측성과 평성이고, 4번 자 客과 書도 측성과 평성이라 평측의 대는 되지만 둘 다 구중에서 2, 4부동이 안 된다. 시문 형식상으로는 좋은 대우구이다. 평성운자 燈과 대어 측성 蓋자는 명사 대어이다.

| 어휘 |

  • 延 이끌 연   • 蓋 덮개 개   • 讀 읽을 독   • 書 글 서   • 燈 등잔 등

〈출처〉 이 대구는 동진東晉의 도연명陶淵明의 시 「사계四季」 17수에 있다.

〈문제 42〉 한낮에 소나무 위 학이고, 늦은 밤에 대나무 사이 등불이다(燈).

花落憐不掃 화락연불소 꽃 떨어지니(것이) 불쌍해서 쓸지 않고,
As a flower falls, a man doesn't sweep out of pity.

月明愛無眠 월명애무면 달 밝으니(것이) 사랑스러워 잠 못 잔다.
As the moon is bright, a man can't sleep for love.

| 구문 해설 |

① 이 대구는 '주술+술어+술어'로 된 구조이다. ② 花落과 月明은 '주술' 구조로 되어 있지만, 뜻은 落花와 明月로 하여 수식관계로 해석하면 알기 쉽고, 그렇게 하면 2, 4부동과 염의 대가 모두 해결된다. ③ 憐과 愛를 '~해서'라고 해석하고 다음 문장 술어에 연결한다. 憐은 '불쌍할 련', '사랑할 련'의 두 뜻이 있다. ④ 憐하니까 不掃하고 愛하니까 無眠하다는 인과문이다. ⑤ 떨어진 꽃을 보니 불쌍해서 쓸어버릴 수가 없고, 밝은 달을 보니 사랑스러워서 잠을 못 잔다.

| 대구 구조 |

① 2, 4부동 : 첫 구의 落과 不이 모두 측성이고, 둘째 구의 明과 無가 모두 평성이라 둘 다 2, 4부동이 안 된다. ② 대우구 : 2번 자 落과 明은 측성과 평성이고, 4번 자 不과 無도 측성과 평성이라 평측 대는 되지만 둘 다 구중에서 2, 4부동이 안 되어 대우구로는 부적합하다. 시문 형식상으로는 좋은 대우구이다. 평성운자 眠과 상대어 측성 掃자는 동사술어로 좋은 대어이다.

| 어휘 |

· 憐 불쌍할 련 · 掃 쓸 소 · 愛 사랑 애 · 無 없을 무 · 眠 잠잘 면

〈출처〉 미상

〈문제 43〉 물이 흘러도 산은 저절로 있고, 몸이 늙어도 뜻이 없는 것은 아니다(無).

> **月作雲間鏡** 월작운간경　달은 구름 사이의 거울이 되고,
> The moon is a mirror shining among the cloud.
>
> **風爲竹裡琴** 풍위죽리금　바람은 대나무 속의 거문고이다.
> The wind is a Korean harp singing among the bamboo.

| 구문 해설 |

① 이 대구는 '주어+술어+보어(위치어+명사)' 로 된 구조이다. ② 月作과 風爲는 '주술' 구조의 대구로 月과 風이 주어로 대를 하고, 作과 爲는 같은 뜻(~이다, ~이 되다)의 술어로 대를 한다. ③ 雲間鏡과 竹裡琴은 보어 대구로 雲과 竹이 대를 하고, 間과 裡가 대를 하여 鏡과 琴을 수식한다. ④ 間과 裡는 雲과 竹의 방향 접미어로 鏡과 琴을 수식하는 관형어이다. ⑤ 달을 구름 사이에 나타나 비추어주는 거울에 비유하고, 바람을 대나무 속에서 나는 풍금 소리에 비유하였다.

| 대구 구조 |

① 2, 4부동 : 첫 구의 作과 間은 측성과 평성이고, 둘째 구의 爲와 裡는 평성과 측성이라 모두 2, 4부동이다. ② 대우구 : 2번 자 作과 爲는 측성과 평성이고, 4번 자 間과 裡는 평성과 측성이라 좋은 대우구가 된다. 평성운자 琴과 상대 측성 鏡자는 물체 명사로 좋은 대어이다.

| 어휘 |

　•作 될 작　•雲 구름 운　•間 사이 간　•鏡 거울 경　•風 바람 풍　•爲 할 위
　•竹 대 죽　•裡 속 리　•琴 거문고 금

〈출처〉 미상

〈문제 44〉 수색산광水色山光은 모두 그림이고, 솔 소리 대 소리(松聲竹籟)는 자연의 거문고 다(琴).

045

> 掬水月在手 국수월재수　물을 움켜지니 달이 손안에 있고,
> As a man scoops water with his hands, the moon lies in it.
> 弄花香滿衣 농화향만의　꽃을 희롱하니 향기가 옷에 가득하다.
> As a man plays with a flower, his clothes are full of fragrance.

| 구문 해설 |

① 이 대구는 '술목+주술보'로 된 구조이다. ② 掬水와 弄花는 '술목' 구조로 掬과 弄은 술어로 대를 하고, 水와 花는 목적어로 대를 하고, '~하니'로 해석 연결한다. ③ 月在手와 香滿衣는 '주술보'의 대구로 月과 香은 주어로 대를 하고, 在와 滿은 술어로 대를 하고, 手와 衣는 보어로 대를 한다. ④ 在와 滿은 '~에'라는 장소 보어를 필요로 하는 자동사이다. 居, 坐, 登, 住 등이 이 자동사에 속한다. ⑤ 물을 손바닥으로 뜨니 손안에 달이 있고, 꽃밭에서 장난을 하니 옷에 꽃향기가 가득하다. 시각과 후각으로 자연을 서술하였다.

| 대구 구조 |

① 2, 4부동 : 첫 구의 5언 모두가 측성이라 2, 4부동이 안되지만, 둘째 구의 花와 滿은 평성과 측성이라 2, 4부동이다. ② 대우구 : 2번 자 水와 花는 측성과 평성이라 평측 대가 맞으나, 4번 자 在와 滿은 둘 다 측성이라 失對이다. 첫 구의 '在'를 평성자로 바꾸면 2, 4부동과 대우구도 된다. 평성운자 衣와 대어 측성 手자는 명사로 좋은 대어다.

| 어휘 |

・掬 움킬 국　・在 있을 재　・弄 희롱할 롱　・香 향기 향　・滿 찰 만

〈출처〉 이 대구는 당나라 시인 우량사의 「춘산야월」에 들어 있다.

〈문제 45〉 노년에 늘 햇볕을 좋아했지만, 가을 해는 옷보다 낫지 않다(衣).

046

> **五夜燈前晝** 오야등전주 오밤중이라도 등잔불 앞은 대낮이고,
> Though it is midnight, it is as bright as a daytime in front of the lamp.
>
> **六月亭下秋** 유월정하추 유월이라도 정자 아래는 가을이다.
> Though it is June, it is as cool as autumn under the arbor.

| 구문 해설 |

① 이 대구는 '시간어+장소주어+명사술어' 구조이다. 036번과 같다. ② 五夜와 六月은 시간 명사로 대를 한다. 五夜는 밤을 五更으로 다섯 등분해 나눈 끝부분, 즉 寅時로 오전 4시 전후 2시간이다. ③ 앞뒤를 역접으로 '~이라도, ~이지만' 이라 풀이 연결한다. ④ 燈前과 亭下는 방향어의 대구로 명사처럼 주어가 되고, 晝와 秋는 명사술어이다.

| 대구 구조 |

① 2, 4부동 : 첫 구의 夜와 前은 측성과 평성이라 2, 4부동이나, 둘째 구의 月과 下는 모두 측성이라 2, 4부동이 안 된다. ② 대우구 : 2번 자 夜와 月은 같은 측성이라 失對이고, 4번 자 前과 下는 평성과 측성이라 평측 대는 맞지만, 2구가 2, 4부동이 안 되어 대우구로는 부적합하나 구조는 좋은 시문이다. 측성 月을 평성자로 바꾸면 2, 4부동과 대우구도 된다. 평성운자 秋와 대어 측성 晝자는 명사로 좋은 대어다.

| 어휘 |

· 燈 등잔 등 · 晝 낮 주 · 亭 정자 정 · 下 아래 하 · 秋 가을 추

〈출처〉 이 대구는 동진東晉의 도연명陶淵明의 시 「사계四季」 57수에 있다.

〈문제 46〉 맑은 밤에 천산千山에 달이고, 높은 누각에 피리 한소리(一笛)에 가을이다(秋).

047

> **歲去人頭白** 세거인두백　세월이 가니 사람의 머리가 희어지고,
> As time passes by, his hair turns gray.
>
> **秋來樹葉黃** 추래수엽황　가을이 오니 나뭇잎이 누러진다.
> As autumn arrives, the leaves turn yellow.

| 구문 해설 |

① 이 대구는 '주술+주술' 구조이다. ② 歲去와 秋來는 '주술' 구조의 대구로 歲와 秋가 주어로 대를 하고, 去와 來가 술어로 대를 한다. ③ 두 글을 순접으로 '~하니 그래서' 라고 인과문으로 해석 연결한다. ④ 人頭白과 樹葉黃은 '주술' 구조의 대구로 人頭와 樹葉이 주어로 대를 하고, 白과 黃은 색깔 형용사술어로 대를 하여 주어를 묘사한다. 人頭와 樹葉은 '주종' 관계의 어휘로 人과 樹가 주어이고, 頭와 葉은 종어이다. ⑤ 한해 두해 지나가니 어느덧 흰머리 늘어나고, 가을이 오니 나뭇잎은 단풍으로 온 산이 노랗게 물들어간다.

| 대구 구조 |

① 2, 4부동 : 첫 구의 去와 頭는 측성과 평성이고, 둘째 구의 來와 葉은 평성과 측성으로 모두 2, 4부동이다. ② 대우구 : 2번 자 去와 來는 측성과 평성이고, 4번 자 頭와 葉은 평성과 측성이라 좋은 대우구가 된다. 평성운자 黃과 대어 측성 白자는 형용사술어로 좋은 대어다.

| 어휘 |

　•歲 해 세　•去 갈 거　•頭 머리 두　•樹 나무 수　•葉 잎 엽

〈출처〉 이 대구는 동진東晉의 도연명陶淵明의 시 「사계四季」 64수에 있다.

〈문제 47〉 들 점포(野店)에 버들꽃 희고, 강 마을에 매화 열매 누르다(黃).

048

> **雨後山如沐** 우후산여목 비온 뒤에 산은 머리 감은 것 같고,
> After the rain, the mountain looks as if it washed its hair.
>
> **風前草似醉** 풍전초사취 바람 앞에 풀은 술 취한 것 같다.
> Before the wind, the grass dances as if it got drunk.

| 구문 해설 |

① 이 대구는 '시간·장소어+주술보'로 된 구조이다. ② 雨後는 시간, 風前은 장소를 나타내는 대구로, 특히 문두에서 '~에'라는 토씨를 붙이거나, 혹은 '~의'라는 토씨를 붙여 山과 草를 한정 수식하는 것으로 해도 된다. ③ 山如沐과 草似醉는 '주술보'의 대구로 山과 草가 주어로 대를 하고, 如와 似는 술어로 대를 하고, 沐와 醉는 보어로 대를 한다. ④ 비가 내린 후 산 모양은 마치 머리를 감은 듯 산뜻하고, 바람이 부는 앞에 있는 풀은 마치 술 취한 것처럼 흔들흔들 거린다.

| 대구 구조 |

① 2, 4부동 : 첫 구의 後와 如는 측성과 평성이고, 둘째 구의 前과 似는 평성과 측성으로 모두 2, 4부동이다. ② 대우구 : 2번 자 後와 前은 측성과 평성이고, 4번 자 如와 似는 평성과 측성으로 좋은 대우구가 된다. 평성운자 醉와 상대어 측성 沐자는 동사술어로 좋은 대어다.

| 어휘 |

- 雨 비 우 ・後 뒤 후 ・如 같을 여 ・沐 머리 감을 목 ・風 바람 풍 ・前 앞 전
- 草 풀 초 ・似 같을 사 ・醉 취할 취

〈출처〉 이 대구는 동진東晉의 도연명陶淵明의 시 「사계四季」 24수에 있다.

〈문제 48〉 지게문을 여니 해가 막 오르고, 발을 걷으니 산이 절로 앞이네(前).

人分千里外 인분천리외 사람은 천리 밖에 나누어 있고,
A man lives a separate life one thousand-mile away.

興在一杯中 흥재일배중 흥겨움은 술 한 잔 안에 있다.
Amusement lies in one glass of wine.

| 구문 해설 |

① 이 대구는 '주어+술어+보어' 구조이다. ② 人分과 興在는 '주술' 관계의 대구로 人과 興이 주어로 대를 하고, 分과 在는 술어로 대를 한다. ③ 千里外와 一杯中은 分과 在의 보어가 되는 대구로 千과 一은 숫자 대이고, 里와 杯는 명사로 대를 한다. 外와 中은 명사의 방향이나 장소를 나타내는 접미어로 대를 한다. ④ 사람들은 천리 밖으로 나누어 떨어져 살고, 인생살이는 마시는 술 한 잔 속에서 흥겨움을 찾는다. 032번의 '世事琴三尺 生涯酒一杯'에서 유사점을 찾을 수 있다.

| 대구 구조 |

① 2, 4부동 : 첫 구의 分과 里는 평성과 측성이고, 둘째 구의 在와 杯는 측성과 평성으로 모두 2, 4부동이다. ② 대우구 : 2번 자 分과 在는 평성과 측성이고, 4번 자 里와 杯는 측성과 평성으로 좋은 대우구가 된다. 평성운자 中과 상대어 측성 外자는 방향위치어로 좋은 대어이다.

| 어휘 |

• 分 나눌 분 • 里 마을 리 • 外 바깥 외 • 興 흥겨울 흥 • 在 있을 재

〈출처〉 이 대구는 이백의 시 「강하별송지제」에 있다.

〈문제 49〉 사립문(柴門)이 물 위에 임하고, 모옥茅屋(草屋)이 꽃 가운데 있다(中).

春意無分別 춘의무분별　봄의 마음은 나뉘거나 이별함이 없으나,

There is no separation in the mind of spring.

人情有淺深 인정유천심　사람의 정은 얕고 깊음이 있다.

There are the depths and shallows in humaneness.

| 구문 해설 |

① 이 대구는 '주어+술어(有,無)+보어'로 된 구조이다. ② 春意와 人情은 수식 구조의 주어로 '봄의 마음'과 '사람의 정'이 대를 한다. ③ 존재 동사 '有와 無'는 반의어로 대를 하고 뒤에 오는 보어는 주어처럼 '~이 있다, 없다'로 해석한다. ④ 分別과 淺深은 각각 뜻이 다르거나 뜻이 상반된 글자로 대를 한다. ⑤ 봄의 마음은 나뉘거나 별리를 하지 않고 만나고 화합하여 밝은 세상을 만들지만, 사람의 심정은 때로는 깊고 때로는 얕아서 우리를 슬프게 한다.

| 대구 구조 |

① 2, 4부동 : 첫 구의 意와 分은 측성과 평성이고, 둘째 구의 情과 淺은 평성과 측성으로 모두 2, 4부동이다. ② 대우구 : 2번 자 意와 情은 측성과 평성이고, 4번 자 分과 淺은 평성과 측성이라 좋은 대우구가 된다. 평성운자 深과 상대어 측성 別자는 명사로 좋은 대어이다.

| 어휘 |

・意 뜻 의　・分 나눌 분　・別 나눌 별　・淺 얕을 천　・深 깊을 심

〈출처〉 이 대구는 「백련초해」의 '花含春意無分別 物感人情有淺深'을 5언으로 축약한 것이다.

〈문제 50〉 시의 빚(詩債)이 산처럼 쌓여있고, 봄 수심은 바다처럼 깊다(深).

051

> **花落以前春** 화락이전춘　꽃이 떨어지기 이전에 봄이고,
> It is spring before the flowers fall.
>
> **山深然後寺** 산심연후사　산이 깊은 뒤에야 절이 있다.
> There is a temple after a mountain goes deep.

| 구문 해설 |

　① 이 대구는 '주술+시간·장소어+명사술어' 로 된 구조이다. ② 花落과 山深은 '주술' 구조의 대구로 花와 山이 주어로 대를 하고, 落과 深이 술어로 대를 한다. ③ 以前과 然後(以後, 而後)는 시간을 나타내는 부사대구로 以前은 시간적으로 花落하기 前을 말하고, 然後는 공간적으로 山深한 後를 말한다. ④ 春과 寺는 명사술어로 '~이다', '~이 있다' 로 풀이된다. ⑤ 꽃이 피면 봄이고, 봄이면 꽃이 핀다(꽃이 지고 나면 이미 봄이 아니다). 절간은 보통 산 입구 같은 평범한 곳이 아니라 산이 깊숙한 곳에 터를 잡고 있다. 명산대찰이라지요.

| 대구 구조 |

　① 2, 4부동 : 첫 구의 落과 前은 측성과 평성이고, 둘째 구의 深과 後는 평성과 측성으로 모두 2, 4부동이다. ② 대우구 : 2번 자 落과 深은 측성과 평성이고, 4번 자 前과 後는 평성과 측성으로 좋은 대우구가 된다. 대우구는 2구 끝에 평성자로 압운하는 것이 옳다. 해서 1, 2구의 순서를 바꾸면 된다.

| 어휘 |

　·花 꽃 화　·以 써 이　·春 봄 춘　·然 그러할 연　·寺 절 사

〈출처〉 미상

〈문제 51〉 천산千山에 꽃기운 성盛하고, 만수萬樹에 새소리 나는 봄이다(春).

052

> <u>山</u><u>外</u><u>山</u><u>不盡</u> 산외산부진   산 밖에 산 다하지 않고,
>
> Another mountain outside of one mountain is numberless.
>
> **<u>路</u><u>中</u><u>路</u><u>無窮</u>** 노중로무궁   길 가운데 길 다함이 없다.
>
> Another road in one road is limitless.

| 구문 해설 |

① 이 대구는 '장소어+주어+술어' 구조이다. ② 山外와 路中은 장소어 대구로 山과 路가 대를 하고, 外와 中이 방향 접미어로 대를 한다. ③ 山不盡과 路無窮은 '주술' 구조의 대구로 山과 路가 주어로 대를 하고, 不盡과 無窮이 술어로 대를 한다. 不盡과 無窮은 같은 뜻이나 대구로 쓰인다. ④ 山外山과 路中路처럼 같은 줄에 같은 글자(山, 路)를 반복하면 리듬 효과가 있다. 그리고 대구에서 반복한 글자의 위치는 서로 마주하는 위치에 있어야 된다. 「백련초해」에는 '山外有山山不盡 路中多路路無窮.'으로 되어있다.

| 대구 구조 |

① 2, 4부동 : 첫 구의 外와 不이 둘 다 측성이고, 둘째 구의 中과 無가 둘 다 평성이므로 모두 2, 4부동이 안 된다. ② 대우구 : 2번 자 外와 中은 측성과 평성이고, 4번 자 不과 無도 측성과 평성이라 평측 대는 되지만 구중에서 2, 4부동이 안 되어 대우구는 안 된다. 평성운자 窮과 상대어 측성 盡자는 술어로 좋은 대어가 된다.

| 어휘 |

· 外 바깥 외   · 盡 다할 진   · 路 길 로   · 無 없을 무   · 窮 다할 궁

〈출처〉 이 대구는 동진東晉의 도연명陶淵明의 시 「사계四季」 22수에 있다.

〈문제 52〉 숲이 깊으니 새가 기쁜 줄 알겠고, 물이 얕으니 고기가 궁한 것이 보인다(窮).

053

> **日暮蒼山遠** 일모창산원 날이 저무니 푸른 산이 멀고,
> At sunset the blue mountain looks far away.
>
> **天寒白屋貧** 천한백옥빈 하늘이 차니 초가집이 썰렁하다.
> As it becomes cold, the humble cottage is poorer.

| 구문 해설 |

① 이 대구는 '주술+주술'로 된 구조이다. ② 日暮와 天寒은 '주술' 구조의 대구로 日과 天이 주어로 대를 하고, 暮와 寒이 술어로 대를 한다. 두 구를 '~하니'로 해석 연결한다. ③ 蒼山遠과 白屋貧은 '주술' 구조의 대구로 蒼山과 白屋이 주어로 대를 하고, 遠과 貧이 술어로 대를 한다. 白屋은 흰 띠로 지붕을 이은 집으로 천민이 사는 茅屋이다. ④ 蒼과 白은 색깔로 대를 하여 山과 屋을 꾸미고, 遠과 貧은 형용사술어로 山과 屋의 상태를 묘사한다. ⑤ 해가 저무니까 푸른 산이 더욱 멀어 보이고, 날씨가 추우니까 흰 집이 더욱 가난해 보인다.

| 대구 구조 |

① 2, 4부동 : 첫 구의 暮와 山은 측성과 평성이고, 둘째 구의 寒과 屋은 평성과 측성이라 모두 2, 4부동이다. ② 대우구 : 2번 자 暮와 寒은 측성과 평성이고, 4번 자 山과 屋은 평성과 측성이라 좋은 대우구가 된다. 평성운자 貧과 상대어 측성 遠자는 술어로 좋은 대어가 된다.

| 어휘 |

· 暮 저물 모 · 蒼 푸를 창 · 寒 찰 한 · 屋 집 옥 · 貧 가난할 빈

〈출처〉 이 대구는 동진東晋의 도연명陶淵明의 시 「사계四季」 61수에 있다.

〈문제 53〉 몸은 늙어도 마음은 늙지 않고, 집은 가난해도 도는 가난하지 않다(貧).

> **小園鶯歌歇** 소원앵가헐 작은 공원에 꾀꼬리 노래 그치고,
> In a small garden an oriole stops singing.
>
> **長門蝶舞多** 장문접무다 큰 문에 나비들 춤이 많다.
> At the long gate a butterfly dances long.

| 구문 해설 |

① 이 대구는 '장소어+주술' 구조이다. ② 小園과 長門은 수식 구조의 장소어로 대를 한다. 小와 長은 형용사로 대를 하여 園과 門을 수식한다. 이 장소어가 문두에 오면 그 앞에 전치사 於(~에)자가 생략 된 것으로 본다. ③ 鶯歌歇과 蝶舞多는 '주술' 구조의 대구로 鶯歌와 蝶舞가 주어로 대를 하고, 歇과 多가 술어로 대를 한다. ④ 鶯歌歇과 蝶舞多를 '주술부' 구조로 보고 '꾀꼬리가 간헐적으로 노래하다', '나비가 많이 춤춘다.' 로 해도 된다. ⑤ 鶯과 蝶은 새와 곤충의 대이고, 歌와 舞는 흥의 본체인 노래와 춤의 대이다.

| 대구 구조 |

① 2, 4부동 : 첫 구의 園과 歌가 모두 평성이라 2, 4부동이 안되지만, 둘째 구의 門과 舞는 평성과 측성이라 2, 4부동이 된다. ② 대우구 : 2번 자 園과 門은 둘 다 평성이라 失對이고, 4번 자 歌와 舞는 평성과 측성이라 평측 대는 되지만 첫 구에서 2, 4부동이 안 되어 대우구로는 부적이다. 평성 '園' 자를 측성 '苑' 자로 바꾸면 해결된다. 평성운자 多와 상대어 측성 歇자는 술어로 좋은 대어가 된다.

| 어휘 |

• 園 동산 원 • 歇 쉴 헐 • 蝶 나비 접 • 舞 춤출 무 • 多 많을 다

〈출처〉 이 대구는 동진東晉의 도연명陶淵明의 시 「사계四季」 27수에 있다.

〈문제 54〉 강 위에는 돛단배 소리 적고, 시 중에는 기러기 안雁자가 많다(多).

055

風窓燈**易**滅 풍창등이멸   바람 부는 창문에 등불은 꺼지기가 쉽고,
At the window before the wind, the lamp goes out easily.

月屋夢**難成** 월옥몽난성   달 밝은 집에서는 꿈꾸기가 어렵구나.
At the house under the moonshine, it is hard to have a dream.

| 구문 해설 |

① 이 대구는 '장소어+주어+형용사술어+보어' 구조이다. ② 風窓과 月屋은 수식 구조의 장소어로 風과 月이 대를 하고, 窓과 屋이 대를 한다. 風窓과 月屋을 '창문에 바람이 불면', '집에 달이 뜨면'으로 해석하여 연결해도 된다. ③ 燈과 夢이 주어로 대이고, 易와 難은 형용사술어로 대를 하여 보어를 필요로 한다. ④ 滅과 成이 보어로 마치 易와 難의 주어(~기가)처럼 해석한다. 예: 少年易老 學難成(소년은 늙기가 쉽고, 학문은 이루기가 어렵다). ⑤ 바람 부는 창가에 있는 등잔불은 꺼지기가 쉽고, 달이 환히 밝은 집에서는 꿈나라 가기가 어렵다.

| 대구 구조 |

① 2, 4부동 : 첫 구의 窓과 易은 평성과 측성이고, 둘째 구의 屋과 難은 측성과 평성으로 둘 다 2, 4부동이다. ② 대우구 : 2번 자 窓과 屋은 평성과 측성이고, 4번 자 易와 難은 측성과 평성이라 좋은 대우구가 된다. 평성운자 成과 상대어 측성 滅자는 술어로 좋은 대어이다.

| 어휘 |

• 易 쉬울 이 • 滅 꺼질 멸 • 屋 집 옥 • 難 어려울 난 • 成 이룰 성

〈출처〉 이 대구는 동진東晉의 도연명陶淵明의 시 「사계四季」 28수에 있다.

〈문제 55〉 꽃이 피니 시가 빨리 이루어지고, 바람이 자니 잠이 막 이루어진다(成).

056

> **日暮鷄登塒** 일모계등시 해가 저무니 닭이 홰에 <u>오르고</u>,
> When the sun sets, the hen goes up the perch.
>
> **天寒鳥入簷** 천한조입첨 하늘이 차니 새가 처마에 든다.
> When it is cold, the bird comes in the eaves.

| 구문 해설 |

① 이 대구는 '주술+주술보' 구조이다. ② 日暮와 天寒이 '주술' 구조의 대구로 日과 天이 주어로 대이고, 暮와 寒이 술어로 대이다. 술어 뒤에 '~하니, ~해서'로 해석 연결한다. ③ 鷄登塒와 鳥入簷은 '주술보' 구조로 鷄와 鳥는 조류끼리 주어로 대를 하고, 登과 入은 술어로 대를 하고, 塒와 簷은 명사 보어로 대를 한다. ④ 보어를 해석할 때 '~에'를 넣어 해석해야 우리말이 순조롭다. 보어를 필요로 하는 불완전동사는 居, 坐, 在, 住, 入, 登 등이다. ⑤ 날이 저무니 닭이 홰대에 오르고, 날씨가 추우니까 새들이 일찍 처마에 든다.

| 대구 구조 |

① 2, 4부동 : 첫 구의 暮와 登은 측성과 평성이고, 둘째 구의 寒과 入은 평성과 측성으로 모두 2, 4부동이다. ② 대우구 : 2번 자 暮와 寒은 측성과 평성이고, 4번 자 登과 入이 평성과 측성이라 좋은 대우구가 된다. 평성운자 簷과 상대어 측성 塒자는 명사 대어가 된다.

| 어휘 |

• 暮 저물 모 • 鷄 닭 계 • 登 오를 등 • 塒 홰대 시 • 簷 처마 첨

〈출처〉 이 대구는 동진東晉의 도연명陶淵明의 시 「사계四季」 15수에 있다.

〈문제 56〉 대밭이 깊으니 다람쥐가 소로小路를 달리고, 띠 집이 따뜻하니 새가 처마에서 시끄럽다(簷).

057

> **野曠天低樹** 야광천저수 들이 넓으니 하늘이 나무 위에 나직하고,
> As the field is bright, the sky belittles the tree.
>
> **江清月近人** 강청월근인 강물이 맑으니 달이 사람을 가까이 한다.
> As the river is clear, the moon comes near to the man.

| 구문 해설 |

　① 이 대구는 '주술+주술목' 구조이다. 앞의 056번과 문형이 유사하다. ② 野曠과 江清은 '주술' 구조의 대구로 野와 江이 주어로 대를 하고, 曠과 清이 형용사술어로 대를 한다. 술어 뒤를 '~하니'로 해석하여 연결한다. ③ 天低樹와 月近人은 '주술목' 구조의 대구로 天과 月이 주어로 대를 하고, 低와 近은 술어로 대를 하고, 樹와 人은 목적어로 대를 한다. 하지만 天低樹와 月近人을 '주술보' 구조로 하여 '하늘이 나무 위에 나지막하게 보이다', '달이 사람에게 가깝게 보이다'로 해석해도 된다. ④ 들이 넓으니까 하늘이 나무 위에서 나지막하게 보이고, 강물이 맑으니까 달이 사람에게 가까이 보인다.

| 대구 구조 |

　① 2, 4부동 : 첫 구의 曠과 低는 측성과 평성이고, 둘째 구의 清과 近은 평성과 측성으로 모두 2, 4부동이다. ② 대우구 : 2번 자 曠과 清은 측성과 평성이고, 4번 자 低와 近이 평성과 측성으로 좋은 대우구가 된다. 평성운자 人과 상대어 측성 樹자는 명사 대어가 된다.

| 어휘 |

　・野 들 야　・曠 넓을 광　・低 낮을 저　・清 맑을 청　・近 가까울 근

〈출처〉 이 대구는 맹호연孟浩然의 시「숙건덕강宿建德江」에 들어있다.

〈문제 57〉 가을 달은 봄 달과 다르고, 지금 사람은 옛사람이 아니다(人).

> **風驅群飛雁** 풍구군비안　바람은 무리로 날아가는 기러기를 몰고,
> The wind drives a group of flying wild geese.
>
> **月送獨去舟** 월송독거주　달빛은 홀로 떠가는 배를 전송하는구나.
> The moon sees a lonely floating boat off.

| 구문 해설 |

① 이 대구는 '주술+목적어' 의 구조이다. ② 風驅와 月送은 '주술' 구조의 대구로 風과 月이 주어로 대를 하고, 驅와 送은 술어로 대를 하고, 群飛雁과 獨去舟는 목적어로 대를 한다. ③ 群飛雁과 獨去舟는 수식 구조의 목적어 대구로 群飛와 獨去가 雁과 舟를 수식한다. ④ 群(무리로)과 獨(홀로)은 부사대로 동사 대어 飛와 去를 수식하고, 飛(나는)와 去(가는)는 '~하는' 이라는 관형어로 다음 명사 雁과 舟를 수식한다. ⑤ 바람은 무리로 날아가는 기러기를 몰아내고, 달은 홀로 떠가는 배를 보낸다.

| 대구 구조 |

① 2, 4부동 : 첫 구의 驅와 飛가 모두 평성이고, 둘째 구의 送과 去가 모두 측성이라 둘 다 2, 4부동이 안 된다. ② 대우구 : 2번 자 驅과 送은 평성과 측성이고, 4번 자 飛와 去도 평성과 측성이라 평측 대는 되지만 구중에서 2, 4부동이 안 되어 대우구는 안 된다. 평성운자 舟와 상대어 측성 雁자는 명사로 좋은 대어가 된다.

| 어휘 |

· 驅 몰 구　· 群 무리 군　· 雁 기러기 안　· 送 보낼 송　· 舟 배 주

〈출처〉 이 대구는 동진東晉의 도연명陶淵明의 시 「사계四季」 26수에 있다.

〈문제 58〉 푸른 하늘에 기러기 천 마리 날고, 맑은 강에 낚싯배 하나(舟).

059

> **細雨池中看** 세우지중간   가랑비 내리는 것은 못 가운데서 보이고,
> A drizzle is seen in the center of a pond.
>
> **微風木末知** 미풍목말지   산들바람 부는 것은 나무 끝에서 안다네.
> A breeze is known at the end of a tree.

| 구문 해설 |

① 이 대구는 '주어+장소부사어+술어' 구조이다. ② 細雨와 微風은 수식 구조의 대구로 주어이다. 細와 微는 형용사로 대를 하여 다음 명사(雨와 風)를 수식한다. ③ 池中과 木末은 장소부사의 대구로 池와 木이 대를 하고, 방향 접미어 中과 末이 대를 한다. 池中과 木末은 看과 知하는 장소를 나타낸다. ④ 看과 知는 주어인 細雨와 微風을 의미상 목적어로 하는 타동사로 본다. 또는 看과 知를 자동사로 하여 '~이 보이다'로 해석해도 된다. ⑤ 가랑비 내리는 것은 못 가운데 물방울 떨어지는 것으로 볼 수 있고, 산들바람 부는 것은 나무 끝에 잎이 흔들거리는 것으로 알 수 있다.

| 대구 구조 |

① 2, 4부동 : 첫 구의 雨와 中은 측성과 평성이고, 둘째 구의 風과 末은 평성과 측성이라 모두 2, 4부동이다. ② 대우구 : 2번 자 雨와 風은 측성과 평성이고, 4번 자 中과 末은 평성과 측성이라 좋은 대우구가 된다. 평성운자 知와 상대어 측성 看자는 술어로 대어가 된다.

| 어휘 |

· 細 가늘 세   · 池 못 지   · 看 볼 간   · 微 가늘 미   · 末 끝 말   · 知 알 지

〈출처〉 이 대구는 동진東晉의 도연명陶淵明의 시 「사계四季」 16수에 있다.

〈문제 59〉 가을바람은 매미가 이미 깨닫고, 지는 해는 새가 먼저 안다(知).

> **花笑聲未聽** 화소성미청　꽃이 웃어도 소리가 들리지 않고,
>
> Though the flower laughs, the sound doesn't hear.
>
> **鳥啼淚難看** 조제루난간　새가 울어도 눈물 보기가 어렵다.
>
> Though the bird sings, the tears are hard to see.

| 구문 해설 |

① 이 대구는 '주술+주술' 구조이다. ② 花笑와 鳥啼는 '주술' 구조의 대구로 花와 鳥가 주어로 대를 하고, 笑와 啼는 술어로 대를 한다. ③ 두 글 사이를 역접으로 '그러나, 그래도' 라고 해석 연결한다. ④ 聲未聽과 淚難看은 '주술' 구조로 聲과 淚가 주어로 대를 하고, 未聽과 難看은 술어로 대를 한다. 부정술어인 未聽은 '~가 안 들린다', 難看은 '~은 보기 어렵다(잘 안 보인다)' 로 해석된다. 「백련초해」에는 '花笑檻前聲未聽 鳥啼林下淚難看' 이다.

| 대구 구조 |

① 2, 4부동 : 첫 구의 笑와 未는 모두 측성이고, 둘째 구의 啼와 難은 모두 평성이라 둘 다 2, 4부동이 안 된다. ② 대우구 : 2번 자 笑와 啼는 측성과 평성이고, 4번 자 未와 難도 측성과 평성이라 평측 대는 되지만 구중에서 2, 4부동이 안 되어 대우구는 안 된다. 평성운자 看과 상대어 측성 聽자는 술어로 좋은 대어가 된다.

| 어휘 |

　• 笑 웃을 소　• 未 아닐 미　• 聽 들을 청　• 啼 울 제　• 淚 눈물 루

〈출처〉 이 대구는 동진東晉의 도연명陶淵明의 시 「사계四季」 25수에 있다. 한편 이규보의 6세 작이라는데 2, 4부동은 안 되지만 시상이 천재적이다.

〈문제 60〉 한가하니 오히려 꽃을 빌어(乞花) 심고, 늙으니 다시 책을 빌려(借書)본다(看).

061

白鷺千點雪 백로천점설　흰 해오라기는 천 점의 하얀 눈이고,
A heron looks like a thousand-piece snow.

黃鶯一片金 황앵일편금　노란 꾀꼬리는 한 조각의 황금이다.
An oriole looks like a piece of gold.

| 구문 해설 |

　① 이 대구는 '주어+명사술어' 구조이다. ② 白鷺와 黃鶯은 수식 구조의 대구로 白과 黃은 색깔로 대를 하여 주어로 대를 한 鷺와 鶯을 수식한다. ③ 千點과 一片은 관형어로 대를 하여 명사술어 雪과 金을 수식한다. ④ 千과 一은 숫자로 대를 하고, 點과 片은 수량 단위로 대를 한다. 명사술어는 '~은 ~와 같다(이다)'로 번역된다. ⑤ 하얀 백로 떼는 수천 점의 눈이 내린 것 같고, 노란 꾀꼬리는 한 조각의 황금 같다. 해오라기(백로)는 흰 눈을 상징하고, 꾀꼬리는 황금을 상징한다.

| 대구 구조 |

　① 2, 4부동 : 첫 구의 鷺와 點은 모두 측성이라 2, 4부동이 안 되지만, 둘째 구의 鶯과 片은 평성과 측성으로 2, 4부동이 된다. ② 대우구 : 2번 자 鷺와 鶯은 측성과 평성이라 평측 대가 되지만, 4번 자 點과 片은 모두 측성이라 失對이고, 첫 구가 2, 4부동이 안되어 대우구로는 부적합하다. 點자를 평성 飛나 飄자로 바꾸면 된다. 평성 운자 金과 상대어 측성 雪자는 명사로 좋은 대어가 된다.

| 어휘 |

　· 鷺 해오라기 로　· 點 점 점　· 雪 눈 설　· 鶯 꾀꼬리 앵　· 片 조각 편

〈출처〉 이 대구는 동진東晉의 도연명陶淵明의 시 「사계四季」 29수에 있다.

〈문제 61〉 버들개지 나니 삼경三逕에 눈 오는 듯, 고기가 뛰니 한 못이 금빛이다(金).

> **桃李千機錦** 도리천기금　복숭아 자두는 일천 베틀의 비단이고,
> The blossoms of a peach and a plum look like the silks woven by a
> thousand looms.
>
> **江山一畫屛** 강산일화병　강과 산은 한 폭의 그림 병풍이다.
> The river and the mountain look like a picture scroll.

| 구문 해설 |

① 이 대구는 '주어+명사술어' 구조이다. 061번과 같은 문형이다. ② 桃李와 江山은 대등구조의 대구로 주어이다. 桃와 李, 江과 山은 각기 대등관계의 명사 대어이다. ③ 千機와 一畫는 관형어로 대를 하여 錦과 屛을 수식한다. 千과 一은 숫자 대를 하고, 機와 畫는 명사 대를 하여 술어 錦과 屛을 꾸민다. ④ 복숭아꽃과 자두꽃 피어 있는 것이 화려하여 마치 천 개의 베틀이 비단을 짜놓은 것 같고, 아름다운 금수강산은 마치 그림을 그려놓은 한 폭의 병풍 같다.

| 대구 구조 |

① 2, 4부동 : 첫 구의 李와 機는 측성과 평성이고, 둘째 구의 山과 畫는 평성과 측성으로 모두 2, 4부동이다. ② 대우구 : 2번 자 李와 山은 측성과 평성이고, 4번 자 機와 畫는 평성과 측성으로 좋은 대우구가 된다. 평성운자 屛과 상대어 측성 錦자는 명사 대어가 된다.

| 어휘 |

・桃 복숭아 도　・李 자두 리　・機 베틀 기　・錦 비단 금　・屛 병풍 병

〈출처〉 이 대구는 동진東晉의 도연명陶淵明의 시 「사계四季」 18수에 있다.

〈문제 62〉 버들꽃베개 잠이 평온하고, 매화와 달 병풍屛風하니 꿈이 맑다(屛).

> **鳥宿池邊樹** 조숙지변수 새는 못 가의 나무에서 잠을 자고,
> A bird sleeps on the tree beside a pond.
>
> **僧敲月下門** 승고월하문 스님은 달빛 아래서 문을 두드린다.
> A Buddhist monk knocks on the gate under the moonshine.

| 구문 해설 |

① 이 대구는 '주술목' 구조이다. 064번과 문장구조가 같다. ② 鳥宿과 僧敲는 '주술' 관계의 대구로 鳥와 僧은 주어로 대이고, 宿과 敲는 술어로 대이다. ③ 池邊과 月下는 위치어로 池와 月은 명사로 대를 하고, 邊과 下는 방향 접미어로 대를 한다. ④ 池邊과 月下는 관형어로 樹와 門을 한정 수식한다. 기본 문형인 鳥宿樹는 '주술보' 구조이고, 僧敲門은 '주술목' 구조이다. ⑤ 새는 못 변두리에 있는 나무에서 잠을 자고, 스님은 달빛 아래서 대문을 두드린다.

| 대구 구조 |

① 2, 4부동 : 첫 구의 宿과 邊은 측성과 평성이고, 둘째 구의 敲와 下는 평성과 측성으로 모두 2, 4부동이다. ② 대우구 : 2번 자 宿과 敲는 측성과 평성이고, 4번 자 邊과 下는 평성과 측성이라 좋은 대우구가 된다. 평성운자 門과 상대어 측성 樹자는 명사 대어가 된다.

| 어휘 |

・鳥 새 조 ・宿 잘 숙 ・池 못 지 ・邊 가 변 ・僧 중 승 ・敲 두드릴 고

〈출처〉 이 대구는 당나라 가도(779-843)의 시 「제이응유거題李凝幽居」에 있다. 또 동진東晉의 도연명陶淵明(365~427)의 시 「사계四季」 50수에도 있다.

〈문제 63〉 누워서 구름이 골에서 나오는 것을 보고, 앉아서 달이 문에 임하는 것을 사랑한다(門).

064

> **棹穿波底月** 도천파저월 노는 파도 밑의 달을 뚫고,
> The oar forces its way through the moon under the waves.
>
> **船壓水中天** 선압수중천 배는 물속의 하늘을 누른다.
> The boat presses the sky submerged in the water.

| 구문 해설 |

① 이 대구는 '주술목' 구조이다. 063, 073번과 같은 문장 구조이다. ② 棹穿과 船壓은 '주술' 구조의 대구로 棹와 船이 주어로 대를 하고, 穿과 壓은 술어로 대를 한다. ③ 波底月과 水中天은 穿과 壓의 목적어 대구로 波와 水가 대를 하고, 底와 中이 대를 하고, 月과 天이 대를 한다. ④ 波底와 水中은 장소어 대구로 月과 天을 수식하는 관형어다. ⑤ 사공이 노를 저을 때 물밑에 떠있는 달을 뚫고 저어가고, 무거운 배가 떠갈 때 물속의 하늘을 누르고 나아간다.

| 대구 구조 |

① 2, 4부동 : 첫 구의 穿과 底은 평성과 측성이고, 둘째 구의 壓과 中은 측성과 평성이라 모두 2, 4부동이다. ② 대우구 : 2번 자 穿과 壓은 평성과 측성이고, 4번 자 底와 中은 측성과 평성이라 좋은 대우구가 된다. 평성운자 天과 상대어 측성 月자는 명사 대어가 된다.

| 어휘 |

•棹 노 도 •穿 뚫을 천 •波 물결 파 •底 밑 저 •船 배 선 •壓 누를 압
•水 물 수 •中 가운데 중 •天 하늘 천

〈출처〉 이 대구는 동진東晉의 도연명陶淵明의 시 「사계四季」 52수에 있다.

〈문제 64〉 강산江山은 아름답고 고운 땅이고, 도리桃李는 고운 빛의 하늘이다(天).

065

高山白雲起 고산백운기 높은 산에는 흰 구름이 일어나고,
At the high mountain rises the white cloud.

平原芳草綠 평원방초록 평평한 들에는 꽃다운 풀이 푸르다.
At the plain grows blue the fragrant grass.

| 구문 해설 |

① 이 대구는 '장소어+주어+술어' 구조이다. ② 高山과 平原은 장소어로 '~에는' 이라고 풀이한다. 高山과 平原은 수식 구조의 대구로 高와 平은 형용사로 대를 하여 명사 대어 山과 原을 수식한다. ③ 白雲起와 芳草綠은 '주술' 구조의 대구로 白雲과 芳草가 주어로 대를 하고, 起와 綠은 술어로 대를 한다. ④ 白과 芳은 형용사로 대를 하여 명사 대어 雲과 草를 수식한다. ⑤ 높은 산에는 흰 구름이 일어나고, 평지들판에는 녹음방초로 물들어 있다. 芳草勝花요 綠陰成海의 계절이다.

| 대구 구조 |

① 2, 4부동 : 첫 구의 山과 雲은 둘 다 평성이라 2, 4부동이 안되지만, 둘째 구의 原과 草는 평성과 측성이라 2, 4부동이 된다. ② 대우구 : 2번 자 山과 原은 같은 평성이라 평측 대가 안 되고, 4번 자 雲과 草는 평성과 측성이라 평측 대는 되지만 첫 구가 2, 4부동이 안 되어 대우구는 안 된다. 평성운자 자리에 측성 綠자가 와서 규칙에 안 맞는다.

| 어휘 |

• 起 일어날 기 • 平 평할 평 • 原 들 원 • 芳 꽃다울 방 • 草 풀 초

〈출처〉 미상

〈문제 65〉 재 위에 외로운 소나무 빼어나고, 강남에 뭇 풀들은 향이 난다(芳).

> **水連天共碧** 수련천공벽　물은 하늘과 연해 함께 푸르고,
> The water linking the sky is mutually blue.
>
> **風與月雙淸** 풍여월쌍청　바람은 달과 더불어 둘이 맑다.
> The wind and the moon are together clear.

| 구문 해설 |

　① 이 대구는 '주어(명사＋병렬접속사＋명사)＋술어' 구조이다. ② 水連天과 風與月은 'A and B' 구조의 대구로 두 명사가 연결된 복수 주어다. 여기 A와 B는 명사로 둘을 연결하는 병렬접속사인 連은 평성으로, 與는 측성으로 'and'의 뜻으로 쓰였다. ③ 혹은 連을 水와 天이 '연하여', 與를 風과 月이 '더불어'라고 해석하여도 된다. ④ 共과 雙은 범위부사로 '함께, 둘 다'의 뜻으로 형용사술어 碧과 淸을 수식한다. ⑤ 푸른 물과 파란 하늘이 잇닿으니 다 같이 푸른빛이고, 바람이 달과 더불어 있으니 둘 다 맑고 깨끗한 풍경이다.

| 대구 구조 |

　① 2, 4부동 : 첫 구의 連과 共은 평성과 측성이고, 둘째 구의 與와 雙은 측성과 평성이라 모두 2, 4부동이다. ② 대우구 : 2번 자 連과 與은 평성과 측성이고, 4번 자 共과 雙은 측성과 평성이라 좋은 대우구가 된다. 평성운자 淸과 상대어 측성 碧자는 술어로 대어가 된다.

| 어휘 |

- 水 물 수　· 連 연할 련　· 共 함께 공　· 碧 푸를 벽　· 風 바람 풍
- 與 더불 여　· 雙 쌍 쌍　· 淸 맑을 청

〈출처〉 참고 : 서산대사西山大師의 시「고의古意」'天共白雲曉 水和明月流'.

〈문제 66〉 밤비에 강산이 어둡고, 아침 햇빛에 초목이 맑다(淸).

067

> **山影推不出** 산영추불출　산 그림자는 밀어도 나가지 않고,
> Though a man pushes a mountain shadow out, it doesn't go out.
>
> **月光掃還生** 월광소환생　달빛은 쓸어도 다시 생긴다.
> Though a man sweeps the moonlight away, it revives again.

| 구문 해설 |

　① 이 대구는 '주술+술어' 구조이다. ② 山影과 月光은 '주종' 관계의 대구로 山과 月은 주어로 대를 하고, 影과 光은 종어로 대를 한다. 山影과 月光은 형식상으로는 주어이지만 의미상으로는 推와 掃의 목적어이다. ③ 推와 掃자 뒤에 而자를 넣어 '~해도' 라고 역접의 뜻을 명확히 해야 한다. ④ 不出과 還生이 문장의 술어이다. 還은 '다시' 라는 부사로 生을 수식한다. ⑤ 산 그림자는 밀어도 안 나가고, 마당의 달빛은 빗자루로 쓸어도 다시 생겨난다.

| 대구 구조 |

　① 2, 4부동 : 첫 구의 影과 不은 둘 다 측성이고, 둘째 구의 光과 還은 둘 다 평성이라 모두 2, 4부동이 안 된다. ② 대우구 : 2번 자 影과 光은 측성과 평성이고, 4번 자 不과 還도 측성과 평성이라 둘 다 평측 대는 되지만 모두 구중에서 2, 4부동이 안 되어 대우구로는 부적합하다. 不을 평성 難으로, 還을 측성 復로 바꾸면 평측이 해결된다. 평성운자 生과 상대어 측성 出자는 술어로 좋은 대어가 된다.

| 어휘 |

　•影 그림자 영　•推 밀 추　•出 날 출　•掃 쓸 소　•還 다시 환

〈출처〉 이 대구는 동진東晋의 도연명陶淵明의 시 「사계四季」 44수에 있다.

〈문제 67〉 푸른 산에 나귀등 있고, 봄물에 오리 머리 생긴다(生).

> **水鳥浮還沒** 수조부환몰　물새는 떴다가 다시 잠기고,
> A water-bird sinks and floats repeatedly.
>
> **山雲斷復連** 산운단부련　산 구름은 끊겼다가 다시 이어진다.
> A mountain cloud breaks and links again and again.

| 구문 해설 |

① 이 대구는 '주어+술어+부사+술어' 구조이다. ② 水鳥와 山雲은 '主從' 관계의 대구로 주어이다. 水와 山은 주어로 대를 하고, 鳥와 雲은 종어로 대를 한다. ③ 浮還沒과 斷復連은 '동사·연사·동사' 구조의 대구로 연사 還과 復는 두 동작을 연결한다. ④ 동사 浮와 沒, 斷과 連은 相反意語로 평측을 달리한다. ⑤ 오리 같은 물새는 물에 떠다니다 먹이가 있으면 자맥질하여 잡아먹는 동작을 반복하고, 산 위의 구름은 흘러가다가 끊어졌다가 다시 이어지고 하는 형상을 반복한다.

| 대구 구조 |

① 2, 4부동 : 첫 구의 鳥와 還은 측성과 평성이고, 둘째 구의 雲과 復는 평성과 측성이라 모두 2, 4부동이다. ② 대우구 : 2번 자 鳥와 雲은 측성과 평성이고, 4번 자 還과 復는 평성과 측성으로 좋은 대우구가 된다. 평성운자 連과 상대어 측성 沒자는 술어로 대어가 된다.

| 어휘 |

• 浮 뜰 부　• 沒 잠길 몰　• 斷 끊을 단　• 復 다시 부　• 連 잇닿을 련

〈출처〉 이 대구는 도연명陶淵明의 시 「사계四季」 51수에 있다. 또 고려 말 송나라 사신으로 가서 지은 박인량(?~1096)의 「구산사」에도 있다.

〈문제 68〉 나뭇잎 지니 천봉우리 나오고, 하늘은 멀리 한 물로 잇는다(連).

月移山影改 월이산영개　달이 옮겨가니 산 그림자가 바뀌고,

As the moon moves, the shadow of a mountain changes.

日下樓痕消 일하누흔소　해가 지니 누대 흔적이 사라진다.

As the sun sets, the traces of a tower fade away.

| 구문 해설 |

① 이 대구는 '주술+주술' 구조이다. ② 月移와 日下는 '주술' 구조의 대구로 月과 日은 주어로 대를 하고, 移와 下는 술어로 대를 한다. 下는 落의 뜻이다. ③ 앞글이 먼저 동작(移와 下)을 하니 그 결과에 따라 뒷글이 다음 동작(改와 消)을 한다. 따라서 '~하니 ~하다' 라는 인과문으로 봄이 옳으나, '~하면 ~하다' 라는 가정문으로 보아도 된다. ④ 山影改와 樓痕消는 '주술' 구조의 대구로 山影과 樓痕이 주어로 대를 하고, 改와 消는 술어로 대를 한다. ⑤ 달빛이 옮겨가면 산의 그림자도 따라서 옮겨 바뀌어지고, 해가 져서 없어지면 다락의 그림자 흔적도 따라서 없어지기 마련이다.

| 대구 구조 |

① 2, 4부동 : 첫 구의 移와 影은 평성과 측성이고, 둘째 구의 下와 痕은 측성과 평성이라 모두 2, 4부동이다. ② 대우구 : 2번 자 移와 下는 평성과 측성이고, 4번 자 影과 痕은 측성과 평성으로 좋은 대우구가 된다. 평성운자 消와 상대어 측성 改자는 술어로 대어가 된다.

| 어휘 |

・移 옮길 이 　・影 그림자 영 　・改 고칠 개 　・痕 흔적 흔 　・消 사라질 소

〈출처〉 미상

〈문제 69〉 풍진風塵은 술 단지 밖에 머물고, 일월은 책 속에서 사라진다(消).

> <u>天長去無執</u> 천장거무집 하늘은 멀어서 가도 가도 잡지 못하고,
> As the sky is far away, we cannot catch it in any case.
>
> <u>花老蝶不來</u> 화로접불래 꽃이 시드니 나비가 오지 않는다.
> As the flower withers, a butterfly doesn't visit.

| 구문 해설 |

① 이 대구는 '주술+주술' 구조이다. 天長과 花老는 '주술' 구조로 된 대구로 天과 花는 주어로 대를 하고, 長과 老는 술어로 대를 한다. ② 두 글 사이를 '~하니, ~해서'라고 해석하여 연결한다. ③ 去無執과 蝶不來는 구조상 대구이지만, 去와 蝶은 품사가 다르기 때문에 대가 되지 않고, 不來의 주어는 蝶이지만 無執의 주어는 話者이므로 기능상 대가 되지 않는다. ④ 하늘이 높고 넓고 멀어서 가도 가도 사람이 손으로 잡지 못하고, 꽃은 늙고 시드니 나비가 날라 오지 않는다.

| 대구 구조 |

① 2, 4부동 : 첫 구의 長과 無는 둘 다 평성이고, 둘째 구의 老와 不은 둘 다 측성이라 두 구가 모두 2, 4부동이 안 된다. ② 대우구 : 2번 자 長과 老는 평성과 측성이고, 4번 자 無와 不도 평성과 측성으로 평측 대는 되지만 둘 다 구중에서 2, 4부동이 안 되어 대우구는 안 된다. '老花蝶不來'로 하면 2, 4부동이 된다. 평성운자 來와 상대어 측성 執자는 술어로 좋은 대어가 된다.

| 어휘 |

• 去 갈 거 • 執 잡을 집 • 花 꽃 화 • 老 늙을 로 • 蝶 나비 접

〈출처〉 김삿갓의 파격시다. 이것을 소리 나는 대로 읽으면 '천장에 거미집, 화로에 겻불 내'로 이런 것을 차자借字놀이라 한다.

〈문제 70〉 누창樓敞하니 요월邀月함이 마땅하고, 계관階寬하니 꽃을 심음이 合하다(花).

071

初月將軍弓 초월장군궁 초생달은 장군의 활 같고,
The crescent[young moon] looks like the bow of a general.

流星壯士矢 유성장사시 유성은 장사의 화살 같다.
The meteor[shooting-star] looks like the arrow of a giant.

| 구문 해설 |

① 이 대구는 '주어+명사술어' 구조이다. 061, 062번도 같은 문형이다. ② 初月과 流星은 수식 구조의 주어로 初와 流는 형용사로 대를 하고, 月과 星은 명사 대를 한다. 初月은 新月이고 (蛾)眉月이다. ③ 將軍弓과 壯士矢는 명사술어로 대를 한다. 將軍과 壯士는 사람을 대로 하여 사물을 대로 한 弓와 矢를 수식한다. ④ 초승달 모양은 마치 장군의 활과 같고, 별똥별 모양은 마치 장사가 쏜 화살이 날아가는 것과 같다.

| 대구 구조 |

① 2, 4부동 : 첫 구의 月과 軍은 측성과 평성이고, 둘째 구의 星과 士는 평성과 측성으로 둘 다 2, 4부동이다. 壯士矢는 하삼측이라 작시에서 피한다. ② 대우구 : 2번 자 月과 星은 측성과 평성이고, 4번 자 軍과 士는 평성과 측성으로 좋은 대우구가 된다. 평성운자 矢와 상대어 측성 弓자는 명사로 좋은 대어가 된다.

| 어휘 |

· 初 처음 초 · 將 장수 장 · 軍 군사 군 · 弓 활 궁 · 流 흐를 류 · 星 별 성
· 壯 장사 장 · 士 선비 사 · 矢 화살 시

〈출처〉 이 대구는 격암 남사고(1509~1571)의 《격암유록》에 있다.

〈문제 71〉 하늘을 받치고 있는(拄天) 산은 성글게 서 있고, 바다로 가는 물은 다투며 흐른다 (流).

> **掃地黃金出** 소지황금출 땅을 쓰니 황금이 나오고,
>
> As we sweep a garden, a lump of gold comes out.
>
> **開門萬福來** 개문만복래 문을 여니 만복이 들어온다.
>
> As we open the gate, all sorts of good fortunes come in.

| 구문 해설 |

① 이 대구는 '술목+주술' 구조이다. ② 掃地와 開門은 '술목' 구조의 대구로 掃와 開는 술어로 대를 하고, 地와 門은 목적어로 대를 한다. ③ 두 술어를 '~하니 ~하다' 라고 해석 연결한다. ④ 黃金出과 萬福來는 '주술' 구조의 대구로 黃金과 萬福은 주어로 대이고, 出과 來는 술어로 대이다. 黃과 萬은 형용사와 수사로 대를 하여 뒤의 명사 金과 福을 수식한다. ⑤ 아침 일찍 마당을 쓰니 누른 금이 나오고, 대문을 여니 일만 가지 복이 들어온다. 《명심보감》: 大富由天 小富由勤. [영어 속담] : An early bird catches a worm.(일찍 일어난 새가 벌레를 잡는다.)

| 대구 구조 |

① 2, 4부동 : 첫 구의 地와 金은 측성과 평성이고, 둘째 구의 門과 福은 평성과 측성으로 모두 2, 4부동이다. ② 대우구 : 2번 자 地와 門은 측성과 평성이고, 4번 자 金과 福은 평성과 측성이라 좋은 대우구가 된다. 평성운자 來와 상대어 측성 出자는 술어로 대어가 된다.

| 어휘 |

· 掃 쓸 소 · 金 돈 금 · 出 날 출 · 開 열 개 · 門 문 문 · 福 복 복

〈출처〉 미상

〈문제 72〉 산이 다하니 높은 성이 나오고, 강이 도니 큰들이 열린다(開).

073

> **鳥逐花間蝶** 조축화간접　새는 꽃 사이의 나비를 쫓고,
>
> A bird chases a butterfly among the flowers.
>
> **鷄爭草中蟲** 계쟁초중충　닭은 풀 속의 벌레와 다툰다.
>
> A hen struggles with an insect in a field of grass.

| 구문 해설 |

① 이 대구는 '주술목' 구조이다. 이 글은 063, 064번과 문장 구조가 유사하다. ② 鳥逐과 鷄爭은 '주술' 구조의 대구로 鳥와 鷄는 조류끼리 대를 한 주어이고, 逐과 爭은 타동사술어로 대를 하여 蝶을 목적으로 하고, 蟲을 보어로 한다. ③ 花間과 草中은 장소 방향 대구로 花와 草가 대를 하고, 間과 中은 방향 접미어로 대를 하여 蝶과 蟲을 수식한다. ④ 새가 꽃 사이에서 날고 있는 나비를 쫓고, 닭은 풀 속에 있는 벌레를 잡아먹으려고 서로 다투고 있다.

| 대구 구조 |

① 2, 4부동 : 첫 구의 逐과 間은 측성과 평성으로 2, 4부동이나, 둘째 구의 爭과 中은 둘 다 평성으로 2, 4부동이 아니다. ② 대우구 : 2번 자 逐과 爭은 측성과 평성으로 대가 되지만, 4번 자 間과 中은 둘 다 평성이라 失對이다. 中을 측성 裡로 바꾸면 평측이 해결된다. 평성운자 蟲과 상대어 측성 蝶자는 명사로 좋은 대어가 된다.

| 어휘 |

- 鳥 새 조　• 逐 쫓을 축　• 間 사이 간　• 蝶 나비 접　• 鷄 닭 계　• 爭 다툴 쟁
- 草 풀 초　• 中 가운데 중　• 蟲 벌레 충

〈출처〉 이 대구는 동진東晉의 도연명陶淵明의 시 「사계四季」 43수에 있다.

〈문제 73〉 때가 위태하니 누란累卵같고, 재주가 작아 조충雕蟲이 부끄럽다(蟲).

鳥喧蛇登樹 조훤사등수 뱀이 나무에 오르니 새가 지저귀고,

A bird chirps when a snake goes up the tree.

犬吠客到門 견폐객도문 손님이 대문에 이르니 개가 짖는다.

A dog barks when a visitor arrives at the gate.

| 구문 해설 |

① 이 대구는 '주술+주술보' 구조이다. ② 鳥喧과 犬吠는 '주술' 구조의 대구로 鳥와 犬은 주어로 대를 하고, 喧과 吠는 술어로 대를 한다. ③ 蛇登樹와 客到門은 '주·술·보' 구조의 대구로 蛇와 客은 주어로 대를 하고, 登과 到는 술어로 대를 하고, 樹와 門은 보어로 대를 한다. ④ 蛇登樹와 客到門은 鳥喧하고 犬吠하는 원인이 되는 글이다. ⑤ 원인 구를 먼저 해석하고 결과를 나중에 해석하여 '뱀이 나무에 오르는 것을 본 새들이 지저귀고, 객이 대문간에 도착한 것을 본 개가 짖는다.' 라고 해석함이 이치에 맞다.

| 대구 구조 |

① 2, 4부동 : 첫 구의 喧과 登은 같은 평성이고, 둘째 구의 客과 到는 같은 측성이라 둘 다 2, 4부동이 안 된다. ② 대우구 : 2번 자 喧과 吠는 평성과 측성이고, 4번 자 登과 到도 평성과 측성이라 모두 평측 대는 되지만 둘 다 구중에서 2, 4부동이 안 되어 대우구로는 부적합하다. 평성운자 門과 상대어 측성 樹자는 명사로 좋은 대어가 된다.

| 어휘 |

• 喧 지저귈 훤 • 蛇 뱀 사 • 犬 개 견 • 吠 짖을 폐 • 到 이를 도

〈출처〉 이 대구는 동진東晉의 도연명陶淵明의 시 「사계四季」 45수에 있다.

〈문제 74〉 군자는 삼괴댁三槐宅이고, 고당高堂은 오류문五柳門이다(門).

> **高峰撐天立** 고봉탱천립 높은 봉우리가 하늘을 받치고 서있고,
>
> The high peak supports the sky and stands.
>
> **長江割地去** 장강할지거 긴 강이 땅을 가르고(며) 흘러간다.
>
> The long river divides the earth and flows.

| 구문 해설 |

① 이 대구는 '주술목+술어' 구조이다. ② 주어 高峰과 長江은 수식 구조의 대구로 형용사 高와 長이 명사 峰과 江을 수식한다. ③ 撐天과 割地는 '술목' 구조의 대구로 撐과 割이 술어로 대를 하고, 天과 地는 목적어로 대를 한다. ④ 두 술어를 '~하고 ~하다'라고 해석 연결한다. 이 글은 본래 '주술' 구조인 '高峯立'과 '長江去'가 기본 문형인데, 중간에 부가어(撐天, 割地)가 들어 5언 구조가 되었다. ⑤ 높은 산봉우리가 하늘을 이고 서있고, 긴 강물이 땅을 가르고 흘러간다. 撐은 戴(일 대)와 같은 뜻이다. 보기 : 戴冠式. 不俱戴天之怨讐.

| 대구 구조 |

① 2, 4부동 : 첫 구의 峰과 天은 둘 다 평성이라 2, 4부동이 안 되지만, 둘째 구의 江과 地는 평성과 측성이라 2, 4부동이 된다. ② 대우구 : 2번 자 峰과 江은 같은 평성이라 失對이지만, 4번 자 天과 地는 평성과 측성이라 평측 대가 된다. 첫 구가 2, 4부동이 안 된 관계로 대우구로는 부적합하다.

| 어휘 |

　•高 높을 고　•峰 봉우리 봉　•撐 버틸 탱　•立 설 립　•割 나눌 할

〈출처〉 미상

〈문제 75〉 달이 밝은데 어찌 술이 없고, 산이 푸른데 하물며 강이 있나(江).

> **碧海黃龍宅** 벽해황룡댁　푸른 바다는 황룡의 집이고,
> The blue sea is the house of a yellow dragon.
>
> **靑松白鶴樓** 청송백학루　푸른 소나무는 백학의 다락이다.
> The green pine-tree is the tower of a white crane.

| 구문 해설 |

① 이 대구는 '주어+명사술어' 구조이다. ② 碧海와 靑松은 수식 구조의 주어로 대를 한다. 碧과 靑은 색깔 형용사로 대를 하여 명사 대를 한 海와 松을 수식한다. ③ 黃龍과 白鶴도 수식 구조의 대구로 黃과 白은 역시 색깔 형용사로 대를 하여 명사 대를 한 龍과 鶴을 수식한다. ④ 黃龍과 白鶴은 뒤의 명사 宅과 樓를 수식하는 관형어다. ⑤ 푸른 바다는 누른 용이 사는 집이고, 파란 소나무는 흰 학이 사는 다락방이다. 碧, 靑, 黃, 白, 四色으로 시각적 효과를 대비하였고, 바다와 용, 소나무와 학의 상호 관계를 잘 대비한 글이다.

| 대구 구조 |

① 2, 4부동 : 첫 구의 海와 龍은 측성과 평성이고, 둘째 구의 松과 鶴은 평성과 측성으로 둘 다 2, 4부동이다. ② 대우구 : 2번 자 海와 松은 측성과 평성이고, 4번 자 龍과 鶴은 평성과 측성으로 좋은 대우구이다. 평성운자 樓와 상대어 측성 宅자는 명사로 좋은 대어가 된다.

| 어휘 |

　•碧 푸를 벽　•海 바다 해　•龍 용 룡　•宅 집 댁　•鶴 학 학　•樓 다락 루

〈출처〉 이 대구는 동진東晉의 도연명陶淵明의 시 「사계四季」 71수에 있다.

〈문제 76〉 흐르는 물소리 베개에 집중되고, 고오高梧 그늘 다락에 오른다(樓).

077

> **月到梧桐上** 월도오동상 달빛이 오동나무 위에 이르고,
> The moon shines on the paulownia.
>
> **風來楊柳邊** 풍래양류변 바람이 버드나무 가에 불어온다.
> The wind blows over the edge of the willow.

| 구문 해설 |

① 이 대구는 '주술+보어(방향 위치어)' 구조이다. 049번과 구조가 같다. ② 月到와 風來는 '주술' 구조의 대구로 月과 風이 주어로 대를 하고, 到와 來는 술어로 대를 한다. ③ 梧桐은 같은 뜻의 두 글자가 하나의 어휘를 만든 동의관계어다. 예 : 鳳凰, 翡翠, 麒麟, 葡萄, 薔薇, 蟋蟀 등이고, 楊柳는 비슷한 뜻의 두 글자가 하나의 어휘를 만든 유사관계어다. 예 : 道路, 樹木, 衣服, 土地, 家宅 등이다. ④ 上과 邊은 명사梧桐과 楊柳의 방향 접미어이고, 到와 來의 보어로 쓰였다. 유사 예문 : 邵康節 시「淸夜吟」'月到天心處 風來水面時.'

| 대구 구조 |

① 2, 4부동 : 첫 구의 到와 桐은 측성과 평성이고, 둘째 구의 來와 柳는 평성과 측성으로 모두 2, 4부동이 된다. ② 대우구 : 2번 자 到와 來는 측성과 평성이고, 4번 자桐과 柳는 평성과 측성으로 좋은 대우구가 된다. 평성운자 邊과 상대어 측성 上자는 방향어로 좋은 대어다.

| 어휘 |

· 到 이를 도 · 梧 오동 오 · 桐 오동 동 · 楊 버들 양 · 邊 가 변

〈출처〉 이 대구는 송나라 소강절의 「월도오동상月到梧桐上吟」과 청나라 화승 상예의 「동음납량도桐蔭納凉圖」에 있다.

〈문제 77〉 세수細水가 소나무 아래로 흐르고, 한화閑花가 학 옆에 떨어진다(邊).

078

> **群星陣碧天** 군성진벽천 뭇별들은 푸른 하늘에 진을 치고,
> A cluster of stars make a camp at the blue sky.
>
> **落葉戰秋山** 낙엽전추산 떨어지는 잎은 가을 산에서 싸운다.
> The fallen leaves struggle at the mountain of autumn.

| 구문 해설 |

① 이 대구는 '주술보' 구조이다. 다음 079번과 구조가 같다. ② 群星과 落葉은 수식 구조의 주어 대구로 群과 落은 형용사로 대를 하고, 星과 葉은 명사로 대를 한다. ③ 陣과 戰은 술어 대어로 '~에 진을 치다.' '~에서 싸우다'로 해석한다. ④ 碧天과 秋山은 수식 구조의 보어 대구로 陣하고 戰하는 장소어다. 기본 문형은 '주술보'인 '星陣天' '葉戰山'이다. ⑤ 무리를 이룬 별들이 푸른 하늘에 진을 치고 뻗쳐 있고, 떨어지는 나뭇잎들은 가을 산에서 전쟁을 한다. 다투어 떨어지는 나뭇잎을 마치 전장에서 병사의 목이 떨어지는 것에 비유하여 '戰' 자를 쓴 것이다.

| 대구 구조 |

① 2, 4부동 : 첫 구의 星과 碧은 평성과 측성이고, 둘째 구의 葉과 秋는 측성과 평성으로 모두 2, 4부동이 된다. ② 대우구 : 2번 자 星과 葉은 평성과 측성이고, 4번 자 碧과 秋는 측성과 평성이라 좋은 대우구가 된다. 평성운자 山과 상대어 측성 자리에 평성 天자가 와서 평측 구조가 안 맞는다.

| 어휘 |

· 群 무리 군 · 星 별 성 · 陣 진칠 진 · 碧 푸를 벽 · 戰 싸울 전

〈출처〉 미상

〈문제 78〉 백발 생기는 것 금하지 못하고, 청산 보는 게 최고로 기쁘다(山).

079

潜魚躍清波 잠어약청파 잠긴 물고기는 맑은 물결에서 뛰놀고,
The fish in the water jump over the clear wave.

好鳥鳴高枝 호조명고지 아름다운 새는 높은 가지에서 노래한다.
The good bird sings at the high branch.

| 구문 해설 |

① 이 대구는 '주술보' 구조이다. ② 주어 潜魚와 好鳥는 수식 구조의 대구로 潜과 好가 형용사로 대를 하여 명사 대어인 魚와 鳥를 수식한다. 魚와 鳥는 물고기와 날짐승끼리 대를 하였다. ③ 躍과 鳴은 보어(清波와 高枝)를 필요로 하고, '~에서 뛰놀다', '~에서 운다' 로 해석한다. ④ 清波와 高枝는 수식 구조로 清과 高는 형용사로 대를 하여 명사로 대를 한 波와 枝를 수식한다.

| 대구 구조 |

① 2, 4부동 : 첫 구의 魚와 清은 모두 평성이라 2, 4부동이 안되지만, 둘째 구의 鳥와 高는 측성과 평성이라 2, 4부동이 된다. ② 대우구 : 2번 자 魚와 鳥는 평성과 측성으로 평측 대가 되지만, 4번 자 清과 高는 모두 평성이라 失對하여 대우구로는 부적하다. 평성 清자를 측성 綠자로 바꾸면 평측이 해결된다. 평성운자 枝와 상대어 측성 자리에 평성 波자가 와서 평측 구조가 안 맞는다.

| 어휘 |

· 潜 잠길 잠 · 躍 뛸 약 · 波 물결 파 · 好 좋을 호 · 鳴 울 명 · 枝 가지 지

〈출처〉 이 대구는 위나라 조식의 「공연公讌」(신하들이 公子의 집에 임금을 모시고 참석한 연회)에 들어 있다.

〈문제 79〉 토끼는 교활해 삼굴=窟을 경영하고, 뱁새는 편히 일지—枝를 빌린다(枝).

080

> **雨後澗生瑟** 우후간생슬 비온 뒤 산골 물은 비파소리를 내고,
> After the rain, the stream in the vale makes a sound of a lute.
>
> **風前松奏琴** 풍전송주금 바람 앞에 소나무는 거문고를 연주한다.
> Before the wind, the pine-tree plays a Korean lute.

| 구문 해설 |

① 이 대구는 '시간(장소)부사+주술목' 구조이다. ② 雨後와 風前은 시간부사와 장소부사의 대구로 명사 대를 한 澗과 松을 수식한다. ③ 雨와 風은 기상용어로 대를 하고, 後와 前은 시간과 장소어끼리 대를 한다. ④ 澗生瑟과 松奏琴은 '주술목' 구조의 대구로 澗과 松은 주어로 대를 하고, 生과 奏는 술어로 대를 하고, 瑟과 琴은 악기 이름으로 목적어로 대를 한다. ⑤ 비온 뒤 산골 물은 비파 소리를 내며 흐르고, 바람 앞에 서있는 소나무는 거문고 소리를 내며 운다.

| 대구 구조 |

① 2, 4부동 : 첫 구의 後와 生은 측성과 평성이고, 둘째 구의 前과 奏는 평성과 측성이라 둘 다 2, 4부동이 된다. ② 대우구 : 2번 자 後와 前은 측성과 평성이고, 4번 자 生과 奏는 평성과 측성이라 좋은 대우구가 된다. 평성운자 琴과 상대어 측성 瑟 자는 명사로 좋은 대어이다.

| 어휘 |

· 雨 비 우 · 後 뒤 후 · 澗 산골 물 간 · 瑟 비파 슬 · 風 바람 풍
· 松 소나무 송 · 奏 연주할 주 · 琴 거문고 금

〈출처〉 미상

〈문제 80〉 친구 불러 화간에서 잔질하고, 근심 잊고 달 아래 거문고 탄다(琴).

> **馬行千里路** 마행천리로 말은 천 리 길을 달려가고,
> The horse gallops a thousand-mile road a day.
>
> **牛耕百畝田** 우경백무전 소는 백 이랑의 밭을 간다.
> The cow plows a hundred-yard field a day.

| 구문 해설 |

① 이 대구는 '주술목' 구조이다. 이 글은 015, 042, 044, 063, 064, 073번과 유사하다. ② 馬行과 牛耕은 '주술' 구조의 대구로 馬와 牛는 짐승끼리 주어로 대를 하고, 行과 耕은 술어로 대를 한다. ③ 千里路와 百畝田은 行과 耕의 목적어로 대를 한다. 千里와 百畝는 路와 田을 수식한다. ④ 千과 百은 숫자끼리 대를 하고, 里와 畝는 길이와 넓이의 명사로 대를 하고, 路와 田은 명사로 대를 한다.

| 대구 구조 |

① 2, 4부동 : 첫 구의 行과 里는 평성과 측성이고, 둘째 구의 耕과 畝도 평성과 측성으로 둘 다 2, 4부동은 되지만 같은 구조로 대구는 안 된다. ② 대우구 : 2번 자 行과 耕은 둘 다 평성이고, 4번 자 里와 畝는 둘 다 측성이라 모두 失對이다. 상대어끼리 평측을 달리해야 하는 대우구는 되지 않는다. 평성운자 田과 상대어 측성 路자는 명사로 좋은 대어이다.

| 어휘 |

  • 馬 말 마 • 行 갈 행 • 里 마을 리 • 路 길 로
  • 牛 소 우 • 耕 밭갈 경 • 畝 이랑 무 • 田 밭 전

〈출처〉 미상

〈문제 81〉 산 아래 서까래 몇 개인 집이 있고, 물 서쪽에 삼백 이랑 밭이 있다(田).

082

> **馬行駒隨後** 마행구수후 말이 가니 망아지가 뒤를(에) 따르고,
>
> When the horse walks, a pony follows him.
>
> **牛耕犢臥原** 우경독와원 소가 밭 가니 송아지는 들판에 누워있다.
>
> While a cow plows, a calf lies on the grass.

| 구문 해설 |

① 이 대구는 '주술+주술보' 구조이다. ② 馬行과 牛耕은 '주술' 구조의 대구로 馬와 牛는 짐승끼리의 주어로 대를 하고, 行과 耕은 술어로 대를 한다. ③ 이 글은 두 글 사이를 '~하니' 라고 해석 연결한다. ④ 駒隨後와 犢臥原은 '주술보' 구조의 대구로 駒와 犢은 짐승끼리 주어로 대를 하고, 隨와 臥는 술어로 대를 하고, 後(뒤에)와 原(들에)은 보어로 대를 한다. ⑤ 어미 말이 길을 가니 망아지가 그 뒤를 따라가고, 어미 소가 밭을 가니 송아지는 들판에 누워있다. 한 폭의 농촌 풍경화다.

| 대구 구조 |

① 2, 4부동 : 첫 구의 行과 隨는 둘 다 평성이라 2, 4부동이 안 되고, 둘째 구의 耕과 臥는 평성과 측성이라 2, 4부동이 된다. ② 대우구 : 2번 자 行과 耕은 둘 다 평성이라 失對이고, 4번 자 隨와 臥는 평성과 측성으로 평측의 대는 되지만, 첫 구가 2, 4부동이 안되어 대우구로는 부적합하다. 行자를 측성 去나 步자로 하면 된다. 평성운 자 原과 상대어 측성 後자는 명사로 좋은 대어이다.

| 어휘 |

• 馬 말 마 • 行 갈 행 • 駒 망아지 구 • 隨 따를 수 • 後 뒤 후 • 耕 밭갈 경
• 犢 송아지 독 • 臥 누을 와 • 原 들 원

〈출처〉 미상

〈문제 82〉 긴 바람이 대륙에 불고, 지는 해 중원中原에 가득하다(原).

> <u>狗走</u>梅花落 구주매화락　개가 달려가니 매화꽃이 떨어지고,
> As the dog runs, the plum-blossoms fall on the snow.
>
> <u>鷄行</u>竹葉成 계행죽엽성　닭이 걸어가니 대나무 잎이 이루어진다.
> As the hen walks, the bamboo leaves are appeared [on the snow.

| 구문 해설 |

① 이 대구는 '주술+주술' 구조이다. 069번과 문장 구조가 유사하다. ② 狗走와 鷄行은 '주술' 구조의 대구로 狗와 鷄는 집짐승끼리 주어로 대를 하고, 走와 行은 술어로 대를 한다. ③ 두 글 사이를 '~하니' 라고 해석 연결한다. ④ 梅花落과 竹葉成은 '주술' 구조의 대구로 梅花와 竹葉이 주어로 대를 하고, 落과 成은 술어로 대를 한다. 梅花와 竹葉은 수식관계의 대구로 梅와 竹은 식물끼리 대를 하여 花와 葉을 수식한다. ⑤ 눈 위를 걷는 개 발자국 모양은 매화꽃 같고, 눈 위를 걷는 닭 발자국 모양은 대나무 잎 같다.

| 대구 구조 |

① 2, 4부동 : 첫 구의 走와 花는 측성과 평성이고, 둘째 구의 行과 葉은 평성과 측성이라 둘 다 2, 4부동이다. ② 대우구 : 2번 자 走와 行은 측성과 평성이고, 4번 자 花와 葉은 평성과 측성이므로 좋은 대우구가 된다. 평성운자 成과 상대어 측성 落자는 동사로 좋은 대어이다.

| 어휘 |

· 狗 개 구　· 走 달릴 주　· 梅 매화 매　· 花 꽃 화　· 落 떨어질 락　· 鷄 닭 계
· 行 갈 행　· 竹 대 죽　· 葉 잎 엽　· 成 이룰 성

〈출처〉 이 대구는 동진東晉의 도연명陶淵明의 시 「사계四季」 31수에 있다.

〈문제 83〉 맑은 밤 거문고 타기 쉽고, 기이한 경치 그림 그리기 어렵다(成).

084

> 竹筍<u>黃犢</u>角 죽순황독각　대나무 순은 누런 송아지 뿔이고,
> A bamboo sprout looks like a yellow calf's horn.
>
> 蕨芽<u>小兒</u>拳 궐아소아권　고사리 순은 어린아이 손 주먹이다.
> A fern shoot looks like a child's fist.

| 구문 해설 |

① 이 대구는 '주어+명사술어' 구조이다. ② 竹筍과 蕨芽는 '主從' 관계의 주어 대구로 주어 竹과 蕨은 식물로 대를 하여 從語 筍과 芽를 수식한다. ③ 黃犢과 小兒는 角과 拳을 수식하는 관형어이다. 黃과 小가 형용사로 대를 하여 명사 대어 犢과 兒를 수식한다. ④ 角과 拳은 명사술어로 '~이다(같다)' 라고 해석한다. ⑤ 대나무순은 노란 송아지 뿔과 모양이 같고, 고사리 싹은 어린이가 쥐고 있는 주먹 모양과 같다.

| 대구 구조 |

① 2, 4부동 : 첫 구의 筍과 犢은 둘 다 측성이고, 둘째 구의 芽와 兒는 둘 다 평성이라 모두 2, 4부동이 안 된다. ② 대우구 : 2번 자 筍과 芽는 측성과 평성이고, 4번 자 犢과 兒도 측성과 평성이라 평측의 대는 되지만, 구중에서 2, 4부동이 안 되어 대우구가 안 된다. 평성운자 拳과 상대어 측성 角자는 명사로 좋은 대어이다.

| 어휘 |

• 筍 죽순 순　• 犢 송아지 독　• 角 뿔 각　• 蕨 고사리 궐　• 拳 주먹 권

〈출처〉이 대구는 동진東晉의 도연명陶淵明의 시 「사계四季」 32수에 있다. 송나라 황정견의 「영죽」에는 '竹筍才生黃犢角 蕨芽初長小兒拳' 이다.

〈문제 84〉소나무를 어루만지고 가면서 손을 뒷짐 지고, 돌을 쓸고 누워서 주먹으로 받친다(拳).

> **天清一雁遠** 천청일안원 하늘은 맑고 기러기 한 마리 멀리 날고,
> The sky is clear and a wild goose flies far away.
>
> **海闊孤帆遲** 해활고범지 바다는 넓고 외로운 배 느리게 떠간다.
> The sea is broad and a lonely boat floats away slowly.

| 구문 해설 |

① 이 대구는 '주술+주술' 구조이다. ② 天清과 海闊은 '주술' 구조의 대구로 天과 海가 주어로 대, 清과 闊는 술어로 대를 한다. 이 天清과 海闊을 清天과 闊海로 하면 해석이 자연스럽다. ③ 一雁遠과 孤帆遲는 '주술' 구조의 대구로 一雁과 孤帆이 주어로 대, 遠과 遲는 형용사술어로 대를 한다. ④ 一과 孤는 숫자 대, 雁과 帆은 명사로 대를 한다. ⑤ 이 시는 詩中有畵 畵中有詩(송의 동파東坡)고, 詩無形畵 畵無言詩(북송의 곽희郭熙)다. 그리스 시인 Simonides는 "Painting is a mute poetry and poetry is a speaking picture." 라 하였다. 이는 동서고금을 통하여 시화에 대한 생각이 같음을 의미한다.

| 대구 구조 |

① 2, 4부동 : 첫 구의 清과 雁은 평성과 측성이고, 둘째 구의 闊과 帆은 측성과 평성이라 모두 2, 4부동이다. ② 대우구 : 2번 자 清과 闊은 평성과 측성으로, 4번 자 雁과 帆은 측성과 평성으로 좋은 대우구가 된다. 평성운자 遲자와 상대어 측성 遠자는 술어로 좋은 대어이다.

| 어휘 |

・雁 기러기 안 ・遠 멀 원 ・闊 넓을 활 ・帆 돛배 범 ・遲 더딜 지

〈출처〉 이 대구는 이백의 시 「송장사인지강동送張舍人之江東」에 있다.

〈문제 85〉 물소리 들으니 진심塵心이 멀어지고, 산을 보니 시상이 더디다(遲).

> **花發文章樹** 화발문장수 문장 나무에서 꽃이 피고,
> The blossoms open on the sentence tree.
>
> **月出壯元峰** 월출장원봉 장원봉에서 달이 뜬다.
> The moon rises from the first place peak.

| 구문 해설 |

① 이 대구는 '주술+장소어' 구조이다. ② 花發과 月出은 '주술' 구조의 대구로 花와 月이 주어로 대를 하고, 發과 出은 술어로 대를 한다. ③ 發과 出은 뒤에 장소(~에, ~에서)를 나타내는 보어를 필요로 하는 술어이다. ④ 文章과 壯元은 관형어로 樹와 峰을 수식한다. ⑤ 문장 나무에 꽃이 피고, 장원봉에 달이 뜬다. 즉 '나무에 꽃이 피니 그 이름이 문장수요, 산봉우리에 달이 떠오르니 그 봉우리 이름이 장원봉'이라는 것이다. '文筆峰'은 풍수지리에서 흔히 언급된다.

| 대구 구조 |

① 2, 4부동 : 첫 구의 發과 章은 측성과 평성이고, 둘째 구의 出과 元도 측성과 평성이라 2, 4부동은 되지만 1, 2구가 같은 구조이므로 대구는 안 된다. ② 대우구 : 2번 자 發과 出은 둘 다 측성이고, 4번 자 章과 元은 둘 다 평성이라 대우구로는 부적합하다. 대우구는 2, 4번 자끼리 평측을 달리해야 한다. 평성운자 峰과 상대어 측성 樹자는 명사로 좋은 대어이다.

| 어휘 |

· 發 필 발 · 文 글월 문 · 章 글장 장 · 樹 나무 수 · 出 날 출 · 壯 씩씩할 장
· 元 으뜸 원 · 峰 봉우리 봉

〈출처〉 미상

〈문제 86〉 새가 내리면서 들에서 헤매고, 강이 돌아서 호봉好峰을 사모한다(峰).

087

> **柳色黃金嫩** 유색황금눈 버들 색깔은 누른 금처럼 곱고,
> The color of a willow looks as pretty as a gold.
>
> **梨花白雪香** 이화백설향 배꽃은 흰 눈처럼 향기롭다.
> The pear blossoms smell as fragrant as snow.

| 구문 해설 |

① 이 대구는 '주어+술어(부사구+형용사)' 구조이다. ② 柳色과 梨花는 '주종' 구조의 대구로 주어이다. 주어 柳와 梨는 나무끼리 대를 하여 종어 色과 花를 수식한다. ③ 黃金과 白雪은 수식 구조의 대구로 黃과 白은 색깔로 대를 하여 명사 대어 金과 雪을 수식한다. ④ 柳色과 梨花가 주어이고 嫩과 香이 술어로 '柳色嫩如黃金 梨花香如白雪'이거나 '柳色如黃金嫩 梨花如白雪香'으로 하면 알기 쉽다. ⑤ 버들 색은 마치 노란 금빛처럼 곱고, 배꽃은 마치 흰 눈처럼 향기롭다. 柳色은 黃金에, 梨花는 白雪에 비교하여 시각적 효과를 더했다.

| 대구 구조 |

① 2, 4부동 : 첫 구의 色과 金은 측성과 평성이고, 둘째 구의 花와 雪은 평성과 측성이라 둘 다 2, 4부동이다. ② 대우구 : 2번 자 色과 花는 측성과 평성이고, 4번 자 金과 雪은 평성과 측성이라 좋은 대우구가 된다. 평성운자 香과 상대어 측성 嫩자는 명사로 좋은 대어이다.

| 어휘 |

· 柳 버들 유 · 色 빛 색 · 嫩 고울 눈 · 梨 배 이 · 雪 눈 설 · 香 향기 향

〈출처〉 이 대구는 이백의 시 「궁중행악사팔수宮中行樂詞八首」에 있다.

〈문제 87〉 돌다리에 이끼 색 침입하고, 숲속 집에 꽃향기 머문다(香).

> **綠水鷗前鏡** 녹수구전경　초록 물은 갈매기 앞의 거울이고,
> The blue water is a mirror in front of a sea-gull.
>
> **青松鶴後屛** 청송학후병　푸른 소나무는 학 뒤의 병풍이다.
> The green pine tree is a folding screen behind a crane.

| 구문 해설 |

① 이 대구는 '주어+장소어+명사술어'로 된 글이다. ② 綠水와 青松은 수식 구조의 대구로 주어이다. 綠과 青은 색깔끼리 대를 하여 명사 대를 한 水와 松을 수식한다. ③ 鷗前鏡과 鶴後屛은 '장소어+명사' 구조의 대구로 鷗와 鶴은 조류끼리 대를 하고, 前과 後는 장소 방향 대를 하고, 鏡과 屛은 명사술어 대를 한다. ④ 綠水鏡과 青松屛이 기본형으로 綠水와 青松이 주어이고, 鏡과 屛이 명사술어이다. 명사술어는 '~은 ~이다'로 해석한다. ⑤ 푸른 물은 갈매기가 떠있는 앞에서 비치는 거울이고, 푸른 소나무는 학이 둥지를 틀고 있는 뒤를 두르고 있는 병풍이다.

| 대구 구조 |

① 2, 4부동 : 첫 구의 水와 前은 측성과 평성이고, 둘째 구의 松과 後는 평성과 측성이라 둘 다 2, 4부동이다. ② 대우구 : 2번 자 水와 松은 측성과 평성이고, 4번 자 前과 後는 평성과 측성이라 좋은 대우구가 된다. 평성운자 屛과 대어 측성 鏡자는 기물명사로 좋은 대어이다.

| 어휘 |

· 綠 초록빛 록　· 鷗 갈매기 구　· 鏡 거울 경　· 鶴 학 학　· 屛 병풍 병

〈출처〉 미상

〈문제 88〉 꾀꼬리는 노래하는 피리 같고, 푸른 산은 그림 병풍 같다(屛).

雨**磨**菖蒲**刀** 우마창포도　비는 창포의 칼을 갈고,

The rain sharpens the knife of an iris.

風**梳**楊柳**髮** 풍소양류발　바람은 버들의 머리털을 빗는다.

The wind combs the hair-like branch of a willow.

| 구문 해설 |

① 이 대구는 '주어+술어+목적어' 구조이다. ② 雨磨와 風梳는 '주술' 구조의 대구로 雨와 風은 기상어로 주어로 대를 하고, 磨와 梳는 술어로 대를 한다. ③ 菖蒲와 楊柳는 각각 두 글자가 하나의 뜻을 나타내는 어휘로 대를 하여 刀와 髮을 수식한다. ④ 雨磨菖蒲刀는 비를 맞은 菖蒲의 뾰족한 잎이 살랑살랑 흔들리는 것이 마치 숫돌에 칼을 가는 것 같다고 해서이고, 風梳楊柳髮은 버들가지가 늘어진 것을 머리칼에 비유해 바람이 빗질한다는 뜻이다.

| 대구 구조 |

① 2, 4부동 : 첫 구의 磨와 蒲는 둘 다 평성이라 2, 4부동이 안되고, 둘째 구의 梳와 柳는 평성과 측성이라 2, 4부동이 된다. ② 대우구 : 2번 자 磨와 梳는 둘 다 평성이라 失對이고, 4번 자 蒲와 柳는 평성과 측성이라 평측 대는 되지만 첫 구가 2, 4부동이 안 되어 대우구는 안 된다. 磨자를 측성 厲자로 바꾸면 평측은 해결된다. 대우구는 2행에 평성자로 압운해야 하므로 1, 2행의 순서를 바꾸면 된다.

| 어휘 |

•磨 갈 마　•菖 창포 창　•蒲 부들 포　•刀 칼 도　•梳 빗질 소

〈출처〉 미상

〈문제 89〉 밤중에 달은 거울 같고, 종이 창문에 바람은 칼 같다(刀).

090

> **鳧耕蒼海去** 부경창해거 오리는 푸른 바다를 갈면서 날아가고,
> A duck goes away plowing the blue sea.
>
> **鷺割靑山來** 노할청산래 백로는 푸른 산을 가르면서 날아온다.
> An egret comes near dividing the blue mountain

| 구문 해설 |

① 이 대구는 '주술목+술어' 구조이다. ② 鳧耕과 鷺割은 '주술' 구조의 대구로 鳧와 鷺는 조류끼리 주어로 대를 하고, 耕과 割은 술어로 대를 한다. ③ 蒼海와 靑山은 수식 구조의 대구로 蒼과 靑은 색깔로 대를 하여 명사 대를 한 海와 山을 수식하고, 耕과 割의 목적어가 된다. ④ 去와 來는 문장의 술어로 주어는 鳧와 鷺이다. 술어(耕과 割) 뒤에 또 술어(去와 來)가 오면 '~하고(면서) ~하다'로 해석한다. ⑤ 오리가 푸른 바닷물을 밭 갈듯이 가르고(면서) 지나가고, 백로는 푸른 산을 횡으로 베듯이 가르고(면서) 날아온다.

| 대구 구조 |

① 2, 4부동 : 첫 구의 耕과 海는 평성과 측성이고, 둘째 구의 割과 山은 측성과 평성이라 둘 다 2, 4부동이다. ② 대우구 : 2번 자 耕과 割은 평성과 측성이고, 4번 자 海와 山은 측성과 평성이라 좋은 대우구가 된다. 평성운자 來와 대어 측성 去자는 술어로 좋은 대어이다.

| 어휘 |

•鳧 오리 부 •耕 밭갈 경 •蒼 푸를 창 •鷺 백로 로 •割 가를 할

〈출처〉 이 대구는 동진東晉의 도연명陶淵明의 시 「사계四季」 58수에 있다.

〈문제 90〉 닭 울음은 점심(午餉)을 재촉하고, 소가 드러누운 것은 봄갈이를 마쳐서다(耕).

091

> 花紅黃蜂鬧 화홍황봉뇨 꽃이 붉으니 노란 벌들이 시끄럽고,
> As the flowers are red, a swarm of yellow bees buzz about.
>
> 草綠白馬嘶 초록백마시 풀이 푸르니 하얀 말이 운다.
> As grass is green, a white horse neighs.

| 구문 해설 |

① 이 대구는 '주술+주술' 구조이다. ② 花紅과 草綠은 '주술' 구조의 대구로 花와 草가 주어로 대를 하고, 紅과 綠은 색깔 형용사술어로 대를 한다. ③ 형용사술어(紅과 綠)와 동사술어(鬧와 嘶) 사이를 '~하니'라고 해석 연결한다. ④ 黃蜂鬧와 白馬嘶는 '주술' 구조의 대구로 黃蜂과 白馬가 주어로 대를 하고, 鬧와 嘶는 술어로 대를 한다. 黃과 白은 색깔로 대를 하여 명사 대를 한 蜂과 馬를 수식한다. ⑤ 꽃은 붉고 노란 벌들은 시끄럽고, 풀은 푸르고 흰 말은 운다. 풍경 묘사에 黃, 紅, 綠, 白색을 잘 활용하여 시각적 효과를 한층 드높였다.

| 대구 구조 |

① 2, 4부동 : 첫 구의 紅과 蜂은 둘 다 평성이고, 둘째 구의 綠과 馬는 둘 다 측성이라 모두 2, 4부동이 안 된다. ② 대우구 : 2번 자 紅과 綠은 평성과 측성이고, 4번 자 蜂과 馬도 역시 평성과 측성이라 평측의 대는 되지만, 모두 구중에서 2, 4부동이 안 되어 대우구로는 부적합하다. 평성운자 嘶와 대어 측성 鬧자는 술어로 좋은 대어이다.

| 어휘 |

•蜂 벌 봉 •鬧 시끄러울 뇨 •草 풀 초 •馬 말 마 •嘶 말 울 시

〈출처〉 이 대구는 동진東晉의 도연명陶淵明의 시 「사계四季」 34수에 있다.

〈문제 91〉 길 가는 이는 남포南浦에서 출발하고, 돌아오는 말은 북풍에 운다(嘶).

092

山雨夜鳴竹 산우야명죽 산비가 밤이면 대나무를 울리고,
At night a mountain rain makes a bamboo whisper.

草蟲秋入牀 초충추입상 풀벌레가 가을이면 침상에 들어온다.
In autumn a worm comes in the flat bench.

| 구문 해설 |

① 이 대구는 '주어+시간 명사+술목(보)' 구조이다. ② 山雨와 草蟲은 수식 구조
의 주어로 대구로 山과 草가 대를 하여 雨와 蟲을 수식한다. ③ 夜와 秋는 시간 명사
로 동사 앞에서 장소 부사 역할을 하여 우리말 끝에 '~에' 라는 토씨가 붙는다. 기본
문형은 '雨鳴竹', '蟲入牀' 이다. ④ 鳴은 타동사(~을 울리다)로 竹을 목적어로 하
고, 入은 불완전 자동사(~에 든다)로 보어(牀)를 필요로 한다. 鳴을 자동사로 하여
鳴竹을 '대나무 숲이 운다' 로 해석해도 된다. ⑤ 밤중에 산비가 내리면 대나무 숲이
우는 소리를 내고, 풀벌레가 가을이면 평상 밑으로 기어들어온다.

| 대구 구조 |

① 2, 4부동 : 첫 구의 雨와 鳴은 측성과 평성이고, 둘째 구의 蟲과 入은 평성과 측
성이라 둘 다 2, 4부동이 된다. ② 대우구 : 2번 자 雨와 蟲은 측성과 평성이고, 4번
자 鳴과 入은 평성과 측성이라 좋은 대우구가 된다. 평성운자 牀자와 대어 측성 竹
자는 명사로 좋은 대어이다.

| 어휘 |

・鳴 울 명 ・蟲 벌레 충 ・秋 가을 추 ・入 들 입 ・牀 평상 상

〈출처〉 이 대구는 동진東晉의 도연명陶淵明의 시「사계四季」63수에 있다.

〈문제 92〉 유조幽鳥는 바둑판을 엿보고, 한화閑花는 붓 상자(筆牀)에 떨어진다(牀).

> **遠水連天碧** 원수연천벽 아득한 물은 하늘에 연닿아 푸르고,
>
> A far water connecting with the sky looks blue.
>
> **霜楓向日紅** 상풍향일홍 서리 맞은 단풍은 해를 향해 빨갛다.
>
> A maple nipped by the frost turns red.

| 구문 해설 |

① 이 대구는 '주어+부사구+형용사술어' 구조이다. ② 遠水와 霜楓은 수식 구조의 주어로 대구로 遠과 霜이 대를 하여 명사로 대를 한 水와 楓을 수식한다. ③ 連天과 向日은 '술목' 구조의 부사구(~에 연이어, ~을 향하여)의 대구로 삽입되어 뒤에 오는 색깔 형용사술어 碧과 紅을 수식한다. ④ 遠水碧과 霜楓紅이 주술의 기본형으로 連天과 向日이 삽입되어 있다. ⑤ 멀리 아득한 물은 하늘에 연이어 푸르게 보이고, 서리 맞은 단풍은 해를 향하여 빨갛게 보인다. 즉 水와 天은 碧색으로, 楓과 日은 紅색으로 시각적 묘사가 한 폭의 그림 같다.

| 대구 구조 |

① 2, 4부동 : 첫 구의 水와 天은 측성과 평성이고, 둘째 구의 楓과 日은 평성과 측성이라 둘 다 2, 4부동이 된다. ② 대우구 : 2번 자 水와 楓은 측성과 평성이고, 4번 자 天과 日은 평성과 측성이라 좋은 대우구가 된다. 평성운자 紅자와 상대어 측성 碧자는 형용사술어로 좋은 대어이다.

| 어휘 |

• 碧 푸를 벽 • 霜 서리 상 • 楓 단풍 풍 • 向 향할 향 • 紅 붉을 홍

〈출처〉 미상

〈문제 93〉 북악北嶽에는 눈이 오히려 흰데, 상림上林에는 꽃이 벌써 붉다(紅).

> <u>山吐孤輪月</u> 산토고륜월 산은 외로운 둥근 달을 토하고,
> The mountain disgorges the moon rolling with one wheel.
>
> <u>江含萬里風</u> 강함만리풍 강은 만 리의 바람을 머금는다.
> The river keeps a wind blowing from a long distance away in its mouth.

| 구문 해설 |

① 이 대구는 '주술+(관형어)목적어' 구조이다. ② 山吐와 江含은 '주술' 구조의 대구로 山과 江이 주어로 대를 하고, 吐와 含이 술어로 대를 한다. ③ 孤輪月과 萬里風은 '관형어+목적어' 구조의 대구로 孤輪과 萬里가 관형어로 月과 風을 수식한다. 孤와 萬은 숫자로 대이고, 輪과 里는 명사로 대이다. ④ 기본 문형은 '주술목' 구조인 '山吐月'과 '江含風'인데, 목적어 月과 風 앞에 관형어(孤輪과 萬里)가 삽입되어 있다. ⑤ 산은 외로운 둥근 수레 같은 달을 토해내고, 강은 천만리 머나먼 곳에서 불어오는 바람을 머금고 있다.

| 대구 구조 |

① 2, 4부동 : 첫 구의 吐와 輪은 측성과 평성이고, 둘째 구의 含과 里는 평성과 측성이라 모두 2, 4부동이 된다. ② 대우구 : 2번 자 吐와 含은 측성과 평성이고, 4번 자 輪과 里는 평성과 측성이라 좋은 대우구가 된다. 평성운자 風자와 대어 측성 月자는 명사로 좋은 대어이다.

| 어휘 |

·吐 토할 토 ·孤 외로울 고 ·輪 바퀴 륜 ·含 머금을 함 ·里 마을 리

〈출처〉 이 대구는 율곡 이이의 시 「화석정花石亭」에 있다.

〈문제 94〉 산창山窓에 죽일竹日이 빛나고, 물가 정자에 연바람(荷風)이 뜬다(風).

> **露凝千片玉** 노응천편옥 이슬이 맺히니 천 조각의 옥이고,
>
> The frozen dew looks like a thousand gem.
>
> **菊散一叢金** 국산일총금 국화꽃이 흩어지니 한 떨기의 금이다.
>
> The scattered chrysanthemum looks like a lump of gold.

| 구문 해설 |

① 이 대구는 '주술+명사술어' 구조이다. ② 露凝과 菊散은 '주술' 구조의 대구로 露와 菊이 주어로 대를 하고, 凝과 散은 술어로 대를 한다. 다음 술어와 '~하니'라고 해석 연결한다. ③ 千片玉과 一叢金은 수식 구조의 술어 대구로 千片과 一叢은 대를 하여 玉과 金을 수식한다. ④ 千과 一은 숫자 대이고, 片과 叢은 단위어 대이고, 玉과 金은 명사술어로 대를 한다. 명사술어는 '~이다(같다)'로 해석한다. ⑤ 이슬이 맺히니 그 모양이 천 조각의 구슬 같고, 국화 꽃잎이 흩어지니 그 모양이 한 떨기의 노란 금 같다. 金은 黃色으로 菊을 묘사하고, 玉은 白色으로 露를 묘사한 한 폭의 그림 같은 시다.

| 대구 구조 |

① 2, 4부동 : 첫 구의 凝과 片은 평성과 측성이고, 둘째 구의 散과 叢은 측성과 평성이라 둘 다 2, 4부동이 된다. ② 대우구 : 2번 자 凝과 散은 평성과 측성이고, 4번 자 片과 叢은 측성과 평성이라 좋은 대우구가 된다. 평성운자 金자와 대어 측성 玉자는 명사로 좋은 대어이다.

| 어휘 |

· 露 이슬 로 · 凝 엉길 응 · 菊 국화 국 · 散 흩을 산 · 叢 떨기 총

〈출처〉 이 대구는 동진東晉의 도연명陶淵明의 시 「사계四季」 72수에 있다.

〈문제 95〉 마당에 기린麒麟의 옥색 벌려있고, 병풍에 공작孔雀의 금빛 열린다(金).

> **白蝶紛紛雪** 백접분분설   흰나비는 어지러이 날리는 눈 같고,
> A white butterfly looks like a fluttering snow.
>
> **黃鶯片片金** 황앵편편금   노란 꾀꼬리는 조각조각 황금 같다.
> A yellow oriole looks like a piece of gold.

| 구문 해설 |

① 이 대구는 '주어+(수식어)명사술어' 구조이다. ② 白蝶과 黃鶯은 수식 구조의 대구로 白과 黃은 색깔로 대를 하여 주어로 대를 한 蝶과 鶯을 수식한다. ③ 紛紛과 片片은 첩어로 대를 하여 명사술어 대어인 雪과 金을 수식한다. ④ 雪과 金은 명사술어로 白雪이 紛紛하고 黃金이 片片한 상태를 묘사한다. 명사술어는 '~은 ~같다(이다)' 라고 번역된다. ⑤ 훨훨 나는 흰나비는 마치 어지러이 날리는 눈송이 같고, 버들에서 나는 노란 꾀꼬리는 마치 노란 금덩어리 조각인 것 같다. 白蝶은 雪에 비유하고, 黃鶯은 金에 비유하여 시각 효과를 더했다.

| 대구 구조 |

① 2, 4부동 : 첫 구의 蝶과 紛은 측성과 평성이고, 둘째 구의 鶯과 片은 평성과 측성이라 둘 다 2, 4부동이 된다. ② 대우구 : 2번 자 蝶과 鶯은 측성과 평성이고, 4번 자 紛과 片은 평성과 측성이라 좋은 대우구가 된다. 평성운자 金자와 대어 측성 雪자는 명사로 좋은 대어이다.

| 어휘 |

• 蝶 나비 접   • 紛 어지러울 분   • 雪 눈 설   • 黃 누를 황   • 鶯 꾀꼬리 앵
• 片 조각 편   • 金 누른빛 금

〈출처〉 미상

〈문제 96〉 들 주점에 버들꽃 희고, 강마을에 매실 누르다(黃).

097

> 洞深花意懶 동심화의라 골짜기 깊으니 꽃 피려는 마음 게으르고,
> As the vale is deep, the flower is lazy to open.
>
> 山疊水聲幽 산첩수성유 산이 겹겹이니 물 흐르는 소리 그윽하다.
> As the mountain lies one upon another, the sound of a stream is still.

| 구문 해설 |

① 이 대구는 '주술+주술'로 된 구조이다. ② 洞深과 山疊은 '주술' 구조의 대구로 洞과 山이 주어로 대이고, 深과 疊은 형용사술어로 대이다. 다음 술어와 '~하니'라고 해석 연결한다. ③ 花意懶와 水聲幽는 '주술' 구조의 대구로 花意와 水聲이 주어로 대를 하고, 懶와 幽가 형용사술어로 대를 한다. 花와 水가 대를 하여 역시 대를 한 意와 聲를 수식한다. ④ 花意懶는 '꽃 피려는 마음이 게으르다'는 뜻으로, 골이 깊어 기온 차이로 꽃이 늦게 핀다는 뜻(懶는 遲의 뜻이다)이고, 水聲幽는 물소리가 첩첩산중이라 아득히 들린다는 뜻이다.

| 대구 구조 |

① 2, 4부동 : 첫 구의 深과 意는 평성과 측성이고, 둘째 구의 疊과 聲은 측성과 평성이라 둘 다 2, 4부동이 된다. ② 대우구 : 2번 자 深과 疊은 평성과 측성이고, 4번 자 意와 聲은 측성과 평성이라 좋은 대우구가 된다. 평성운자 幽자와 대어 측성 懶자는 술어로 좋은 대어이다.

| 어휘 |

· 洞 골 동 · 意 뜻 의 · 懶 게으를 라 · 疊 거듭 첩 · 幽 그윽할 유

〈출처〉 이 대구는 동진東晉의 도연명陶淵明의 시 「사계四季」 65수에 있다.

〈문제 97〉 땅이 치우치니 꽃길이 기울고, 인나人懶하니 초당草堂이 그윽하다(幽).

<u>氷解魚初躍</u> 빙해어초약   얼음이 풀리니 물고기가 처음 뛰놀고,

As ice melts, fish begins to play.

風和雁欲歸 풍화안욕귀   바람이 온화하니 기러기가 돌아가려 한다.

As the wind is mild, a wild goose wants to return.

| 구문 해설 |

① 이 대구는 '주술+'주술'로 된 구조이다. ② 氷解와 風和는 '주술' 구조의 대구로 氷과 風이 주어로 대를 하고, 解와 和는 술어로 대를 한다. 氷解와 風和 뒤를 '~하니'로 해석하여 연결한다. ③ 魚初躍과 雁欲歸는 '주술' 구조의 대구로 魚와 雁은 주어로 대를 하고, 躍과 歸는 술어로 대를 한다. ④ 初는 부사로 躍을 수식하고, 欲(~하고 싶다)은 歸의 보조사이다. 初와 欲은 품사가 다르기 때문에 정대는 안 된다. ⑤ 봄이 와서 얼음이 녹으니 물고기가 처음으로 뛰어놀고, 봄이 와서 바람이 온화하니 기러기가 북으로 돌아가려 한다.

| 대구 구조 |

① 2, 4부동 : 첫 구의 解와 初는 측성과 평성이고, 둘째 구의 和와 欲은 평성과 측성이라 모두 2, 4부동이 된다. ② 대우구 : 2번 자 解와 和는 측성과 평성이고, 4번 자 初와 欲은 평성과 측성이라 좋은 대우구가 된다. 평성운자 歸자와 대어 측성 躍자는 술어로 좋은 대어이다.

| 어휘 |

- 氷 얼음 빙 · 解 풀릴 해 · 初 처음 초 · 躍 뛸 약 · 風 바람 풍
- 和 화할 화 · 雁 기러기 안 · 欲 바랄 욕 · 歸 돌아갈 귀

〈출처〉 유사문 《시경》: 鳶飛戾天 魚躍于淵.

〈문제 98〉 다락이 높으니 천리를 바라보고, 해활海闊하니 백천百川이 돌아온다(歸).

099

> 林風**涼不絕** 임풍량부절 숲속의 바람은 시원함이 끊이지 않고,
> The forest wind is cool without breaking.
>
> 山月**曉仍明** 산월효잉명 산에 걸린 달은 새벽에도 그대로 밝다.
> The mountain moon is bright at dawn as it is.

| 구문 해설 |

① 이 대구는 '주어+부사어+술어' 구조이다. ② 林風과 山月은 '주종' 관계의 대구로 林과 山은 주어로 대를 하여 종어 風과 月을 수식한다. ③ 涼(서늘해)과 曉(새벽에)를 부사어로 하여 술어 不絕과 仍明을 수식하는 것으로 해석하거나, 혹은 涼과 曉가 林風과 山月을 수식하는 것으로 하여 涼林風, 曉山月로 바꾸어도 된다. ④ 不과 仍은 부사로 술어 絕과 明을 수식한다. '林風絕'과 '山月明'이 기본형이다. ⑤ 숲속에서 불어오는 서늘한 바람은 그치지 않고, 산마루에 걸린 새벽달은 날이 새어도 그대로 환하게 밝다.

| 대구 구조 |

① 2, 4부동 : 첫 구의 風과 不은 평성과 측성이고, 둘째 구의 月과 仍은 측성과 평성이라 모두 2, 4부동이 된다. ② 대우구 : 2번 자 風과 月은 평성과 측성이고, 4번 자 不과 仍은 측성과 평성이라 좋은 대우구가 된다. 평성운자 明자와 대어 측성 絕자는 술어로 좋은 대어이다.

| 어휘 |

·涼 서늘할 량 ·絕 끊을 절 ·曉 새벽 효 ·仍 그대로 잉 ·明 밝을 명

〈출처〉 이 구는 당나라 왕진(왕유의 동생)의 「별망천별업」에 있다.

〈문제 99〉 이별의 길에 바로 꽃이 지고, 돌아가는 배에 자못 달이 밝다(明).

竹筍尖如筆 죽순첨여필 대나무 순은 붓처럼 뾰족하고,

The bamboo sprout is as sharp as a pen.

松葉細似針 송엽세사침 소나무 잎은 바늘처럼 가늘다.

The leaf of a pine is as slender as a needle.

| 구문 해설 |

① 이 대구는 '주어+술어+부사구'로 된 구조이다. ② 竹筍과 松葉은 '주종' 관계의 대구로 竹과 松은 주어로 종어 筍과 葉을 수식한다. ③ 尖과 細는 형용사술어로 대를 하고, 如와 似는 전치사로 뒤에 목적어를 가지고 부사구를 만들어 '~처럼'으로 해석한다. 이때 筆과 針이 如와 似의 목적어다. ④ 만약 尖과 細를 명사주어로 하면 如와 似는 술어가 되고 筆과 針은 보어가 된다. ⑤ 죽순은 붓처럼 뾰족하고(뾰족함이 붓 같다), 솔잎은 바늘처럼 가늘다(가늚이 바늘 같다)는 비유문이다.

| 대구 구조 |

① 2, 4부동 : 첫 구의 筍과 如는 측성과 평성이라 2, 4부동이나, 둘째 구의 葉과 似는 둘 다 측성이라 2, 4부동이 안 된다. ② 대우구 : 2번 자 筍과 葉은 측성과 측성이라 失對이고, 4번 자 如와 似는 평성과 측성이라 평측은 맞지만 2구가 구중에서 2, 4부동이 안 되어 대우구로는 부적합하다. 평성운자 針자와 대어 측성 筆자는 명사로 좋은 대어이다.

| 어휘 |

• 筍 죽순 순 • 尖 뾰족할 첨 • 細 가늘 세 • 似 같을 사 • 針 바늘 침

〈출처〉 미상

〈문제 100〉 사채詞彩는 꽃이 비단을 더한 듯, 교연交緣은 자석이 침을 끄는 듯(針).

> **魚戲<u>新荷動</u>** 어희신하동　물고기가 장난하니 새 연이 살랑이고,
>
> As fish plays, a new lotus moves.
>
> **鳥散餘花落** 조산여화락　새가 흩어지니 남은 꽃이 떨어진다.
>
> As a bird flies away, the remaining flowers fall.

| 구문 해설 |

① 이 대구는 '주술+주술' 구조이다. 091, 097번과 평측 형태가 같다. ② 魚戲와 鳥散은 '주술' 구조의 대구로 魚와 鳥가 주어로 대를 하고, 戲와 散은 술어로 대를 한다. 술어 다음에 '~하니' 라고 해석 연결한다. ③ 新荷動과 餘花落은 '주술' 구조의 대구로 新荷와 餘花가 주어로 대를 하고, 動과 落이 술어로 대를 한다. 新과 餘는 형용사로 대를 하여 주어로 대를 한 荷와 花를 수식한다. ④ 魚戲하고 鳥散하는 진동의 결과로 新荷가 動하고 餘花가 落하는 인과문으로 본다.

| 대구 구조 |

① 2, 4부동 : 첫 구의 戲와 荷는 측성과 평성이고, 둘째 구의 散과 花도 측성과 평성이라 둘 다 2, 4부동이다. ② 대우구 : 2번 자 戲와 散은 둘 다 측성이고, 4번 자 荷와 花는 둘 다 평성으로 평측 대가 안 된다. 1, 2구가 같은 평측 구조이므로 失對가 되어 대우구가 안 된다.

평성운자가 올 자리에 측성 落자가 와서 압운이 잘못되었다.

| 어휘 |

· 戲 희롱할 희　· 荷 연꽃 하　· 動 움직일 동　· 散 흩어질 산　· 餘 남을 여

〈출처〉 이 대구는 남조시대 사조(464~499)의 「유동원遊東園」에 있다.

〈문제 101〉 황금 꾀꼬리가 버들과 섞이고, 붉은 분접粉蝶이 꽃을 헤맨다(花).

> **琴潤絃猶響** 금윤현유향 거문고가 젖어도 줄은 여전히 소리 나고,
> Though a Korean harp is soaked, it still rings.
>
> **爐寒火尙存** 노한화상존 화로가 차가워도 불씨는 그대로 남아있다.
> Though a brazier gets cold, the fire in it still remains.

| 구문 해설 |

① 이 대구는 '주술+주술' 구조이다. 101, 098, 007, 091, 083번과 유사하다. ② 琴潤과 爐寒은 '주술' 구조의 대구로 琴과 爐가 주어로 대를 하고, 潤과 寒은 형용사 술어로 대를 한다. 술어 뒤를 '~하지만, ~하여도' 라고 해석 연결한다. ③ 絃響과 火存은 '주술' 구조의 대구로 絃과 火가 주어로 대를 하고, 響과 存이 술어로 대를 한다. ④ 猶와 尙은 같은 뜻의 부사로 자동사술어 響과 存 앞에 위치하였다. 부사의 위치는 원칙적으로 술어 동사 앞이다. ⑤ 거문고가 물에 젖어도 여전히 소리가 울리고, 불 담은 화로가 차갑지만 불씨가 남아 있다.

| 대구 구조 |

① 2, 4부동 : 첫 구의 潤과 猶는 측성과 평성이고, 둘째 구의 寒과 尙은 평성과 측성이라 2, 4부동이 된다. ② 대우구 : 2번 자 潤과 寒은 측성과 평성이고, 4번 자 猶와 尙은 평성과 측성이라 좋은 대우구가 된다. 평성운자 存자와 상대어 측성 響자는 술어로 좋은 대어이다.

| 어휘 |

· 琴 거문고 금 · 潤 젖을 윤 · 絃 줄 현 · 猶 오히려 유 · 響 울릴 향
· 爐 화로 로 · 寒 찰 한 · 火 불 화 · 尙 오히려 상 · 存 있을 존

〈출처〉 이 대구는 서거정의 오언율시 「독좌獨坐」에 있다.

〈문제 102〉 물이 흐르니 진사塵事가 멀어지고, 산이 고요하니 도심이 있다(存).

103

> **春北秋南雁** 춘북추남안　봄에는 북으로 가을에는 남으로 기러기 날고,
> In spring toward the north, in autumn toward the south, a wild goose flies.
>
> **朝西暮東虹** 조서모동홍　아침엔 서에, 저녁엔 동에 무지개 뜬다.
> In the morning at the west, in the evening at the east, a rainbow appears.

| 구문 해설 |

① 이 대구는 '시간·방향어＋시간·방향어＋명사술어' 구조이다. ② 春北과 朝西는 시간어와 방향어로 조립된 부사구다. 春과 朝는 시간어 대이고, 北과 西는 방향어 대이다. ③ 秋南과 暮東도 시간어와 방향어로 된 부사구로 秋와 暮는 시간어 대이고, 南과 東은 방향어 대이다. ④ 시간어 春, 秋, 朝, 暮는 '~에(는)'으로 하고, 방향어 北, 南, 西, 東은 '~으로, ~에'로 번역한다. ⑤ 雁(기러기 날다)과 虹(무지개 뜬다)은 명사술어로 대를 한다.

| 대구 구조 |

① 2, 4부동 : 첫 구의 北과 南은 측성과 평성이라 2, 4부동이지만, 둘째 구의 西와 東은 둘 다 평성이라 2, 4부동이 아니다. ② 대우구 : 2번 자 北과 西는 측성과 평성이라 평측 대가 되지만, 4번 자 南과 東은 둘 다 평성이라 대우구는 안 된다. 평성운 자 虹자와 대어 측성 雁자는 명사로 좋은 대어이다.

| 어휘 |

· 秋 가을 추　· 南 남녘 남　· 雁 기러기 안　· 暮 저물 모　· 虹 무지개 홍

〈출처〉 이 대구는 동진東晉의 도연명陶淵明의 시 「사계四季」 11수에 있다.

〈문제 103〉 산을 덮을 듯이(蓋山) 갑자기 소나기가 오고, 물 건너 홀연히 붉은 무지개 난다(虹).

> **柳幕鶯爲客** 유막앵위객　버들막에서는 꾀꼬리가 손님이고,
>
> In a willow tent, an oriole becomes a guest.
>
> **花房蝶作郞** 화방접작랑　꽃방에서는 나비가 신랑이다.
>
> In a flower room, a butterfly becomes a bridegroom.

| 구문 해설 |

① 이 대구는 '장소어+주술보' 구조이다. ② 柳幕과 花房은 '주종' 관계의 장소 대구로 柳와 花가 주어로 대를 하여 종어로 대를 한 幕과 房을 수식한다. 장소어는 문장 머리에서 '~에서(는)'으로 해석된다. ③ 鶯爲客과 蝶作郞은 '주술보' 구조의 대구로 鶯과 蝶은 주어로 대를 하고, 爲와 作은 '~이(되)다'는 같은 뜻의 술어로 대를 하고, 客과 郞은 보어로 대를 한다. ④ 버들이 장막을 치고 있는 곳에서는 꾀꼬리가 손님이고, 신부 방 같은 꽃봉오리를 찾는 나비는 분명 신랑이다. 버들은 꾀꼬리, 꽃은 나비, 소나무는 학, 갈대는 기러기가 주인이지요.

| 대구 구조 |

① 2, 4부동 : 첫 구의 幕과 爲는 측성과 평성이고, 둘째 구의 房과 作은 평성과 측성이라 모두 2, 4부동이다. ② 대우구 : 2번 자 幕과 房은 측성과 평성이고, 4번 자 爲와 作은 평성과 측성이라 좋은 대우구가 된다. 평성운자 郞자와 대어 측성 客자는 명사로 좋은 대어이다.

| 어휘 |

· 柳 버들 유　· 幕 장막 막　· 房 방 방　· 蝶 나비 접　· 郞 신랑 랑

〈출처〉 이 대구는 동진東晉의 도연명陶淵明의 시 「사계四季」 21수에 있다. 「백련초해」에는 '柳爲翠幕鶯爲客 花作紅房蝶作郞'이다.

〈문제 104〉 남쪽 산은 은사를 품고, 봄물은 어랑漁郞을 부러워한다(郞).

105

> 日華川上動 일화천상동　햇빛이 냇물 위에서 움직이고,
>
> The sunshine moves on the stream.
>
> 風光草際浮 풍광초제부　바람 빛은 풀 사이에 떠있다.
>
> The wind light [scenery] floats between the leaves of grass.

| 구문 해설 |

① 이 대구는 '주어+장소어+술어'로 된 구조이다. ② 日華와 風光은 주어로 수식 구조의 대구이다. 日과 風이 대를 하여 대어인 華와 光을 수식한다. 日華는 日光 이고, 風光은 景致, 風景 모습이다. ③ 川上과 草際는 장소어 대구로 川과 草가 대를 하고, 上과 際가 방향 접미어로 대를 한다. 際는 端, 邊, 間의 뜻이다. ④ '주술' 구조인 '日華動'과 '風光浮' 사이에 장소부사구인 川上과 草際가 삽입되어 있다. ⑤ 햇빛 이 시냇물 위에서 빤짝빤짝 움직이고, 바람 빛이 풀 사이에 둥둥 떠있다.

| 대구 구조 |

① 2, 4부동 : 첫 구의 華와 上은 평성과 측성이고, 둘째 구의 光과 際도 평성과 측 성이라 2, 4부동은 된다. ② 대우구 : 2번 자 華와 光은 모두 평성이므로 失對이고, 4 번 자 上과 際는 모두 측성이므로 역시 失對이다. 1, 2구가 같은 평측 구조이므로 대 우구가 안 된다. 평성운자 浮자와 대어 측성 動자는 동사술어로 좋은 대어이다.

| 어휘 |

· 華 빛날 화　· 動 움직일 동　· 草 풀 초　· 際 사이 제　· 浮 뜰 부

〈출처〉 이 대구는 남조시대 사조(464~499)의 「화서도조和徐都曹」에 있다.

〈문제 105〉 꽃기운에 산이 움직이는 것 같고, 새소리에 나무가 뜨려 한다(浮).

> **明月松間照** 명월송간조 밝은 달이 소나무 사이를(로) 비추고,
> A bright moon shines between the pine trees.
>
> **清泉石上流** 청천석상류 맑은 샘물은 돌 위를(로) 흐른다.
> A clear fountain flows on the stone.

| 구문 해설 |

① 이 대구는 '주어+장소어+술어' 구조이다. 105번과 문장 구조가 같다. ② 明月과 清泉은 수식 구조의 주어로 대구로 明과 清이 형용사로 대를 하여 명사 대를 한 月과 泉을 수식한다. ③ 松間과 石上은 장소어 대구로 위치를 나타내는 부사구다. 이 장소어 松間과 石上은 평측에 따라 술어 照와 流의 앞에 오기도 하고 뒤에 오기도 한다. ④ 기본형은 '明月照', '清泉流'로 明月과 清泉이 주어이고, 照와 流가 술어이다. ⑤ 밝은 달이 소나무 사이를 비추고, 맑은 샘물은 돌 반석 위를 흐른다.

| 대구 구조 |

① 2, 4부동 : 첫 구의 月과 間은 측성과 평성이고, 둘째 구의 泉과 上은 평성과 측성이라 둘 다 2, 4부동이다. ② 대우구 : 2번 자 月과 泉은 측성과 평성이고, 4번 자 間과 上은 평성과 측성이므로 좋은 대우구가 된다. 평성운자 流자와 상대어 측성 照자는 동사술어로 좋은 대어이다.

| 어휘 |

• 明 밝을 명　• 照 비출 조　• 清 맑을 청　• 泉 샘 천　• 流 흐를 류

- -

〈출처〉 이 대구는 왕유(699~759)의 시 「산거추명」에 있다.

〈문제 106〉 고국故國은 일이 다함이 없고(無窮), 긴 강은 다하지 않고(不盡) 흐른다(流).

青松夾路生 청송협로생 푸른 소나무가 길을 끼고 살아있고,
A blue pine grows alongside with the roads.

白雲宿簷端 백운숙첨단 흰 구름은 처마 끝에 머물러있다.
A white cloud remains at the end of the eaves.

| 구문 해설 |

① 이 대구는 '주어+술목술' 구조이다. 주어인 靑松과 白雲은 수식 구조의 대구로 靑과 白은 색깔로 대를 하여 명사 대어 松과 雲을 수식한다. ② 夾路는 '술목' 구조로 路가 夾의 목적어이지만, 宿簷은 '술보' 구조로 簷은 宿의 보어이다. ③ 夾路生은 '술목술' 구조이고, 宿簷端은 '술보' 구조로 生은 술어이고, 端은 위치를 나타내는 접미어로 서로 대가 되지 않아 대구문으로는 부적합하다. 접미어 端은 '끝'을 의미하는 末, 際와 같은 뜻이다. ④ 푸른 소나무가 길을 끼고 양옆에서 자라고, 흰 구름은 처마 끝에 유숙한다(머문다).

| 대구 구조 |

① 2, 4부동 : 첫 구의 松과 路는 평성과 측성이라 2, 4부동이나, 둘째 구의 雲과 簷은 둘 다 평성이라 2, 4부동이 안 된다. ② 대우구 : 2번 자 松과 雲은 평성과 평성으로 失對이고, 4번 자 路와 簷은 측성과 평성이라 평측은 맞지만 둘째 구가 2, 4부동이 안 되어 대우구로는 부적이다. 평성운자 端의 상대어는 측성자라야 하는데 평성 生자가 왔다.

| 어휘 |

· 夾 낄 협 · 路 길 로 · 宿 머물 숙 · 簷 처마 첨 · 端 끝 단

〈출처〉 이 대구는 동진東晉의 도연명(365~427)의 「의고擬古」에 있다.

〈문제 107〉 꽃은 아직도 붉음이 미료未了이고, 풀은 여전히 끝없이 푸르다(端).

> **荷風送香氣** 하풍송향기　연꽃 바람은 향기를 실어 보내고,
> The wind over a lotus carries fragrance.
>
> **竹露滴清響** 죽로적청향　대나무 이슬은 맑은 소리를 내며 떨어진다.
> The dew fallen on a bamboo drops a clear sound.

| 구문 해설 |

① 이 대구는 '주술목' 구조이다. ② 荷風과 竹露는 '주종' 구조의 주어로 대를 한다. 荷와 竹은 주어로 대를 하여 종어로 대를 한 風과 露를 수식한다. ③ 送香氣과 滴清響은 '술목' 구조의 대구로 送과 滴이 술어로 대를 하고, 香氣와 清響은 목적어로 대를 한다. ④ 香氣와 清響은 수식 구조의 대구로 香과 清은 형용사로 대를 하여 명사 대를 한 氣와 響을 수식한다. ⑤ 연꽃에 부는 바람은 꽃향기를 실어 보내고, 대나무에 맺힌 이슬은 맑은 울림소리를 내며 똑똑 떨어진다.

| 대구 구조 |

① 2, 4부동 : 첫 구의 風과 香은 둘 다 평성이라 2, 4부동이 안되지만, 둘째 구의 露과 清은 측성과 평성이라 2, 4부동이 된다. ② 대우구 : 2번 자 風과 露는 평성과 측성으로 평측 대가 되지만, 4번 자 香과 清은 둘 다 평성이라 失對이다. 첫 구가 2, 4부동이 안 되어 대구는 안 된다. 香자를 측성 馥자로 바꾸면 2, 4부동이 된다. 평성 운자 響자와 상대어 측성 氣자는 명사로 좋은 대어이다.

| 어휘 |

• 荷 연꽃 하　• 送 보낼 송　• 香 향기 향　• 氣 기운 기　• 露 이슬 로
• 滴 떨어질 적　• 響 울릴 향

〈출처〉 이 대구는 맹호연(689~740)의 「하일남정부신대夏日南亭怀辛大」에 있다.

〈문제 108〉 석양은 한없이 곱고, 유수流水는 맑음이 남아있다(清).

谷直風來急 곡직풍래급 골짜기가 곧으니 바람이 급하게 불고,
As the vale is straight, the wind blows rapidly.

山高月上遲 산고월상지 산이 높으니 달이 늦게 떠오른다.
As the mountain is high, the moon rises lately.

| 구문 해설 |

① 이 대구는 '주술+주술부' 구조이다. ② 谷直과 山高는 '주술' 구조의 대구로 谷과 山이 주어로 대이고, 直과 高는 형용사술어로 대이다. ③ 谷直과 山高는 다음 술어의 원인이 되므로 '~해서, ~하니' 라고 해석 연결한다. ④ 風來와 月上은 '주술' 구조의 대구로 風과 月이 주어로 대를 하고, 來와 上은 술어로 대를 한다. 부사 急과 遲는 동사 앞에서 '~하게' 로 해석한다. 여기서는 遲가 운자이므로 끝에 있다.

| 대구 구조 |

① 2, 4부동 : 첫 구의 直과 來는 측성과 평성이고, 둘째 구의 高와 上은 평성과 측성이라 둘 다 2, 4부동이다. ② 대우구 : 2번 자 直과 高는 측성과 평성이고, 4번 자 來와 上은 평성과 측성이라 대우구가 된다. 평성운자 遲자와 상대어 측성 急자는 술어로 좋은 대어이다.

| 어휘 |

· 谷 골짜기 곡   · 直 곧을 직   · 急 급할 급   · 上 오를 상   · 遲 더딜 지

〈출처〉 1) 이 시는 능운凌雲(?)의 시 '郎云月出來 月出郎不來 想應君在處 山高月上遲' 에 있고, 2) 굴원屈原(B.C. 339~B.C. 278)의 오언절구 '谷直風來急 山高月上遲 蟋蟀鳴 洞房 梧桐落金井' 에도 있다.

〈문제 109〉 땅이 따뜻하니 꽃이 일찍 피고, 천장天長하니 새가 느리게 간다(遲).

> **蟋蟀鳴洞房** 실솔명동방　귀뚜라미가 골방에서 울고,
>
> A cricket chirps in the deep closet.
>
> **梧桐落金井** 오동락금정　오동잎이 가을 우물에 떨어진다.
>
> A paulownia leaf falls around the well of autumn.

| 구문 해설 |

　① 이 대구는 '주술+장소어'로 된 구조이다. ② 주어 蟋蟀과 梧桐은 같은 뜻을 가진 쌍성(蟋蟀)과 첩운(梧桐)의 두 글자로 하나의 어휘를 구성한다. 雙聲은 두 글자의 聲母(初聲)가 같은 것이고, 疊韻은 韻母(中聲)가 같은 것이다. 蟋蟀과 梧桐은 음절을 분리하지 않고 연접어로 쓰인다. 귀뚜라미를 한 글자로 쓸 때 '蜇' 자를 쓴다. ③ 鳴과 落은 술어로 대이고, 장소어 洞房과 金井은 보어(~에서) 대이다. ④ 金井의 金은 五行의 하나로 계절은 秋이고, 방위는 西고, 색은 白이다.

| 대구 구조 |

　① 2, 4부동 : 첫 구의 蟀과 洞은 모두 측성이라 2, 4부동이 안 되고, 둘째 구의 桐과 金은 모두 평성이라 역시 2, 4부동이 안 된다. ② 대우구 : 2번 자 蟀과 桐은 측성과 평성이라 평측 대가 되고, 4번 자 洞과 金도 측성과 평성이라 역시 평측 대는 된다. 하지만 둘 다 구중에서 2, 4부동이 안 되어 대우구로는 부적합하다. 둘째 짝수 구에 압운을 안 하고 첫 구에 압운을 하였다. 순서를 바꾸면 된다.

| 어휘 |

　• 蟋 귀뚜라미 실　• 蟀 귀뚜라미 솔　• 洞 골 동　• 房 방 방　• 井 우물 정

〈출처〉 이 대구는 109번의 굴원 시에 있다.

〈문제 110〉 명월이 처마 모(簷角)에 당도하고, 춘풍이 동방洞房에 들어온다(房).

111

> **山高松下立** 산고송하립 산이 높아도 소나무 밑에 서있고,
> The mountain is high, but it stands under the pine tree.
>
> **江深沙上流** 강심사상류 강이 깊어도 모래 위에 흐른다.
> The river is deep, but it flows on the sands.

| 구문 해설 |

① 이 대구는 '주술+장소어+술어' 구조이다. 105, 106번과 유사하다. ② 山高와 江深은 '주술' 구조의 대구로 山과 江이 주어로 대, 高와 深은 형용사술어로 대를 한다. 술어 다음을 '~하지만, ~해도'라고 해석 연결한다. ③ 松下立과 沙上流는 '장소어+술어'로 松과 沙가 명사로 대를 하고, 下와 上이 방향 접미어로 대를 하고, 立과 流는 술어로 대를 한다. ④ 산이 아무리 높아도 소나무 아래에 서있고, 강물이 아무리 깊어도 물은 모래 위에(로) 흐른다.

| 대구 구조 |

① 2, 4부동 : 첫 구의 高와 下는 평성과 측성이고, 둘째 구의 深과 上도 평성과 측성이라 둘 다 2, 4부동이다. ② 대우구 : 2번 자 高와 深은 모두 평성이고, 4번 자 下와 上은 모두 측성이다. 대우구의 2, 4번 자끼리 평측이 대립한다는 규칙에 어긋나 대우구로는 부적합하다. 두 구의 평측 구조가 같으면 안 된다. 평성운자 流자와 상대어 측성 立자는 동사술어로 좋은 대어이다.

| 어휘 |

· 高 높을 고 · 立 설 립 · 深 깊을 심 · 沙 모래 사 · 流 흐를 류

〈출처〉 대구는 초나라 굴원의 「오언절구」에 있다.

〈문제 111〉 이름을 드리워도 사람은 보이지 않고, 억겁을 지나도 물은 함께 흐른다(流).

> <u>花開</u>昨夜雨 화개작야우 꽃이 어젯밤 비에 피었다가,
>
> A flower opens by virtue of a rain last night.
>
> <u>花落</u>今朝風 화락금조풍 꽃이 오늘 아침 바람에 떨어진다.
>
> A flower falls by reason of a wind this morning.

| 구문 해설 |

① 이 대구는 '주술+시간어+원인어' 구조이다. ② 花開와 花落은 '주술' 구조의 대구로 花와 花는 같은 글자의 주어로 대를 하고, 開와 落은 反意語의 술어로 대를 한다. ③ 昨夜와 今朝는 시간의 상반의어 대구로 昨과 今이 대를 하고, 夜와 朝가 대를 한다. ④ 昨夜와 今朝는 雨와 風을 수식하는 관형어이고, 雨와 風은 開와 落의 원인이 된다. 花開因雨이요, 花落因風이다. ⑤ 開와 落, 昨과 今, 夜와 朝 등은 정반대 의미의 상대어로 쓰여 의미가 더욱 잘 느껴진다.

| 대구 구조 |

① 2, 4부동 : 첫 구의 開와 夜는 평성과 측성이고, 둘째 구의 落과 朝는 측성과 평성이라 둘 다 2, 4부동이다. ② 대우구 : 2번 자 開와 落은 평성과 측성이고, 4번 자 夜와 朝는 측성과 평성이라 좋은 대우구가 된다. 평성운자 風자와 상대어 측성 雨자는 명사로 좋은 대어이다.

| 어휘 |

• 昨 어제 작 • 夜 밤 야 • 雨 비 우 • 今 이제 금 • 朝 아침 조

〈출처〉 이 대구는 굴원(B.C. 339~B.C. 278)의 「오언절구」에 있고, 송한필(1539~?)의 「우음」에도 있다.

〈문제 112〉 사람이 게을러 초당에서 꿈꾸고, 하늘은 꽃소식 바람을 재촉한다(風).

113

> **大旱得甘雨** 대한득감우 큰 가뭄에 단비를 얻고,
> In a long spell of drought a welcome rain pours.
>
> **他鄉逢故人** 타향봉고인 타향에서 옛 친구를 만난다.
> In a strange land the old friends meet each other.

| 구문 해설 |

① 이 대구는 '시간·장소어+술목' 구조이다. ② 大旱은 날씨에 관한 용어로, 他鄉은 장소어로 대를 한 부사구다. ③ 得甘雨와 逢故人은 '술목' 구조의 대구로 得과 逢은 술어로 대를 하고, 甘雨와 故人은 목적어로 대를 한다. ④ 甘雨와 故人은 수식 구조의 대구로 甘과 故는 형용사로 대를 하여 명사로 대를 한 雨와 人을 수식한다. 雨와 人이 대를 하였지만 물체는 물체끼리 대를 하고, 사람은 사람끼리 대를 하는 것이 옳다.

| 대구 구조 |

① 2, 4부동 : 첫 구의 旱과 甘은 측성과 평성이고, 둘째 구의 鄉과 故는 평성과 측성이라 모두 2, 4부동이다. ② 대우구 : 2번 자 旱과 鄉은 측성과 평성이고, 4번 자 甘과 故는 평성과 측성이라 좋은 대우구가 된다. 평성운자 人자와 상대어 측성 雨자는 명사 대어가 된다. 하지만 사람은 사람과, 사물은 사물과 대를 함이 좋다.

| 어휘 |

· 旱 가물 한 · 得 얻을 득 · 甘 달 감 · 他 다를 타 · 鄉 시골 향 · 逢 만날 봉

〈출처〉 이 대구는 송나라 홍매(1123~1202)의 「용재수필」에 있는 '久旱逢甘雨 他鄉見故知'에서 패러디(點化)한 것으로 보인다.

〈문제 113〉 춘풍春風이 능히 나를 일으키고, 야월夜月이 사람을 붙들 수 있다(人).

> **畫虎難畫骨** 화호난화골　호랑이는 그려도 그 뼈는 그리기 어렵고,
> Though we pain a tiger, we cannot paint its bone.
>
> **知人未知心** 지인미지심　사람은 알아도 그 마음은 알지 못한다.
> Though we know a man, we still don't know his mind.

| 구문 해설 |

① 이 대구는 '술목+술목' 구조이다. ② 畫虎와 知人은 '술목' 구조의 대구로 畫와 知는 술어로 대를 하고, 虎와 人은 목적어로 대를 한다. ③ 畫虎와 知人은 다음 글과 역접 관계이므로 '~하지만, ~해도'라고 해석 연결한다. ④ 難畫骨과 未知心은 '술목' 구조의 대구로 畫와 知는 술어로 대를 하고, 骨과 心은 목적어로 대를 한다. 難과 未는 부정의 뜻을 나타내는 대어이다.

| 대구 구조 |

① 2, 4부동 : 첫 구의 虎와 畫는 모두 측성이고, 둘째 구의 人과 知는 모두 평성이라 둘 다 2, 4부동이 안 된다. ② 대우구 : 2번 자 虎와 人은 측성과 평성이고, 4번 자 畫와 知도 역시 측성과 평성이라 평측 대는 되지만, 모두 구중에서 2, 4부동이 안 되어 대우구로는 부적합하다. 평성운자 心자와 상대어 측성 骨자는 명사로 좋은 대어이다.

| 어휘 |

‧ 畫 그릴 화　‧ 虎 범 호　‧ 骨 뼈 골　‧ 未 아닐 미　‧ 心 마음 심

〈출처〉 이 구는 동진東晉 도연명의 시「사계四季」36수에 있고,《명심보감》'畫虎畫皮難畫骨 知人知面不知心'에서 2자를 빼고 5언으로 하였다.

〈문제 114〉 향초香草는 삼생三生의 꿈이고, 푸른 하늘은 만고萬古의 마음이다(心).

水去不復回 수거불부회 물은 한번 흘러가면 다시 돌아올 수 없고,

If water flows away, it never returns again.

言出難更收 언출난갱수 말은 한번 나가면 다시 거두기 어렵다.

If a word goes out of a mouth, it is difficult to return again.

| 구문 해설 |

① 이 대구는 '주술+부술' 구조이다. ② 水去와 言出은 '주술' 구조의 대구로 水와 言이 주어로 대를 하고, 去와 出은 술어로 대를 한다. ③ 앞글이 조건이고 뒷글이 결과로 된 가정 문으로 '~하면 ~하다'로 해석 연결한다. ④ 不과 難은 부정의 뜻을 나타내는 대를 만들고, 復와 更은 같은 뜻(다시)의 부사로 대이고, 回와 收는 술어로 대를 한다. ⑤ 물은 한번 흘러가면 다시 되돌아오지 않고, 말은 입에서 한번 나가면 다시 거두어들이기 어렵다. 유사문 : 覆水不返盆 落花難上枝.

| 대구 구조 |

① 2, 4부동 : 첫 구의 去와 復는 모두 측성이고, 둘째 구의 出과 更도 역시 측성이라 둘 다 2, 4부동이 안 된다. ② 대우구 : 2번 자 去와 出은 모두 측성이고, 4번 자 復와 更도 역시 측성이라 모두 失對이다. 두 구가 모두 구중에서 2, 4부동이 안 되어 대우구로는 부적합하다.

평성운자 收의 상대어는 측성이 와야 하는데 평성 回자가 와서 규칙에 안 맞는다.

| 어휘 |

• 復 다시 부 • 回 돌아올 회 • 難 어려울 난 • 更 다시 갱 • 收 거둘 수

〈출처〉 이 대구는 동진東晉의 도연명陶淵明의 시 「사계四季」 73수에 있다.

〈문제 115〉 임광林光은 봄이 이미 놓아졌고, 들 색은 비가 막 거두어졌다(收).

> **學文千載寶** 학문천재보 글을 배우는 것은 천년의 보배이고,
> Studying a letter is a treasure in a thousand years.
>
> **貪物一朝塵** 탐물일조진 물건을 탐한 것은 하루아침의 티끌이다.
> Coveting a thing is nothing but a dust in a morning.

| 구문 해설 |

① 이 대구는 '주어(술목)+명사술어' 구조이다. ② 學文과 貪物은 '술목' 구조의 대구로 學과 貪은 술어로 대를 하고, 文과 物을 목적어로 대를 한다. 하지만 '배운 글은', '탐한 물건은' 이라고 수식어처럼 해석하면 문맥이 잘 통한다. ③ 千載와 一朝는 시간 명사 대구로 千과 一은 숫자로 대를 하고, 載(=歲)와 朝는 시간 명사로 대를 한다. ④ 寶와 塵은 명사술어로 '~이다' 로 해석한다. ⑤ 글을 배워 아는 지식은 천년(일평생)의 보물이고, 욕심으로 탐해 취한 물건은 하루아침의 티끌에 지나지 않는다.

| 대구 구조 |

① 2, 4부동 : 첫 구의 文과 載는 평성과 측성이고, 둘째 구의 物과 朝는 측성과 평성이라 모두 2, 4부동이다. ② 대우구 : 2번 자 文과 物은 평성과 측성이고, 4번 자 載와 朝는 측성과 평성이므로 좋은 대우구가 된다. 평성운자 塵자와 상대어 측성 寶자는 명사로 좋은 대어다.

| 어휘 |

• 學 배울 학 • 載 해 재 • 寶 보배 보 • 貪 탐할 탐 • 朝 아침 조 • 塵 티끌 진

〈출처〉 이 대구는 동진東晉의 도연명陶淵明의 시 「사계四季」 20수에 있다.

〈문제 116〉 수정水定하니 모두 물결이 없고, 산유山幽하니 절로 먼지가 적다(塵).

> **文章李太白** 문장이태백 문장은 이태백이고,
> The best poet is Lee tae-back in China.
>
> **筆法王羲之** 필법왕희지 필법은 왕희지이다.
> The best calligrapher is Wang hyeu-ji in China.

| 구문 해설 |

① 이 대구는 '주어+인명술어'로 된 판단문이다. ② 주어 文章과 筆法은 수식 구조의 대구로 文과 筆이 대를 하고, 章과 法이 대를 한다. ③ 이태백李太白(701~762)과 왕희지王羲之(303~361)라는 사람 이름을 대로 하여 술어로 삼았다. ④ 명사가 술어인 문장은 판단문으로 '~은 ~이다'라고 판단을 내린 글을 말한다. 예 : 杜甫詩聖(=杜甫是詩聖也). 書心畵也, 言心聲也.(글씨는 마음의 그림이고, 말은 마음의 소리다.) ⑤ 시문의 문장으로는 시선 이백이 최고이고, 붓글씨의 필법으로는 왕희지가 최고이다.

| 대구 구조 |

① 2, 4부동 : 첫 구의 章과 太는 평성과 측성이고, 둘째 구의 法과 羲는 측성과 평성이라 모두 2, 4부동이다. ② 대우구 : 2번 자 章과 法은 평성과 측성이고, 4번 자 太와 羲는 측성과 평성이므로 좋은 대우구가 된다. 이름자의 끝 글자가 묘하게 평측으로 대가 된다. 압운자 之자는 평성이고, 상대어 白자는 측성이다.

| 어휘 |

· 章 글자 장 · 李 오얏 리 · 太 클 태 · 筆 붓 필 · 王 임금 왕 · 羲 숨 희

〈출처〉 미상

〈문제 117〉 일을 할 수 있는 자가 없고, 사람은 각자 스스로 안다(知之).

> **一日不讀書** 일일부독서 하루라도 글을 읽지 않으면,
>
> **口中生荆棘** 구중생형극 입안에 가시가 돋아난다.
>
> If we don't read a book in a day, in the mouth grows a thorn.

| 구문 해설 |

① 첫 구는 '시간어+술목'이고, 둘째 구는 '장소어+술어+주어'로 연결된 하나의 서술문이다. ② 一日은 '비록 ~라도'라고 해석되므로 양보접속사 雖가 생략된 것으로 본다. ③ 不讀書는 '술목' 구조로 書가 讀의 목적어이다. 이 글은 뒷글의 원인이 되는 조건문이다. ④ 口中은 장소어이고, 生荆棘은 '술어+주어' 구조로 生이 술어이고, 荆棘이 주어이다. 정상 어순으로 고치면 '荆棘生(於)口中'이다.

| 대구 구조 |

① 2, 3자의 5언구이나 대구는 아니고, 1구가 2구의 원인이 되어 전체가 하나의 문장처럼 연결되어 있다. 이런 문장을 十字句라 한다. ② 2, 4부동 : 첫 구 日과 讀은 둘 다 측성이라, 둘째 구 中과 荆은 둘 다 평성이라 두 구가 다 2, 4부동이 안 된다. ③ 대우구 : 2번 자 日과 中은 측성과 평성이고, 4번 자 讀과 荆도 측성과 평성이라 평측으로 대는 되지만 애초 대우문이 아니다. 압운을 한 대구가 아니다.

| 어휘 |

• 讀 읽을 독 • 書 글 서 • 口 입 구 • 荆 가시 형 • 棘 가시 극

〈출처〉 이 대구는 동진東晉의 도연명陶淵明의 시 「사계四季」 9수에 있다.

〈문제 118〉 날마다 잔 안에 술이고, 해마다 책상 위에 책이다(書).

> <u>花有重開日</u> 화유중개일 꽃은 거듭 피는 날이 있어도,
>
> <u>人無更少年</u> 인무갱소년 사람은 다시 소년이 되지 않는다.
>
> Though a flower has a reopening day, a man doesn't become a boy again.

| 구문 해설 |

① 이 대구는 '주술+보어' 로 된 서술문이다. ② 花有와 人無는 '주술' 구조의 대구로 花와 人은 주어로 대를 하고, 有와 無는 술어로 대를 한다. ③ 有와 無 다음 글자를 보어로 보지만 주어처럼 해석한다. 有는 자동사로 '~이 있다' 로 해석하지만, '~을 소유하다' 는 뜻의 타동사로 보면 다음 글자를 목적어로 한다. ④ 重과 更은 부사로 대를 하여 開와 少를 수식하고, 開와 少는 日과 年을 수식하고 有와 無의 의미상 주어가 된다. 「백년초해」에는 2자를 더하여 '花衰必有重開日 人老曾無更少年' 7언으로 되어있다.

| 대구 구조 |

① 2, 4부동 : 첫 구의 有와 開는 측성과 평성이고, 둘째 구에서 無와 少는 평성과 측성이라 둘 다 2, 4부동이다. ② 대우구 : 2번 자 有와 無는 측성과 평성이고, 4번 자 開와 少는 평성과 측성이라 좋은 대우구가 된다. 평성운자 年자와 상대어 측성 日자는 명사로 좋은 대어다.

| 어휘 |

・重 거듭 중 ・開 열 개 ・更 다시 갱 ・少 젊을 소 ・年 나이 년

〈출처〉 이 대구는 동진東晉의 도연명陶淵明의 시 「사계四季」 42수에 있다.

〈문제 119〉 봄은 지나가는 나그네처럼 가버리고, 해는 소년처럼 길다(年).

120

> 白日莫虛送 백일막허송　청청백일을 헛되이 보내지 말라.
>
> 靑春不再來 청춘부재래　청춘은 두 번 오지 않는다.
>
> Don't pass your bright daytime idly, and your springtime never comes again.

| 구문 해설 |

① 1구는 '목적어+부정술어' 구조이고, 2구는 '주어+부정술어' 구조로 된 십자구十字句문이다. ② 白日과 靑春은 수식 구조의 대구로 白과 靑은 색깔로 대를 하여, 명사 대어 日과 春을 수식한다. ③ 白日과 靑春이 대를 하였지만 白日은 送의 목적어이고, 靑春은 來의 주어이다. ④ 虛와 再는 부사로 동사 送과 來를 수식한다. 送은 타동사이므로 목적어(白日)가 필요하지만, 來는 자동사이므로 목적어가 필요 없다. 白日은 대낮, 즉 청천백일이고, 靑春은 젊은 시절, 즉 이팔청춘이다.

| 대구 구조 |

① 2, 4부동 : 첫 구의 日과 虛는 측성과 평성이고, 둘째 구의 春과 再는 평성과 측성이므로 둘 다 2, 4부동이다. ② 대우구 : 2번 자 日과 春은 측성과 평성으로, 4번 자 虛와 再는 평성과 측성으로 좋은 대우구가 된다. 평성운자 來자와 상대어 측성 送자는 술어로 좋은 대어다.

| 어휘 |

　•莫 말 막　•虛 빌 허　•送 보낼 송　•靑 푸를 청　•再 두 번 재

〈출처〉 1) 당나라 임관林寬의 「소년행少年行」에 '白日莫空過 靑春不再來'가 있고, 2) 동진의 도연명「잡시雜詩」에 '盛年不重來 一日難再晨'이 있다.

〈문제 120〉 비바람은 인간 세상이고, 강호江湖는 돌아가는 곳이다(來).

2부

백련초해 百聯抄解

| 백련초해百聯抄解 해설 |

「백련초해」는 조선시대 대표적인 한시 교재로 추구와는 달리 작시법에 따라 지어진 칠언율시 중에서 좋은 연구聯句 100수를 골라 수록한 것이다. 따라서 시문의 내용이나 시격이 모두 훌륭하다.

여기 백련구百聯句는 모두 율시의 3, 4행이나 5, 6행에 있는 대우구對偶句들로 작시규칙을 따른 시구들이다. 대우對偶 또는 대장對仗은 율시에서 변화와 대칭미를 추구하기 위한 수법으로 두 구간에 같은 위치에 있는 어구는 반드시 ① 문법적 기능이 같고, ② 평측은 달리하고, ③ 의미상 연관성이 있되 대가 되어야 하고, ④ 품류品類는 같은 품류끼리 대를 한다는 작시 규칙을 따르고 있다.

여기 백련구는 7언 대우구로 주로 4, 3 구조이고, 각 구 안에서 평측은 2, 4부동과 2, 6동으로 되어있고, 1구와 2구의 2, 4, 6번 자끼리는 서로 평측이 대립되어 있다.

한역문제는 보기에 든 〈호대구好對句〉를 참고로 활용하여 작시 문제를 풀도록 하여 한시공부에 많은 도움이 되리라 믿는다.

花笑<u>檻</u>前聲<u>未</u>聽 화소함전성미청

鳥<u>啼林</u>下<u>淚難</u>看 조제임하누난간

　꽃이 난간 앞에서 웃는데도 소리가 안 들리고,

　새가 숲 아래서 우는데도 눈물은 보기 어렵네.

The flower laughs in front of the rail, but the sound is impossible to hear.

The bird cries under the wood, but the tears are hard to see.

| 구문 해설 |

　이 대구문은 '주술+장소어+주술'로 된 4,3 구조이다. ① 花笑와 鳥啼는 '주술' 구조의 대구로 花와 鳥가 주어로 대이고, 笑와 啼는 술어로 대를 하여 '~하는데도'라고 해석 연결한다. ② 檻前과 林下는 장소어로 檻과 林이 대를 하고, 前과 下가 방향 접미어로 대를 한다. ③ 聲未聽과 淚難看은 '주술' 구조의 대구로 聲과 淚가 주어로 대를 하고, 未聽과 難看은 술어로 대를 한다. 해석은 '소리를 못 듣다', '눈물을 못 본다'라고 해도 된다. ④《추구집》은 '花笑聲未聽 鳥啼淚難看'이다. 이규보의 6세 작이라는데 평측은 안 맞지만 대 구상이 비범하다.

| 어휘 |

　• 笑 웃을 소　• 檻 난간 함　• 未 아닐 미　• 聽 들을 청　• 鳥 새 조
　• 啼 울 제　• 林 수풀 림　• 淚 눈물 루　• 難 어려울 난　• 看 볼 간

〈출처〉 이 연구는 이인로李仁老(1152~1220)의 《파한집破閑集》에 있고, 김시습金時習(1435 ~1493)의 《매월당집梅月堂集》에도 있다.

〈호대구〉 相憶 欹枕聽 愁裏聽 人不聽　琴淸水閣魚潛聽
　　　　　 獨看 捲簾看 夢中看 犬無看　碁靜松壇鶴俯看

〈문제 1〉 매화가 창가에서 웃는데도 사람이 듣지 못하고,
　　　　　 닭이 마당 위에서 우는데도 개가 보지를 않네(看).

002

> **花含春意無分別** 화함춘의무분별
>
> **物感人情有淺深** 물감인정유천심
>
> 꽃이 봄을 머금고 있는 마음은 분별이 없고,
>
> 사물이 사람에게 느끼는 정은 심천이 있네.
> ──────────────────────────────
> A spring mind that the flower holds has no separation.
>
> A sympathy that a thing feels has the depths.

| 구문 해설 |

이 대구문은 '주술목·명사+술보'로 된 4,3 구조이다. ① 花含春과 物感人은 '주술목' 구조의 대구로 花와 物이 주어로 대이고, 含과 感은 술어로 대이고, 春과 人이 목적어 대이다. ② 花含春과 物感人은 다음의 명사 意와 情을 수식하는 관형어로 본다. ③ 無分別과 有深淺은 '술보' 구조의 대구로 無와 有가 술어로 대를 하고, 分別과 深淺이 보어로 대를 한다. 分別은 유사관계어로 나뉨과 헤어짐이고, 深淺은 대립관계어로 깊음과 얕음이다. ④ 無와 有의 주어는 구조상으로는 앞의 意와 情이지만 의미상으로는 分別과 深淺이다.

| 어휘 |

- 花 꽃 화 · 含 머금을 함 · 意 뜻 의 · 分 나눌 분 · 別 나눌 별
- 物 만물 물 · 感 느낄 감 · 情 뜻 정 · 淺 얕을 천 · 深 깊을 심

───

〈출처〉변계량卞季良(1369~1430) 시 「제조사시권題照師詩卷」의 '花含春意嫩'에서, 백광훈白光勳(1537~1582) 시 「유거幽居」의 '誰識人情有深淺'에서 점화點化했다.

〈호대구〉石古 靑天遠 日華動 無今古 病來詩債如山積

　　　　松深 碧海深 春色深 有淺深 老去春愁似海深

〈문제 2〉봄이 나무색을 꾸미니 금今과 고古가 없고,

　　　　세상이 인심을 움직이니 얕고 깊음이 있다(深).

003

> 花因雨過紅將老 화인우과홍장로
>
> 柳被風欺綠漸除 유피풍기록점제
>
> 꽃은 비가 지나감으로 해서 붉은색이 차차 늙어가고,
>
> 버들은 바람에 속임을 당하여 푸른색이 점점 없어지네.
>
> Due to the rain, the flower will grow older and older.
> Deceived by the wind, the willow slowly loses its red.

| 구문 해설 |

이 대구문은 '주어+원인구+주술' 로 된 4,3 구조이다. ① 花와 柳는 주어로 대이고, 因은 '~로 인하여' 라는 원인을 나타내고, 被는 피동보조사로 '목적어(風)+술어(欺)' 를 취하여 '~에게서 ~을 당하다' 라고 해석한다.《명심보감》: 我若被人罵(내가 남에게서 꾸짖음을 당하면). ② 雨過와 風欺는 '주술' 구조의 대구로 雨와 風이 주어로 대를 하고, 過와 欺가 술어로 대를 한다. ③ 紅將老와 綠漸除는 '주부술' 로 紅과 綠은 색깔 명사로 주어로 대를 하고, 將과 漸은 부사로 대를 하고, 老와 除는 술어로 대를 한다. ④ 앞글의 결과로 花紅과 柳綠이 차차(將) 점점(漸) 노쇠(老)하고 없어(除)진다.

| 어휘 |

- 因 인할 인　・過 지날 과　・紅 붉을 홍　・將 장차 장　・老 쇠할 로
- 被 입을 피　・欺 속일 기　・綠 푸를 록　・漸 점점 점　・除 덜 제

〈출처〉 '花因雨過紅脣重 柳被風搖綠眼輕' 정수강丁壽崗의 「궁연宮宴」에 있다.

〈호대구〉 後苑 花休折 風生院 顏將老 天外幾人望鄕國

　　　　 前除 草不除 月滿除 色漸除 月明吾輩掃庭除

〈문제 3〉 사람은 세월로 인해 얼굴이 장차 늙어가고,

　　　　 물상이 풍상을 입으니 빛깔이 점점 덜어지네(除).

004

花下露垂紅玉軟 화하로수홍옥연

柳中煙鎖碧羅輕 유중연쇄벽라경

　꽃 아래 이슬이 매달리니 붉은 구슬 연한 듯,

　버들 속에 연기 잠기니 푸른 비단 가벼운 듯.

The dew hanging the flower looks like a tender ruby.

The smoke locked in the willow looks like a blue silks.

| 구문 해설 |

　이 대구문은 '장소어+주술+주술'로 된 4,3 구조이다. ① 花下와 柳中은 장소어 대구로 花와 柳가 명사로 대를 하고, 下와 中이 방향 접미어로 대를 한다. ② 露垂와 煙鎖는 '주술' 구조의 대구로 露와 煙이 주어로 대를 하고, 垂와 鎖가 술어로 대를 한다. 두 글 사이를 '~하니'로 해석 연결한다. ③ 紅玉軟과 碧羅輕은 '주술' 구조의 대구로 紅玉과 碧羅가 주어로 대를 하고, 軟과 輕이 술어로 대를 한다. 軟과 輕은 형용사로 玉과 羅 앞에 위치하는 것이 옳으나 輕이 운자이므로 끝자리에 왔다. ④ 紅과 碧은 색깔로 대를 하여 명사 대어 玉과 羅를 수식한다.

| 어휘 |

- 露 이슬 로　- 垂 드리울 수　- 紅 붉을 홍　- 玉 옥 옥　- 軟 연할 연
- 煙 연기 연　- 鎖 잠글 쇄　- 碧 푸를 벽　- 羅 비단 라　- 輕 가벼울 경

〈출처〉'借得僧第成緩步 木蓮花下露霑衣'은 남유용南有容의《뇌연집雷淵集》에 있다.

〈호대구〉義重　春雨歇　千金重　紅玉燦　閑中未覺光陰迅

　　　　 身輕　午風輕　一羽輕　白雲輕　病後方知富貴輕

〈문제 4〉꽃떨기에 이슬 드리우니 홍옥처럼 빛나고,

　　　　 강둑에 연기 잠기니 흰 구름처럼 가볍네(輕).

005

> 花不送春春自去 화불송춘춘자거
>
> 人非迎老老相侵 인비영노노상침
>
> 꽃이 봄을 보내지 않는데 봄은 절로 떠나가고,
>
> 사람이 늙음을 마중 않는데 늙음이 들어오네.
>
> A flower doesn't see spring off, but it goes of itself.
>
> A man doesn't welcome age, but it invades mutually.

| 구문 해설 |

이 대구문은 '주술목+주술'로 된 4,3 구조이다. ① 花와 人이 주어로 대를 하고, 不送春과 非迎老는 '술목' 구조의 대구로 送과 迎은 술어로 대를 하고, 春과 老는 목적어로 대를 한다. '不' 뒤에는 술어가 오고, '非'는 '아니다'는 연계동사로 뒤에 명사형이 오는 것이 원칙이다. 非와 是는 相反意語다. ② 春과 老가 구 안에서 두 번 들어가 목적어와 주어로 쓰여 리듬감이 있다. ③ 春自去와 老相侵은 '주부술' 구조로 春과 老가 주어로 대를 하고, 自와 相은 부사로 대를 하고, 去와 侵은 술어로 대를 한다.

| 어휘 |

- 花 꽃 화 · 送 보낼 송 · 春 봄 춘 · 自 스스로 자 · 去 갈 거
- 非 아닐 비 · 迎 맞을 영 · 老 늙을 로 · 相 서로 상 · 侵 침노할 침

〈출처〉 '我不送春春自去 千樹花殘柳飛絮'은 조경趙璥의 《하서집荷棲集》에, '此別松門無復見 漁樵爲伴老相侵'은 왕질王銍의 《설계집雪溪集》에 있다.

〈호대구〉 暑退 水聲近 芳草合 花自去 黃鳥聲頻詩夢攪

凉侵 山影侵 落花侵 病欺侵 靑山影半客筵侵

〈문제 5〉 봄이 꽃을 보내지 않는데 꽃이 절로 가고,

나이가 병을 부르지 않는데 병이 몰래 들어오네(侵).

006

> 風吹枯木晴天雨 풍취고목청천우
> 月照平沙夏夜霜 월조평사하야상
>
> 바람이 고목에 부니 맑은 하늘에 비 오는 듯,
> 달이 모래에 비치니 여름밤에 서리 내린 듯.

The wind blows on an old tree as if it rained in a clear sky.
The moon shines on the sands as if it frosted at summer night.

| 구문 해설 |

이 대구문은 '주술보+부사어+명사술어'로 된 4,3 구조이다. ① 風吹와 月照는 '주술' 구조의 대구로 風과 月이 주어로 대를 하고, 吹와 照가 술어로 대를 한다. ② 枯木과 平沙는 吹와 照의 보어로 대를 한다. 枯와 平은 형용사로 대를 하여 명사로 대를 한 木과 沙를 수식한다. ③ 晴天과 夏夜는 부사구로 대를 하고, 雨와 霜은 명사술어로 대를 한다. 마른하늘에 비가 오고, 여름밤에 서리가 내린다는 기발한 시상이다. ④ 枯木에 바람은 빗소리에, 平沙에 달빛은 서리 빛에 비유하며 청각과 시각을 동원한 표현이 돋보인다.

| 어휘 |

• 吹 불 취 • 枯 마를 고 • 晴 갤 청 • 雨 비 우 • 照 비출 조
• 平 평평할 평 • 沙 모래 사 • 夏 여름 하 • 夜 밤 야 • 霜 서리 상

〈출처〉 '蒼崖瀑水晴天雨'는 조석윤趙錫胤의 《낙정집樂靜集》에, '滿江明月照平沙'는 김시습金時習의 「설복노화雪覆蘆花」에 있다.

〈호대구〉 隱霧 葵傾日 菊花雨 聲如雨 松因節勁方凌雪
　　　　　凌霜 菊傲霜 楓葉霜 色似霜 花有名高亦拒霜

〈문제 6〉 바람이 푸른 대에 부니 소리가 비 오는 것 같고,
　　　　　달이 흰 모래사장에 비추니 색깔이 서리 같네(霜).

<u>風射破窓燈易滅</u> 풍사파창등이멸

<u>月穿疏屋夢難成</u> 월천소옥몽난성

바람이 깨진 창문으로 쏘니 등불이 꺼지기 쉽고,

달빛이 성긴 집을 꿰뚫으니 꿈은 이루기 어렵네.

The wind blows through the broken window, and so the lamp-light goes out easily. The moon shines through the coarse house, and so it is hard to have a dream.

| 구문 해설 |

이 대구문은 '주술목+주술보'로 된 4,3 구조이다. ① 風射와 月穿은 '주술' 구조로 風과 月이 주어로 대를 하고, 射와 穿은 술어로 대를 한다. ② 破窓과 疏屋은 수식 구조의 대구로 앞의 술어 射와 穿의 목적어다. 破와 疏는 형용사로 대를 하여 명사로 대를 한 窓과 屋을 수식한다. 두 글을 '~하니'로 해석 연결한다. ③ 燈易滅과 夢難成은 '주어+형용사술어+보어' 구조로 燈과 夢은 주어로 대를 하고, 易와 難은 형용사 술어로 대를 하고, 滅과 成은 보어로 대를 한다.

| 어휘 |

· 射 쏠 사 · 破 깰 파 · 燈 등잔 등 · 易 쉬울 이 · 滅 멸할 멸

· 穿 뚫을 천 · 疏 트일 소 · 屋 집 옥 · 夢 꿈 몽 · 難 어려울 난

〈출처〉 '風射破窓霜入座'는 이춘영李春英(1563~1606)의 「추회시秋懷示」에, '月穿 疏屋自 爲燈'은 이색李穡(1328~1396)의 「신흥晨興」에 있다.

〈호대구〉 飲罷 詩初就 吟未了 燈易滅 花逕雨昏詩急就

詩成 夢未成 畫難成 事多成 竹窓風定睡初成

〈문제 7〉 바람이 지창紙窓에 드니 등불이 쉬이 꺼지고,

모옥茅屋에 달이 밝으니 일을 많이 이루네(成).

008

花衰必有重開日 화쇠필유중개일

人老曾無更少年 인로증무갱소년

　꽃은 쇠하여도 반드시 거듭 피는 날이 있지만,

　사람이 늙으면 일찍이 다시 젊어지는 이는 없네.

The flower withers but there is a day when it reopens.

The man grows old but no man becomes a boy again.

| 구문 해설 |

　이 대구문은 '주술+부술보'로 된 2,5 구조이다. ① 花衰와 人老는 '주술' 구조의 대구로 花와 人이 주어로 대이고, 衰와 老가 술어로 대이다. 앞뒤 사이를 '~하면, ~하여도'라고 해석 연결한다. ② 必과 曾은 부사로 대를 하고, 有, 無는 술어로 대를 한다. ③ 重開日과 更少年은 보어로 대를 한다. 重(거듭)과 更(다시)은 같은 부사로 대를 하여 술어 開와 少를 수식하고, 다시 日과 年을 수식한다. 日과 年은 有와 無의 보어이나 주어처럼 해석한다. ④ 두 구를 하나의 문장처럼 '~하지만 ~하다'라고 연결 해석한다. 《추구집》에는 5언으로 '花有重開日 人無更少年'이다.

| 어휘 |

　　• 衰 쇠할 쇠　• 必 반드시 필　• 重 거듭, 무거울 중　• 開 열 개

　　• 曾 일찍 증　• 少 젊을 소　• 更 다시 갱, 고칠 경　• 年 해 년

〈출처〉 '殘自有重開日 人老何由更少年' 명 우겸于謙의 「독작獨酌」에 있다.

〈호대구〉 盛世　仁壽域　春似海　偏三月　有風有雨偏三月

　　　　 康年　太平年　日如年　願百年　無病無愁願百年

〈문제 8〉 꽃 피고 꽃 지는 것 삼월에 치우치고,

　　　　 봄이 가고 봄이 오는 것 백 년을 원하네(年).

花色淺深先後發 화색천심선후발

柳行高下古今栽 유항고하고금재

꽃 빛깔 옅고 짙음은 먼저 피고 뒤 피어서이고,

버들 키 높낮음은 전에 심고 이제 심어서라네.

The color of a flower is deep and light because it opens before and after.

The height of a willow is tall and short because it is planted earlier and later.

| 구문 해설 |

이 대구문은 '주어(관형어+형용명사)+시간부사+술어' 로 된 4,3 구조이다. ① 花色과 柳行은 관형어로 대를 하여 淺深과 高下를 수식한다. 花와 柳가 화초로 대를 하고, 色과 行은 명사로 대를 한다. 行(항)은 '항렬, 서열' 의 뜻으로 '높이, 키'를 말하는 명사다. ② 淺深과 高下는 대립관계의 형용사대구로 명사화(옅고 짙음, 높고 낮음)하여 주어로 대를 한다. ③ 先後와 古今도 대립관계의 시간부사로 대를 하여 술어로 대를 한 發과 栽를 수식한다.

| 어휘 |

- 色 빛 색　· 淺 옅을 천　· 深 깊을 심　· 後 뒤 후　· 發 펼 발
- 行 항렬 항　· 高 높을 고　· 古 옛 고　· 今 이제 금　· 栽 심을 재

〈출처〉 '花因先後發 色有深淺分' 은 성삼문成三問의 《성근보집成謹甫集》에 있다.

〈호대구〉 初苗　移石蓄　是非好　槐舊植　綠楊枝長分隣覆
　　　　晚栽　乞花栽　先後栽　柳新栽　紅槿花繁滿屋栽

〈문제 9〉 사람 근심 깊고 얕음은 시비를 좋아해서고,
　　　　　가로수 높고 낮음은 먼저 나중 심어서다(栽).

花**不語**言能引**蝶** 화불어언능인접

雨**無門戶**解**關**人 우무문호해관인

꽃은 말을 안 해도 나비를 끌어올 수 있고,

비는 대문이 없는데도 사람을 가둘 수 있네.

The flower can tempt butterflies without a word.

The rain can lock a man in the house without a door.

| 구문 해설 |

이 대구문은 '주술+술목' 으로 된 4,3 구조이다. ① 花와 雨가 주어로 대이고, 不語
言과 無門戶가 술어로 대이다. 不語는 言을 목적어로 하지만 無는 門戶를 보어로 한
다. 두 글 사이를 역접으로 '~해도' 라고 해석 연결한다. ② 能引蝶과 解關人은 '술
목' 의 대구로 能引과 解關은 술어로 대를 하고, 蝶과 人은 목적어로 대를 한다. ③ 關
은 '빗장을 질러 가두다' 는 뜻이고, 解는 '알다' 는 뜻이나, 解를 시문에서는 能의 뜻
으로 쓰인다고 되어있다. [「민중서림」의 《한한대자전》 참조.] 이것은 조술사(能과
解)로 서로 대가 된다.

| 어휘 |

• 語 말씀 어 • 言 말씀 언 • 能 능할 능 • 引 끌 인 • 蝶 나비 접

• 雨 비 우 • 門 문 문 • 戶 지게 호 • 解 깨달을 해 • 關 빗장 관

〈출처〉 '好花能引蝶' 은 성여학成汝學(1557~?)의 시 「유회有懷」에, '不解關人解送人' 은
　　　김창흡金昌翕(1653~1722)의 《삼연집三淵集》 7권에 있다.

〈호대구〉 美酒　花君子　常抱客　鳴玉士　花落去年分手地

　　　　　佳人　酒聖人　每留人　弄珠人　月明今夜斷腸人

〈문제 10〉 산은 웃고 말(笑談)을 안 해도 늘 손님을 끌어안고,

　　　　　꽃은 가무歌舞를 안 해도 늘 사람을 머물게 한다(人).

011

> 花間蝶舞紛紛雪 화간접무분분설
>
> 柳上鶯飛片片金 유상앵비편편금
>
> 꽃 사이 나비 춤추니 부슬부슬 눈 같고,
>
> 버들 위 꾀꼬리 나니 조각조각 황금 같네.
>
> The butterfly dancing among the flowers looks like a fluttering snow. The oriole flying over the willow looks like a piece of gold.

| 구문 해설 |

이 대구문은 '장소어+주술+명사술어' 로 된 4,3 구조이다. ① 花間과 柳上은 장소어 대구로 花와 柳가 대를 하고, 間과 上이 방향 접미어로 대를 하여 명사로 대를 한 蝶과 鶯을 수식한다. ② 蝶舞와 鶯飛는 '주술' 구조로 蝶과 鶯이 주어로 대이고 舞와 飛는 술어로 대이다. 두 글 사이를 '~하니' 라고 해석 연결한다. 蝶舞와 鶯飛를 명사 주어로 보고 紛紛雪과 片片金을 술어로 보아도 된다. ③ 紛紛雪과 片片金은 수식 구조로 紛紛과 片片은 형용사첩어로 대를 하여 명사로 대를 한 雪과 金을 수식한다. ④ 명사술어 앞은 '如' 자가 생략된 것으로 본다.

| 어휘 |

- ·花 꽃 화 ·蝶 나비 접 ·舞 춤출 무 ·紛 어지러울 분 ·雪 눈 설
- ·柳 버들 유 ·上 위 상 ·鶯 꾀꼬리 앵 ·飛 날 비 ·片 조각 편

〈출처〉 '落霞散地紛紛綺 夕照沈波片片金' 은 최연崔演(1503~1549)의 《간재문집艮齋文集》에, '落絮紛紛雪輕薄' 은 권호문權好文의《송암문집松巖文集》에 있다.

〈호대구〉 凝玉 卞和玉 輕萬戶 飛飛雪 花臉乍明粘蝶粉
　　　　　 鍊金 延壽金 重千金 碎碎金 柳腰添重帶鶯金

〈문제 11〉 꽃동산에 나비 춤추니 눈이 날리는 듯,
　　　　　 버들막에 꾀꼬리 소리 황금 부수는 듯(金).

012

> 花裏着碁紅照局 화리착기홍조국
>
> 竹間開酒碧迷樽 죽간개주벽미준
>
> 꽃밭 속에서 바둑을 두니 붉은색이 바둑판을 비추고,
>
> 대나무 사이서 술판을 벌이니 푸른빛이 술잔에 어리네.
>
> When we play baduk among the flowers, a red color shines on the baduk board. When we open a banquet in a bamboo grove, a blue color flickers on the wine-barrel.

| 구문 해설 |

이 대구문은 '장소어+술목+주술목'으로 된 4,3 구조이다. ① 花裏와 竹間은 장소어 대구로 花와 竹이 명사로 대를 하고, 裏와 間이 방향 접미어로 대를 한다. ② 着碁와 開酒는 '술목' 대구로 着과 開가 술어로 대를 하고, 碁와 酒는 목적어로 대를 한다. 두 술어 사이를 '~하니'라고 해석 연결한다. ③ 紅照局과 碧迷樽은 '주술목' 구조의 대구로 紅과 碧은 색깔 주어로 대를 하고, 照와 迷는 술어로 대를 하고, 局과 樽은 목적어로 대를 한다. 花는 紅, 竹은 碧으로 묘사해 '柳綠花紅'처럼 시각적 효과를 더한다.

| 어휘 |

• 裏 속 리　• 着 붙을 착　• 碁 바둑 기　• 紅 붉을 홍　• 照 비출 조　• 局 판 국

• 酒 술 주　• 碧 푸를 벽　• 迷 미혹할 미　• 樽 술통 준

〈출처〉 '見客有時開小酌 南山秀色碧迷樽' 이승소李承召의 「재화再和」에 있다.

〈호대구〉 捲箔 琴三闋 花間句 楓葉節　可憐白髮窺靑鏡

　　　　　開樽 酒一樽 月下樽 菊花樽　如夢紅顔對綠樽

〈문제 12〉 낙화유수落花流水에 거문고 세 가락이고,

　　　　　명월청풍明月淸風에 술이 한 단지이네(樽).

花落庭前憐不掃 화락정전련불소

月明窓外愛無眠 월명창외애무면

꽃이 뜰 앞에 떨어지나 불쌍해 쓸지 못하고,

달이 창밖에 밝으니 사랑스러워 잠 못 자네.

Though the flower falls on the garden, we don't sweep it out of pity.

As the moon is bright outside the window, we can't sleep for love.

| 구문 해설 |

이 대구문은 '주술+장소어+술어'로 된 4,3 구조이다. ① 花落과 月明은 '주술' 구조의 대구로 花와 月이 주어로 대를 하고, 落과 明은 술어로 대를 한다. ② 庭前과 窓外는 장소어 대구로 庭과 窓이 대를 하고, 前과 外가 방향으로 대를 한다. 두 술어 사이를 '~하나(니)'라고 해석 연결한다. ③ 憐과 愛는 술어 대어로 뒤에 '~해서'라고 해석하고, 다음 술어 不掃와 無眠에 연결한다. 無眠의 無는 不과 같다. 憐자는 '불쌍하다'와 '가련하다'는 두 가지 뜻이 있어 번역에 주의를 요한다.

| 어휘 |

· 落 떨어질 락 · 庭 뜰 정 · 前 앞 전 · 憐 불쌍할 련 · 掃 쓸 소

· 明 밝을 명 · 窓 창문 창 · 外 바깥 외 · 愛 사랑할 애 · 眠 잠잘 면

〈출처〉 '政値淸和時節好 落花如雨憐不掃'는 서거정徐居正의《사가시집四佳詩集》에 '今日與君相對看 滿窓寒影愛無眠'은 김시습金時習의《매월당집梅月堂集》에 있다.

〈호대구〉 蝶夢 花間醉 每呼伴 紅鯉躍 酒力令人開口笑

蠶眠 月下眠 閑樂眠 白鷗眠 花陰容我曲肱眠

〈문제 13〉 버드나무 속의 꾀꼬리 매양 짝을 부르고,

모래 위의 흰 갈매기 한가하게 잠을 즐기네(眠).

014

> 花前酌酒吞紅色 화전작주탄홍색
>
> 月下烹茶飲白光 월하팽다음백광
>
> 꽃 앞에서 술 따르니 붉은 빛을 삼키고,
>
> 달빛 아래서 차 달이니 흰 빛을 마시네.
>
> As a man pours wine into a glass in front of a flower, he swallows a red color. As a man brews tea under the moonshine, he drinks a white color.

| 구문 해설 |

이 대구문은 '장소어+술목+술목'으로 된 4,3 구조이다. ① 花前과 月下는 장소어 대구로 花와 月이 대를 하고, 前과 下가 방향 접미어 대를 한다. ② 酌酒와 烹茶는 '술목' 대구로 酌과 烹은 술어로 대를 하고, 酒와 茶는 목적어로 대를 한다. 앞뒤 글 사이를 '~하니'라고 해석 연결한다. ③ 吞紅色과 飲白光은 '술목' 구조의 대구로 吞 과 飲이 술어로 대를 하고, 紅色과 白光은 목적어로 대를 한다. ④ 紅과 白은 색깔로 대를 하여 명사로 대를 한 色과 光을 수식한다. 色과 光은 평측을 달리하는 같은 뜻 의 상대어로 시문에 자주 쓰인다.

| 어휘 |

- 酌 따를 작 • 酒 술 주 • 吞 삼킬 탄 • 紅 붉을 홍 • 色 빛 색
- 下 아래 하 • 烹 삶을 팽 • 茶 차 다 • 飲 마실 음 • 白 흰 백

〈출처〉 '月下烹茶僧共澹'은 정약용丁若鏞의 《여유당전서與猶堂全書》에 있다.

〈호대구〉 仙氣 紅顏色 暮山色 千里夢 靑靑楊柳詩春色

　　　　佛光 白月光 秋水光 五雲光 白白梨花隱月光

〈문제 14〉 꽃 사이에서 술을 권하니 얼굴색이 붉고,

　　　　누각 위에서 시를 읊으니 달빛이 희다(光).

015

花紅小院黃蜂鬧 화홍소원황봉뇨

草綠長堤白馬嘶 초록장제백마시

　꽃이 작은 집에 붉으니 노란 벌이 윙윙하고,

　풀이 긴 제방에 파릇파릇하니 흰말이 우네.

As the flower turns red in a small garden, a swarm of yellow bees drone.

As grass grows green on the long bank, a white horse neighs.

| 구문 해설 |

　이 대구문은 '주술+장소어+주술'로 된 4,3 구조이다. ① 花紅과 草綠은 '주술' 구조의 대구로 花와 草가 주어로 대를 하고, 紅과 綠은 색깔 형용사술어로 대를 한다. ② 小院과 長堤는 수식 구조의 장소어 대구로 小와 長이 형용사로 대를 하여 명사로 대를 한 院과 堤를 수식한다. ③ 黃蜂鬧와 白馬嘶는 '주술' 구조의 대구로 黃蜂과 白馬가 주어로 대를 하고, 鬧와 嘶는 술어로 대를 한다. 黃과 白은 색깔로 대를 하여 명사로 대를 한 蜂과 馬를 수식한다. 紅, 黃, 綠, 白색의 시각과 鬧, 嘶 소리의 청각을 활용한 표현이 돋보인다.

| 어휘 |

　•小 작을 소　•院 집 원　•蜂 벌 봉　•鬧 시끄러울 뇨　•草 풀 초

　•綠 초록빛 록　•堤 제방 제　•白 흰 백　•馬 말 마　•嘶 울 시

〈출처〉 '桃花滿岸黃蜂鬧'는 강백년姜栢年(1603~1681)의 《설봉유고雪峯遺稿》에 있고, '細雨青槐白馬嘶'는 감수항金壽恒(1629~1689)의 《문곡집文谷集》에 있다.

〈호대구〉 鷄唱　穿竹吠　亭鶴唳　黃蜂鬧　斜陽遠樹虹雙飮

　　　　雁嘶　踏花嘶　塞鴻嘶　紫馬嘶　芳草平原馬一嘶

〈문제 15〉 밤꽃 핀 뒤뜰에 노란 벌 시끄럽고,

　　　　꽃다운 풀 긴 둑에 자줏빛 말 우네(嘶).

016

> 花迎暖日粧春色 화영난일장춘색
>
> 竹帶淸風掃月光 죽대청풍소월광
>
> 꽃이 따뜻한 봄날을 맞아 봄 색을 단장하고,
>
> 대나무가 맑은 바람을 데리고 달빛을 쓴다.
>
> A flower meets a warm day and makes up its face with a spring color.
>
> A bamboo carries a wind and sweeps the moonshine away.

| 구문 해설 |

이 대구문은 '주술목+술목' 으로 된 4,3 구조이다. ① 花迎과 竹帶는 '주술' 구조의 대구로 花와 竹은 주어로 대를 하고, 迎과 帶는 술어로 대를 한다. ② 迎暖日과 帶淸風은 '술목' 구조의 대구로 迎과 帶가 술어로 대를 하여 暖日과 淸風을 목적어로 대를 한다. 暖日과 淸風은 수식 구조의 대구로 暖과 淸이 형용사로 대를 하여, 명사 대어 日과 風을 수식한다. ③ 粧春色과 掃月光은 '술목' 구조의 대구로 粧과 掃는 술어로 대를 하고, 春色과 月光은 목적어로 대를 한다. 春色과 月光은 春과 月이 대를 하고, 色과 光이 대를 한다.

| 어휘 |

・迎 맞이할 영 ・暖 따뜻할 난 ・粧 단장할 장 ・色 빛 색 ・竹 대 죽
・帶 띨 대 ・淸 맑을 청 ・掃 쓸 소 ・月 달 월 ・光 빛 광

〈출처〉'花迎暖日矜春色'은 이진망李眞望(1672~1737)의 「야좌夜坐」에, '竹帶淸 風燕子 溪'는 윤원거尹元擧(1601~1672)의 《용서집龍西集》에 있다.

〈호대구〉酒氣 煙霞氣 誇嬌色 江湖興 月中鷗狎鳥紗影
　　　　花光 水月光 冷曙光 雪月光 水上亭涵碧玉光

〈문제 16〉붉은 꽃이 따뜻한 날 아리따운 색 자랑하고,
　　　　　푸른 대나무가 맑은 바람에 새벽빛 차갑네(光).

郊外雨餘生草綠 교외우여생초록

檻前風起落花紅 함전풍기낙화홍

들 밖에 비가 오고 나니 풀이 파랗게 돋아나고,

난간 앞에 바람이 부니 꽃잎이 빨갛게 떨어진다.

Grass grows green after it rained in the outskirts.

A red flower falls as the wind blows in front of the rail.

| 구문 해설 |

이 대구문은 '장소어+주술+술주'로 된 4,3 구조이다. ① 郊外와 檻前은 장소어(~에) 대구로 郊와 檻이 명사로 대이고, 外와 前은 방향 접미어로 대이다. ② 雨餘(=雨後)와 風起는 '주술' 구조의 대구로 雨와 風은 주어로 대를 하고, 餘와 起는 술어로 대를 한다. 두 술어 사이를 '~하니'라고 해석 연결한다. ③ 生草綠과 落花紅은 '술주' 구조로 生과 落이 술어로 대를 하고, 草와 花가 주어로 대를 한다. 綠과 紅은 색깔로 대를 하여 앞의 草와 花를 후위 수식한다. ④ '주술' 구조인 綠草生과 紅花落이 정상 어순이지만 紅자가 운자이므로 도치되었다.

| 어휘 |

• 郊 들 교 • 外 바깥 외 • 雨 비 우 • 餘 남을 여 • 綠 초록빛 록

• 檻 난간 함 • 風 바람 풍 • 起 일어날 기 • 落 떨어질 락 • 紅 붉을 홍

〈출처〉 '屋後高田新黍綠 門前流水落花紅' 정약용丁若鏞의 「봉간해좌옹奉簡海左翁」에,

'芳草碧連平野闊 落花紅襯小溪明'은 이산해李山海의 「절서節序」에 있다.

〈호대구〉 鬢白　秋水碧　宮柳綠　烟波白　雁度江天無限碧

　　　　　顔紅　夕陽紅　苑花紅　樹葉紅　蟬鳴山日不勝紅

〈문제 17〉 꽃다운 풀 넓은 들 가을 물 푸르고,

　　　　　짙은 꽃 깊은 동산 석양이 붉네(紅).

018

> 霜着幽林紅葉落 상착유림홍엽락
>
> 雨餘深院綠苔生 우여심원록태생
>
> 깊숙한 숲에 서리 내리니 붉은 잎이 떨어지고,
>
> 깊은 뜰에 비 오고 나니 푸른 이끼 돋아나네.
>
> As it frosts in a deep forest, the red leaves fall.
> As it rained in a deep garden, green moss grows.

| 구문 해설 |

이 대구문은 '주술보+주술'로 된 4,3 구조이다. ① 霜着과 雨餘는 '주술' 구조의 대구로 氣象語霜과 雨가 주어로 대를 하고, 着과 餘가 술어로 대를 한다. ② 幽林과 深院은 수식 구조로 着과 餘의 보어로 대를 한다. 幽와 深은 형용사로 대를 하여 명사 대어 林과 院을 수식한다. 두 술어 사이를 '~하니'로 해석 연결한다. ③ 紅葉落과 綠苔生은 '주술' 구조의 대구로 紅葉과 綠苔가 주어로 대를 하고, 落과 生이 술어로 대를 한다. 紅과 綠은 색깔로 대를 하여 명사 대어 葉과 苔를 수식한다.

| 어휘 |

- 霜 서리 상 ・着 입을 착 ・幽 깊을 유 ・林 수풀 림 ・葉 잎 엽
- 餘 남을 여 ・深 깊을 심 ・院 뜰 원 ・綠 푸를 록 ・苔 이끼 태

〈출처〉 '雨餘深院綠苔齊'는 신흠申欽(1566~1628)의 「감춘感春」에, '雨餘門巷綠苔生'은 권근權近(1352~1409)의 「재우인촌거題友人村居」에 있다.

〈호대구〉 雨歇 午烟起 靑嶂出 人亦老 氷底誰知泉脈動
　　　　 風生 春水生 綠波生 我猶生 雪中猶有草心生

〈문제 18〉 일 없고 근심 없어도 사람은 역시 늙고,
　　　　　 나이 많고 병 많아도 나는 여전히 살아있네(生).

> **月作利刀裁樹影** 월작이도재수영
>
> **春爲神筆畵山形** 춘위신필화산형
>
> 달이 예리한 칼을 만들어 나무 그림자 자르고,
>
> 봄이 신기한 붓을 만들어 산 형상을 그리네.
>
> ---
>
> The moon makes a sharp knife and cuts a tree shadow.
>
> Spring makes a mysterious brush and pictures a shape of a mountain.

| 구문 해설 |

이 대구문은 '주술목+술목'으로 된 4,3 구조이다. ① 月作과 春爲는 '주술' 대구로 月과 春이 주어로 대를 하고, 作과 爲는 같은 뜻으로 술어로 대를 한다. ② 利刀와 神筆은 作과 爲가 타동사(~을 만들다)이면 목적어가 되고, 자동사(~이 되다)이면 보어가 된다. ③ 利刀와 神筆은 수식 구조로 利와 神이 형용사로 대를 하여 명사 대어 刀와 筆을 수식한다. ④ 裁樹影과 畵山形은 '술목' 대구로 裁와 畵는 술어로 대를 하고, 樹影과 山形은 목적어로 대를 한다. 樹影과 山形은 수식 구조의 대구로 樹와 山은 수식어로 대를 하여 명사 대어 影과 形을 수식한다.

| 어휘 |

- 利 예리할 리　• 刀 칼 도　• 裁 마를 재　• 樹 나무 수　• 影 그림자 영
- 神 신비할 신　• 筆 붓 필　• 畵 그림 화　• 山 뫼 산　• 形 모양 형

〈출처〉 '衣裘稜作利刀鎌'은 윤선도尹善道(1587~1671)의 「삼강기사三江記事」에 있고, '須臾霽日爲神筆'은 구봉령具鳳齡(1526~1586)의 「주중봉우舟中逢雨」에 있다.

〈호대구〉 奇態　風雲志　仙人掌　高卑勢　清風疎竹聲諧韻
　　　　妙形　月露形　道士形　鳥獸形　明月澄塘影荅形

〈문제 19〉 동산 안 나무들 높고 낮은 형세고,
　　　　　창밖 산들 새와 짐승 형상이네(形).

> 山外有山山不盡 산외유산산부진
>
> 路中多路路無窮 노중다로로무궁
>
> 산 밖에 산이 있으니 산은 다하지 아니하고,
>
> 길 가운데 길이 많으니 길은 다함이 없다네.
>
> Another mountain upon a mountain has no limit.
>
> Another road in a road is limitless.

| 구문 해설 |

이 대구문은 '장소어+술보+주술'로 된 4,3 구조이다. ① 山外와 路中은 장소어 대구로, 山과 路가 명사로 대이고, 外와 中은 방향 접미어로 대를 한다. ② 有山과 多路는 '술보' 구조의 대구로, 有와 多가 술어로 대이고, 山과 路가 보어로 대를 한다. 두 술어 사이를 '~하니'라고 해석 연결한다. 山과 路는 세 번 반복하므로 리듬 효과를 더했다. ③ 山不盡과 路無窮은 '주술' 구조의 대구로 山과 路가 주어로 대를 하고, 不盡과 無窮은 술어로 대를 한다. ④ 有와 多, 不盡과 無窮은 의미상 유사어로 표현을 다양하게 하여 문장의 활력을 높였다.

| 어휘 |

· 山 뫼 산 · 外 바깥 외 · 有 있을 유 · 不 아닐 부 · 盡 다할 진

· 路 길 노 · 中 가운데 중 · 多 많을 다 · 無 없을 무 · 窮 다할 궁

〈출처〉 '山外有山理無盡'은 조현명趙顯命(1690~1752)의 《귀록집歸鹿集》에, '路中多路路無窮'은 조경남趙慶男(1570~1641)의 《속잡록續雜錄》에 있다.

〈호대구〉 水濁 仁弱 詩無敵 愁何在 自古人生才有限

　　　　　山窮 智窮 辯不窮 興不窮 當今天下事無窮

〈문제 20〉 배 안에서 술을 권하니 근심이 어디 있으며,

　　　　　꽃 속에서 시를 읊으니 흥취가 다하지 않네(窮).

> 山上白雲山上盖 산상백운산상개
>
> 水中明月水中珠 수중명월수중주
>
> 산 위의 흰 구름은 산 위의 양산이고,
>
> 물 안의 밝은 달은 물 안의 구슬이네.
>
> ---
>
> A white cloud on the mountain is a sunshade on it.
>
> A bright moon in the water is a jewel in it.

| 구문 해설 |

이 대구문은 '장소어+주어+장소어+명사술어'로 된 4,3 구조이다. ① 山上과 水中은 장소어 대구로 山과 水가 명사로 대를 하고, 上과 中이 방향 접미어로 대를 하여, 주어로 대를 한 白雲과 明月을 수식한다. ② 白雲과 明月은 수식 구조의 주어 대구로 白과 明은 형용사로 대를 하여 명사 대어 雲과 月을 수식한다. ③ 다음 山上과 水中 역시 장소어 대구로 명사 술어로 대를 한 盖와 珠를 수식한다. ④ 山上과 水中을 두 번 반복으로 구중으로 대를 하여 리듬 효과를 더했다. '山上A+山上B'='水中A+水中B' 형이다.

| 어휘 |

- 山 뫼 산 · 上 위 상 · 白 흰 백 · 雲 구름 운 · 盖 덮을 개(=蓋)
- 水 물 수 · 中 가운데 중 · 明 밝을 명 · 月 달 월 · 珠 구슬 주

〈출처〉 '山上白雲僧不掃'는 신정申最(1628~1687)의 「몽작夢作」에, '水中明月 鏡中人'은 장유張維(1587~1638)의 「재락전가고매題樂全家古梅」에 있다.

〈호대구〉 紅玉 江上寶 回文錦 瞳剪水 膝下兒同和氏璧
　　　　綠珠 山間珠 如意珠 唾成珠 腹中書勝賈胡珠

〈문제 21〉 강 위 맑은 바람 강 위의 보배고,
　　　　산 사이 밝은 달 산 사이의 구슬이네(珠).

山疊未遮千里夢 산첩미차천리몽

月孤相照兩鄕心 월고상조양향심

산이 겹쳐 있어도 천 리 꿈길은 막지 못하고,

달은 외로워도 고향 그리는 두 마음 비추네.

The depths of mountains cannot block a thousand mile dream.

A lonely moon shines on the two places longing for a hometown.

| 구문 해설 |

이 대구문은 '주술+술목'으로 된 2,5 구조이다. ① 山疊과 月孤는 '주술' 구조의 대구로 山과 月이 주어로 대를 하고, 疊(겹치다)과 孤(외롭다)는 숫자 의미로 술어로 대를 한다. 술어 뒤에 '~해도'라고 해석 연결한다. ② 未遮와 相照가 술어로 대를 하고, 千里夢과 兩鄕心은 목적어로 대를 한다. ③ 千里夢과 兩鄕心은 수식 구조의 대구로 千里와 兩鄕은 대를 하여 夢과 心을 수식한다. 이 夢과 心은 遮와 照의 목적어가 된다. ④ 千과 兩은 숫자로 대를 하여 명사 대어 里와 鄕을 수식한다.

| 어휘 |

· 疊 겹칠 첩 · 未 아닐 미 · 遮 가릴 차 · 里 마을 리 · 夢 꿈 몽

· 孤 외로울 고 · 照 비출 조 · 兩 두 양 · 鄕 시골 향 · 心 마음 심

〈출처〉 '嶺嶠不遮千里夢'은 신응시辛應時(1532~1585)의 《백록유고白麓遺稿》에, '夜來同照兩鄕心'은 신익상申翼相(1634~1697)의 《성재유고醒齋遺稿》에 있다.

〈호대구〉 白首 今世事 無疆壽 生成理 萬端誰料方來事

丹心 古人心 愛日心 造化心 一寸須存現在心

〈문제 22〉 꽃이 피고 떨어짐은 생성의 원리이고,

구름이 가고 옴은 천지조화의 마음이다(心).

> 山僧計活茶三椀 산승계활다삼완
>
> 漁父生涯竹一竿 어부생애죽일간
>
> 산사 스님의 하루 공양은 차 세 사발이고,
>
> 어부의 평생 사는 수단은 낚싯대 하나이네.
>
> A monk's livelihood in the mountain is made up of three bowls of tea.
>
> A fisherman's living depends on a fishing-rod.

| 구문 해설 |

이 대구문은 '주어(명+명)+명사술어' 로 된 4,3 구조이다. ① 山僧과 漁父는 수식 구조의 대구로 山과 漁가 대를 하여, 중심어 僧과 父를 수식한다. ② 山僧과 漁父는 計活와 生涯를 수식하는 관형어로 '山僧之計活' 이고, '漁父之生涯' 이다. ③ 計活과 生涯는 유사어 대구로 문장의 주어이다. 計活은 活計로 生計를 의미한다. 즉 삶의 수단 방법이다. ④ 茶三椀과 竹一竿은 명사술어 대구로 구조상으로는 茶와 竹이 주어로 대이고, 三椀과 一竿이 술어로 대이다. 三과 一은 숫자로 대를 하고, 椀과 竿은 개체 명사로 대를 한다.

| 어휘 |

- 僧 중 승 · 計 꾀 계 · 活 살 활 · 茶 차 다 · 椀 주발 완
- 漁 고기 잡을 어 · 涯 물가 애 · 竹 대 죽 · 竿 장대 간

〈출처〉 '閑中氣味茶三椀' 은 유숙柳淑(1316~1368)의 《사암집思菴集》에, '溪翁 活計不貧寒 磯上新添竹一竿' 은 김육金堉(1580~1658)의 《잠곡유고潛谷遺稿》에 있다.

〈호대구〉 千尺　窺漁店　珊瑚網　三叉逈　破除萬事惟杯酒
　　　　　釣竿　坐釣竿　翡翠竿　百尺竿　不換三公是釣竿

〈문제 23〉 백로가 모래 가 생선가게를 기웃거리고,
　　　　　빨간 잠자리가 나무 아래 낚싯대에 앉아있네(竿).

024

竹根迸地龍腰曲 죽근병지용요곡

蕉葉當窓鳳尾長 초엽당창봉미장

대 뿌리가 땅에 솟으니 용의 허리 굽은 듯하고,

파초 잎이 창에 닿으니 봉황의 기다란 꼬리 같네.

A bamboo root sprouted out of earth looks like a crooked waist of a dragon.

A banana leaf by a window looks like a long tail of a phoenix.

| 구문 해설 |

이 대구문은 '주술보+주술'로 된 4,3 구조이다. ① 竹根과 蕉葉은 수식 구조의 주어로 竹과 蕉가 대를 하여 중심어 根과 葉을 수식한다. ② 迸地와 當窓은 '술보' 구조의 대구로 迸과 當이 술어로 대를 하고, 地와 窓이 보어로 대를 한다. 두 글 사이를 '~하니'라고 해석 연결한다. ③ 龍腰曲과 鳳尾長은 '주술' 구조의 대구로 龍腰와 鳳尾가 주어로 대를 하고, 曲과 長이 형용사술어로 대를 한다. ④ 曲과 長은 竹根과 蕉葉의 모양을 형상화한 어휘로 腰와 尾를 전위 수식하는 것이 옳으나 長이 운자이므로 끝에 있다.

| 어휘 |

- 根 뿌리 근 · 迸 솟아날 병 · 龍 용 룡 · 腰 허리 요 · 曲 굽을 곡
- 蕉 파초 초 · 葉 잎 엽 · 當 당할 당 · 鳳 봉황새 봉 · 尾 꼬리 미

〈출처〉 이 대구는 이규보의 칠언율시 「천룡사天龍寺」의 경련頸聯에 있다.

〈호대구〉 志大 山影遠 煙霞古 書香滿 桑柘村閑山影邃

才長 水聲長 草樹長 睡味長 琴書樓靜水聲長

〈문제 24〉 산간山間 모옥茅屋에 글 향기 가득하고,

바위 위에 솔바람 잠 맛이 길다(長).

耕田野叟埋春色 경전야수매춘색

汲水山僧斗月光 급수산승두월광

　밭을 가는 들 늙은이 봄 색을 파묻고,

　물 긷는 산사 스님 달빛을 말로 뜨네.

An old man plowing a field buries a ray of spring in the ground.

A monk drawing water from a well scoops up a moonshine with mal.

| 구문 해설 |

　이 대구문은 '관형어(술목)+주술목'으로 된 4,3 구조이다. ① 耕田과 汲水는 '술목' 구조의 대구로 耕과 汲은 술어로 대를 하고, 田과 水는 목적어로 대를 한다. ② 耕田과 汲水는 주어 野叟와 山僧을 수식하는 관형어다. ③ 野叟와 山僧은 수식 구조의 대구로 野와 山이 대를 하여 명사 대어 叟와 僧을 수식한다. ④ 埋春色과 斗月光은 '술목' 구조의 대구로 埋와 斗는 타동사로 대를 하고, 春色과 月光은 목적어로 대를 한다. 명사 春과 月이 대를 하여 명사 色과 光을 수식한다. 斗의 상대어가 동사 埋이므로 斗도 '말로 뜨다'는 동사가 된다.

| 어휘 |

　•耕 밭갈 경　•田 밭 전　•野 들 야　•叟 늙은이 수　•埋 묻을 매

　•色 빛 색　•汲 물 길을 급　•僧 중 승　•斗 말 두　•光 빛 광

〈출처〉 '關河白雪埋春色'은 이수광李睟光(1563~1628)의 《지봉집芝峯集》에 있고, '山僧貪月色 並汲一瓶中'은 이규보李奎報(1168~1241)의 「정중월井中月」에 있다.

〈호대구〉 異彩　千秋業　聲名蔚　碧山色　酒渴老茶還有味

　　　　　奇光　萬丈光　事業光　明月光　月明華燭却無光

〈문제 25〉 맑은 가을 창밖에 산색이 푸르고,

　　　　　고요한 밤 뜰 안에 달빛이 밝다(光).

> 聲痛杜鵑啼落月 성통두견제낙월
>
> 態娟籬菊慰殘秋 태연이국위잔추
>
> 목소리 아픈 두견새가 지는 달 보고 울고,
>
> 모양 예쁜 울 밑 국화가 지는 가을 달래네.
>
> A voice-stricken cuckoo sings at the sight of a falling moon. A pretty
> chrysanthemum beside a fence sympathizes with a waning autumn.

| 구문 해설 |

이 대구문은 '관형어+주어+술목'로 된 4,3 구조이다. ① 聲痛과 態娟은 '주술' 구조의 대구로 聲과 態가 주어로 대를 하고, 痛과 娟은 형용사술어로 대를 한다. ② 聲痛과 態娟의 수식을 받는 杜鵑과 籬菊은 수식 구조의 대구로 문장의 주어이다. ③ 啼落月과 慰殘秋는 '술목' 구조의 대구로 啼와 慰가 술어로 대를 하고, 落月과 殘秋는 목적어로 대를 한다. ④ 落月과 殘秋는 수식 관계의 대구로 落과 殘이 형용사로 대를 하여 명사로 대를 한 月과 秋를 수식한다.

| 어휘 |

- 痛 아플 통   · 杜 막을 두   · 鵑 두견이 견   · 啼 울 제   · 落 떨어질 락
- 態 모양 태   · 娟 예쁠 연   · 籬 울타리 리   · 慰 위로 위   · 殘 남을 잔

〈출처〉 '空有杜鵑啼落月'은 이장용李藏用(1201~1272)의 「자비령慈悲嶺」에, '雁下瀟湘啼落月'은 심언광沈彦光(1487~1540)의 「야초악공夜招樂工」에 있다.

〈호대구〉 玉露 黃葉雨 蟲語夜 祥光曉 鴻雁聲寒千里月

金秋 白雲秋 雁聲秋 爽氣秋 菊花香澹一籬秋

〈문제 25〉 성긴 별 맑은 달 상서로운 빛의 새벽,

맑은 대자리 가벼운 적삼 시원한 기운 가을(秋).

遲醉客欺先醉客 지취객기선취객

半開花笑未開花 반개화소미개화

　더디게 취한 손님이 먼저 취한 손님을 속이고,

　반쯤 핀 꽃이 아직 피지 않은 꽃 보고 웃는다.

A late drunken man deceives an early drunken one.

A half opened flower laughs at one that is yet to be opened.

| 구문 해설 |

　이 대구문은 '수식어·주어+술어+수식어·목적어'로 된 3,1,3 구조이다. ① 遲醉客과 半開花는 '수식어+주어' 대구로 遲와 半은 부사로 대를 하고, 醉와 開는 술어로 대를 하여, 주어로 대를 한 客과 花를 수식한다. ② 欺와 笑는 문장술어로 대를 하여 先醉客과 未開花를 목적어로 한다. ③ 先醉客과 未開花는 ①번과 같은 구조의 대구로 先과 未가 대를 한다. ④ 醉客과 開花를 반복하여 리듬의 효과를 더했고, 遲와 先, 半과 未는 구조상 상반된 의미의 부사를 대로 하여 뜻을 강조했다. A欺A' = B笑B' 형이다.

| 어휘 |

　• 遲 늦을 지　• 醉 취할 취　• 客 손 객　• 欺 속일 기　• 先 먼저 선
　• 半 반 반　• 花 꽃 화　• 笑 웃음 소　• 未 아닐 미　• 開 열 개

〈출처〉 '滿城桃李未開花'는 김종직金宗直의 《해동잡록海東雜錄》에 있고, '將開未開 花意遲'는 조석윤趙錫胤의 「강행江行」에 있다.

〈호대구〉 書草　能語鳥　鶯遷木　邀明月　東飛黃鳥西飛燕
　　　　　 筆花　解語花　蝶戀花　惜落花　十里垂楊五里花

〈문제 27〉 벗 있고 술 있으니 명월을 맞이하고,
　　　　　 거문고 없고 시 없으니 지는 꽃 가엾다(花).

028

> **紅袖遮容雲裡月** 홍수차용운리월
>
> **玉顔開笑水中蓮** 옥안개소수중연
>
> 붉은 소매가 얼굴 가리니 구름 속의 달이고,
>
> 옥 같은 얼굴이 웃으니 물속의 연꽃이네.
>
> A face hidden by a red sleeve looks like a moon behind the clouds.
>
> A jewel-looking face with a smile looks like a lotus in the water.

| 구문 해설 |

이 대구문은 '주술목+장소어·명사술어'로 된 4,3 구조이다. ① 紅袖와 玉顔은 수식 구조의 대구로 주어이다. 紅과 玉은 색으로 대를 하여 주어로 대를 한 袖와 顔을 수식한다. ② 遮容과 開笑는 '술목' 구조의 대구로 遮와 開가 술어로 대를 하고, 容과 笑가 목적어로 대를 한다. 앞뒤를 '~하니'라고 해석 연결한다. ③ 雲裡月과 水中蓮은 명사술어 대구로 雲과 水가 대를 하고, 裡와 中이 대를 하여 명사로 대를 한 月과 蓮을 수식한다. '소매가 가린 얼굴'은 '구름 속의 달'에, '얼굴의 미소'는 '물속의 연꽃'에 비유한 글이다. ④ 중국 4대 미인 초선貂嬋은 그 미모에 달도 부끄러워 구름 속에 숨는다고 閉月이라 했다.

| 어휘 |

· 袖 소매 수 · 遮 막을 차 · 容 얼굴 용 · 雲 구름 운 · 裡 속 리 · 玉 옥 옥
· 顔 얼굴 안 · 開 열 개 · 笑 웃을 소 · 蓮 연 련

〈출처〉'沖澹精神雲外鶴 從容光彩水中蓮'은 송익필宋翼弼의 「몽견망우夢見亡友」에 있다.

〈호대구〉腰柳 仙人杏 連理橘 鳥穿竹 忽翻園翠鳥穿竹

　　　　臉蓮 學士蓮 合歡蓮 魚戲蓮 乍動池華魚戲蓮

〈문제 28〉한가한 집 뜰 뒤에 새가 대를 뚫고,

　　　　한여름 못 안에 물고기 연을 희롱하네(蓮).

> **靑菰葉上凉風起** 청고엽상양풍기
>
> **紅蓼花邊白鷺閑** 홍료화변백로한
>
> 　푸른 줄풀 잎 위에 서늘한 바람 일고,
>
> 　붉은 여뀌 꽃 옆에 흰 해오라기 한가하네.
>
> A cool wind blows over the leaf of a blue water-oat.
>
> An egret is free beside the flower of a red smart-weed.

| 구문 해설 |

　이 대구문은 '주어+장소어+주술'로 된 4,3 구조이다. ① 靑菰와 紅蓼가 수식 구조의 주어로 대를 한다. 靑와 紅은 색깔 형용사로 대를 하여 명사 菰와 蓼를 수식한다. ② 葉上과 花邊은 장소어 대구로 葉과 花가 명사로 대를 하고, 上과 邊은 방향 접미어로 대를 한다. ③ 凉風起와 白鷺閑은 '주술' 구조의 대구로 凉風과 白鷺가 주어로 대를 하고, 起와 閑이 술어로 대를 한다. 凉風과 白鷺는 수식 구조 대구로 凉과 白이 형용사로 대를 하여 명사로 대를 한 風과 鷺를 수식한다. ④ 靑菰의 푸른색, 紅蓼의 붉은색, 白鷺의 흰색 등으로 시각적 효과를 더했다.

| 어휘 |

・靑 푸를 청　・菰 줄풀 고　・葉 잎 엽　・凉 서늘할 량　・起 일어날 기

・紅 붉을 홍　・蓼 여뀌 료　・邊 가 변　・鷺 해오라기 로　・閑 한가할 한

〈출처〉 이 연구는 이현보李賢輔(1467~1555)의 《농암집聾巖集》 권3의 「어부가漁父歌」에 있다. '紅蓼花邊點點鷗'는 이희조李喜朝(1655~1724)의 《지촌집芝村集》에 있다.

〈호대구〉 水慢 流水急 鶯歌滑 千愁散 耕者苦時牛亦苦

　　　　雲閑 白雲閑 鷺夢閑 萬事閑 漁夫閑處鷺逾閑

〈문제 29〉 대 누각에서 달을 즐기니 천의 근심이 흩어지고,
　　　　　골 삿자리에서 바람을 맞으니 만사가 한가하네(閑).

030

竹筍<u>初生</u>黃犢角 죽순초생황독각

蕨芽<u>已作</u>小兒拳 궐아이작소아권

대나무순은 이제 노란 송아지 뿔을 낳고,

고사리 싹은 이미 어린이 주먹을 만들었네.

A bamboo sprout first produces the horn of a yellow calf.

A fern shoot already forms the fist of an infant.

| 구문 해설 |

이 대구문은 '주술목'으로 된 4,3 구조이다. ① 竹筍과 蕨芽는 수식 구조의 대구로 주어이다. 명사 대어 竹과 蕨이 중심어 筍과 芽를 수식한다. ② 初生과 已作은 '부술' 구조의 대구로 初(이제, 막)와 已(이미, 벌써)는 부사로 대이고, 生과 作은 술어로 대이다. ③ 黃犢角과 小兒拳은 生과 作의 목적어로 대구로 黃犢과 小兒는 角과 拳을 수식하는 관형어다. 黃과 小는 형용사로 대를 하여 명사 대어 犢과 兒를 수식한다. ④ 竹筍, 蕨芽, 犢角, 兒拳 등은 수식 또는 주종 관계어다.

| 어휘 |

· 筍 죽순 순   · 初 처음 초   · 黃 누를 황   · 犢 송아지독   · 角 뿔 각

· 蕨 고사리 궐   · 芽 싹 아   · 已 이미 이   · 作 지을 작   · 拳 주먹 권

- -

〈출처〉 '蕨芽初出小兒拳'은 하연河演의 시. '蕨芽先長小兒拳'은 이정구李廷龜의 시. '蕨芽初長小兒拳'은 신정申晸의 시에 있다.

〈호대구〉 屈膝 苔滑足 鴻留爪 花三面 酒所幸欣揩舊眼

張拳 蕨舒拳 鷺立拳 石一拳 詞壇莫笑張空拳

〈문제 30〉 계곡에 맑은 안개이니 이끼에 발 미끄럽고,

봄 산에 때맞은 비 오니 고사리 주먹 펴네(拳).

031

竹芽似筆難成字 죽아사필난성자

松葉如針未貫絲 송엽여침미관사

　대나무 싹이 붓 같아도 글자 이루기 어렵고,

　소나무 잎은 바늘 같아도 실을 꿰지 못하네.

A pen-like bamboo sprout is hard to write a letter with,

A needle-like pine leaf is impossible to sew up cloth with.

| 구문 해설 |

　이 대구문은 '주술보+술목'으로 된 4,3 구조이다. ① 竹芽와 松葉은 수식 관계의 대구로 주어이다. 竹과 松은 대를 하여 중심어 芽와 葉을 수식한다. ② 似筆과 如針은 '술보' 구조로 似와 如는 술어로 대를 하고, 筆과 針은 보어로 대를 한다. ③ 難成字와 未貫絲에서 難과 未는 부정의 뜻으로 대를 하고, 成字와 貫絲는 '술목' 구조의 대구로 成과 貫이 술어로 대를 하고, 字와 絲는 목적어로 대를 한다. ④ 죽순은 붓과, 솔잎은 바늘과 형상이 비슷하므로 비교 대상이 되었다.

| 어휘 |

• 芽 싹 아　• 似 같을 사　• 筆 붓 필　• 難 어려울 난　• 成 이룰 성

• 松 솔 송　• 葉 잎 엽　• 針 바늘 침　• 貫 꿸 관　• 絲 실 사

〈출처〉 '目昏重視難成字'는 이색李穡의 「동갑허정同甲許政」에 있고, '籬下龍雛 長竹芽'는 이식李湜의 「춘만수망春晚睡望」에 있다.

〈호대구〉 紅縷　同心結　屛一幅　桃花扇　紫燕飛高樓百尺
　　　　綠絲　長命絲　鬢千絲　楊柳絲　黃鶯搜嫩柳千絲

〈문제 31〉 청산을 그린 마음 병풍 한 폭이고,
　　　　대낮에 시 걱정 살쩍이 천 실이네(絲).

032

> 山影入門推不出 산영입문추불출
>
> 月光鋪地掃還生 월광포지소환생
>
> 산 그림자 문에 드니 밀어도 안 나가고,
>
> 달빛이 땅에 퍼지니 쓸어도 다시 생기네.

A mountain shadow enters the door and doesn't go out despite a push.
A moonshine shines on the ground and returns again in spite of sweeping
away.

| 구문 해설 |

이 대구문은 '주술보+술부술' 로 된 4,3 구조이다. ① 山影과 月光은 수식 관계의 대구로 주어이다. 山과 月이 대를 하여 명사 대어 影과 光을 수식한다. ② 入門과 鋪地는 '술보' 구조의 대구로 入과 鋪는 술어로 대를 하고, 門과 地는 보어로 대를 한다. 뒤에는 '~하니' 라고 해석 연결한다. ③ 推不出과 掃還生은 '술부술' 구조로 推와 掃가 술어로 대를 하고, 不과 還은 부사로 대를 하고, 出과 生은 술어로 대를 한다. 推와 掃 뒤에는 역접으로 '~해도' 라고 해석 연결한다.

| 어휘 |

- 影 그림자 영 • 入 들 입 • 門 문 문 • 推 밀 추 • 出 날 출
- 光 빛 광 • 鋪 펼 포 • 地 땅 지 • 掃 쓸 소 • 還 돌아올 환

〈출처〉'眼花看更黑 頭雪掃還生'은 소세양蘇世讓(1486~1562)의 《양곡집陽谷集》「야좌부
　　　매夜坐不寐」에 있다.

〈호대구〉處士　碧波動　黃鶯出　寬猶樂　溪氷影薄魚初動
　　　　　先生　芳草生　白芷生　剪又生　野燒痕空草又生

〈문제 32〉마음이 벽해와 같이 관대하니 오히려 즐겁고,
　　　　　수심은 봄 잡초처럼 잘라도 또 살아난다(生).

更深嶺外靑猿嘯 경심령외청원소

煙淡沙頭白鷺眠 연담사두백로면

　밤이 깊으니 산 고개 밖에 푸른 원숭이 울고,

　안개 묽으니 모래사장에 백로가 졸고 있네.

Outside of a mountain ridge late at night, a blue monkey chatters.

On the head of the sands with a thin fog, a snowy heron dozes.

| 구문 해설 |

　이 대구문은 '주술+장소어+주술'로 된 4, 3 구조이다. ① 更深과 煙淡은 '주술' 구조의 대구로 更과 煙은 주어로 대를 하고, 深과 淡은 술어로 대를 한다. ② 更(경)은 밤 시각, 하룻밤을 5등분(五更)한 그 하나의 시간을 말한다. ③ 嶺外와 沙頭는 장소어 대구로 嶺과 沙가 명사로 대이고, 外와 頭는 장소 접미어로 대이다. ④ 靑猿嘯와 白鷺眠는 '주술' 구조의 대구로 靑猿과 白鷺가 주어로 대를 하고, 嘯와 眠은 술어로 대를 한다. 靑과 白은 색깔끼리 대를 하여 뒤의 명사 猿과 鷺을 수식한다. 猿과 鷺은 동물끼리 대를 하였다.

| 어휘 |

- 更 밤 시간 경　· 深 깊은 심　· 嶺 재 령　· 猿 원숭이 원　· 嘯 휘파람 소
- 煙 연기 연　· 淡 묽을 담　· 沙 모래 사　· 鷺 해오라기 로　· 眠 잠잘 면

〈출처〉'靑草湖邊白鷺眠'은 유희경劉希慶(1545~1636)의 「월계도중月溪途中」에, '白鷺眠沙際'는 박인로朴仁老(1561~1642)의 「즉사卽事」에 있다.

〈호대구〉花笑　支頤坐　花欲笑　南浦別　柳塘水暖魚爭戱
　　　　　柳眠　企脚眠　柳初眠　北窓眠　花逕風微鶴倦眠

〈문제 33〉 봄비에 미인을 남포南浦에서 이별하고,
　　　　　청풍淸風에 가난한 선비 북창北窓에서 잠자네(眠).

江樓燕舞知春暮 강루연무지춘모

壟樹鶯歌想夏天 농수앵가상하천

강가 누각에 제비 춤추니 봄날 저묾을 알겠고,

밭 언덕 나무에 꾀꼬리 우니 여름 하늘 생각나네.

Seeing a swallow dance at the tower on a river, he knows spring is late.

Hearing an oriole sing at the tree on a hill, he thinks of a summer day.

| 구문 해설 |

이 대구문은 '장소어+주술+술목'으로 된 4,3 구조이다. ① 江樓와 壟樹는 수식 구조의 장소어 대구로 江과 壟이 대를 하여 중심어 樓와 樹를 수식한다. ② 燕舞와 鶯歌는 '주술' 구조의 대구로 燕과 鶯이 주어로 대이고, 舞와 歌가 술어로 대이다. ③ 知春暮와 想夏天은 '술목' 구조의 대구로 知와 想이 술어로 대이고, 春暮와 夏天이 목적어로 대이다. 春과 夏가 대, 暮와 天이 대이다. ④ 제비를 보고 봄을 알고, 꾀꼬리 소리 듣고 여름을 생각한다. 시각과 청각을 통하여 자연과 교감한다.

| 어휘 |

　• 樓 다락 루　• 燕 제비 연　• 舞 춤출 무　• 知 알 지　• 暮 저물 모　• 壟 언덕 농
　• 樹 나무 수　• 歌 노래 가　• 想 생각 상　• 夏 여름 하

〈출처〉 '花落知春暮'는 배용길裵龍吉의 《금역당집琴易堂集》에, '鶯歌想曲譜'는 강재항姜再恒의 《입재유고立齋遺稿》에 있다.

〈호대구〉 月地　芳草地　秋水岸　疑無地　四時綠酒長春國
　　　　花天　碧雲天　夕陽天　別有天　萬戶紅燈不夜天

〈문제 34〉 놀이객들 가을 물가에서 술잔 돌리고,
　　　　시인들 저녁 해 하늘에 아회雅會를 하네(天).

水鳥有情啼向我 수조유정제향아

野花無語笑征人 야화무어소정인

물새는 정이 있어 나를 향해 지저귀고,

들꽃은 말없이 길 가는 사람보고 웃네.

A water-bird with feeling sings toward me.

A wild flower without a word laughs at a wayfarer.

| 구문 해설 |

이 대구문은 '주술보+술목(보)'로 된 4,3 구조이다. ① 水鳥와 野花는 수식 관계의 대구로 주어이다. 水와 野가 대를 하여 중심어 鳥와 花를 수식한다. ② 有情과 無語는 '술보' 구조의 대구로 有와 無는 술어로 대를 하고, 情과 語는 보어로 대를 하나 주어처럼 해석한다. ③ 笑征人과 啼向我는 '술목(보)' 구조로 笑와 啼는 술어로 대를 하고, 征人과 向我는 목적어와 보어로 대를 한다. 征人은 行人이다. 征人은 수식 구조의 명사이고, 向我는 '술목' 구조로 정확한 대는 아니다.

| 어휘 |

• 鳥 새 조 • 情 뜻 정 • 啼 울 제 • 向 향할 향 • 我 나 아

• 野 들 야 • 花 꽃 화 • 語 말씀 어 • 笑 웃을 소 • 征 칠 정

〈출처〉 '林鳥有情啼向客 野花無語笑留人'은 김극기金克己의 「고원역高原驛」에, '沙鳥有情迎客棹 野花無語管亭基'는 정백창鄭百昌의 「차기옹정次畸翁鄭」에 있다.

〈호대구〉 詞客　身過客　垂釣客　風流老　何論秋月異春月

酒人　狗主人　浣紗人　意氣人　所恨今人非昔人

〈문제 35〉 광음백대光陰百代에 몸은 지나가는 나그네고,

풍월삼년風月三年에 개가 주인 행세하네(人).

池邊洗硯魚呑墨 지변세연어탄묵

松下烹茶鶴避煙 송하팽다학피연

못가에서 벼루를 씻으니 고기가 먹물을 삼키고,

소나무 아래서 차를 달이니 학이 연기를 피하네.

When an ink-stone is washed by the pond, a fish swallows the black water. When tea is brewed under the pine-tree, a crane avoids the smoke.

| 구문 해설 |

이 대구문은 '장소어+술목+주술목'으로 된 4,3 구조이다. ① 池邊과 松下는 장소어 대구로 池와 松이 명사로 대를 하고, 邊과 下는 방향 접미어로 대를 한다. ② 洗硯과 烹茶는 '술목' 대구로 洗와 烹이 술어로 대이고, 硯과 茶는 목적어로 대이다. 두 글을 '~하니, ~하면'으로 해석 연결한다. ③ 魚呑墨과 鶴避煙은 '주술목' 대구로 魚와 鶴이 주어로 대이고, 呑과 避가 술어로 대이고, 墨과 煙이 목적어로 대이다. ④ 松은 鶴과, 柳는 鶯과, 蘆는 雁과는 한시어로 자주 쓰이는 상관어이다.

| 어휘 |

· 池 못 지 · 洗 씻을 세 · 硯 벼루 연 · 呑 삼킬 탄 · 墨 먹 묵
· 烹 삶을 팽 · 茶 차 다 · 鶴 학 학 · 避 피할 피 · 煙 연기 연

〈출처〉 '洗硯魚呑墨 烹茶鶴避煙'은 송宋의 위야魏野의 시이고, '松下烹茶手自分'은 송宋 왕조汪藻의 「차운홍구부次韻洪駒父」에 있다.

〈호대구〉 落日 杏花雨 烝氘火 芳草雨 朝日解消花上露
　　　　 長煙 香火煙 煮茶煙 綠柳煙 春風不散柳間煙

〈문제 36〉 청명淸明 시절에 살구꽃 비 오고,
　　　　 한식寒食 묘원墓園에 향불 연기 나네(煙).

037

風飜白浪花千片 풍번백랑화천편

雁點靑天字一行 안점청천자일행

바람이 흰 물결을 번드치니 꽃잎이 천 조각이고,

기러기가 푸른 하늘을 점점이 나니 글자가 한 줄이네.

A white billow turned by the wind is like a thousand pieces of flowers.

A wild goose dotted on the blue sky is like a row of a letter.

| 구문 해설 |

이 대구문은 '주술목+주술'으로 된 4,3 구조이다. ① 風飜과 雁點은 '주술' 구조
의 대구로 風과 雁이 주어로 대를 하고, 飜과 點이 술어로 대를 한다. ② 白浪과 靑天
은 飜과 點의 목적어로 白과 靑은 색깔로 대를 하여, 명사 대어 浪과 天을 수식한다.
③ 花千片과 字一行은 '주술' 구조의 대구로 花와 字가 주어로 대이고, 千片과 一行
은 명사 술어로 대를 한다. ④ 雁行의 독음이 '안항'은 '상대방의 형제'를 높인 말이
고, '안행'은 '기러기 날아가는 행렬'을 말한다. 行列의 독음이 '항렬'이면 혈족 간
의 代數를, '행렬'이면 여럿이 줄지어 감을 말한다.

| 어휘 |

· 風 바람 풍 · 飜 뒤칠 번 · 浪 물결 랑 · 片 조각 편 · 雁 기러기 안

· 點 점 찍을 점 · 靑 푸를 청 · 天 하늘 천 · 字 글자 자 · 行 다닐 행

〈출처〉 '雁點長空行斷續'은 남송 화가 임춘林椿(생졸년 미상)의 「제영남사題嶺南寺」에,
'一夜飛花千片'은 정약용丁若鏞의 「여몽령如夢令」에 있다.

〈호대구〉 末至 風雲動 雲間坐 隨水到　歌妓柳陰鶯竝坐

先行 日月行 石上行 踏雲行　琴師松逕鶴俱行

〈문제 37〉 옛 바위 말없이 구름 사이에 앉아있고,

맑은 물 무심하게 돌 위를 흘러가네(行).

038

> **龍歸曉洞雲猶濕** 용귀효동운유습
>
> **麝過春山草自香** 사과춘산초자향
>
> 용이 새벽에 동굴로 돌아가니 구름이 오히려 젖고,
>
> 사향노루가 봄에 산을 지나가니 풀이 절로 향기롭네.
>
> As a dragon returns to the cave at dawn, the cloud seems wet.
> As a musk deer passes through a spring mountain, the grass there smells
> fragrant of itself.

| 구문 해설 |

이 대구문은 '주술보(목)+주술'로 된 4,3 구조이다. ① 龍歸와 麝過는 '주술' 구조의 대구로 龍과 麝는 주어로 대이고, 歸와 過는 술어로 대를 한다. 두 술어 사이를 '~하니'로 해석 연결한다. ② 曉洞과 春山은 보어(목적어)로 대를 한다. 曉와 春은 시간 명사로 대를 하고, 洞과 山은 歸와 過의 보어(목적어)로 대를 한다. ③ 雲猶濕과 草自香은 '주부술'의 대구로 雲과 草가 주어로 대이고, 猶와 自는 부사로 대이고, 濕과 香은 술어로 대를 한다.

| 어휘 |

- 龍 용 룡 • 歸 돌아올 귀 • 曉 새벽 효 • 洞 골 동 • 猶 오히려 유
- 濕 젖을 습 • 麝 사향노루 사 • 過 지날 과 • 草 풀 초 • 香 향기 향

〈출처〉 이 시는 허혼許渾(788~860)의 「제최처사산거題崔處士山居」에 있다. '曉洞雲歸濕 春山草木新'은 섭옹葉顒의 「춘청春晴」에 있다.

〈호대구〉 仙氣 蜂蜜味 松花熟 凝寒色 石含萬古天然色
　　　　佛香 燕泥香 竹葉香 動暗香 蘭襲千秋王者香

〈문제 38〉 산창山窓의 설월雪月에 차가운 빛 응기고,
　　　　봄기운 매화에 그윽한 향기 움직이네(香).

176 한시 길잡이

山含落照屛間畵 산함낙조병간화

水泛殘花鏡裏春 수범잔화경리춘

산이 지는 해를 품으니 병풍 사이 그림 같고,

물이 시든 꽃잎을 띄우니 거울 속의 봄 같네.

The sun setting on the mountain looks like a picture on the screens.

The fallen flower floating on the water looks like a spring day in the mirror.

| 구문 해설 |

이 대구문은 '주술목+장소어+명사술어'로 된 4,3 구조이다. ① 山含과 水泛은 '주술' 구조의 대구로 山과 水가 주어로 대를 하고, 含과 泛이 술어로 대를 한다. ② 落照와 殘花는 含과 泛의 목적어로 대를 한다. 落과 殘은 형용사로 대를 하여 명사 대어 照와 花를 수식한다. ③ 屛間畵와 鏡裏春에서 屛間과 鏡裏는 장소어로 대를 한다. 畵와 春은 명사술어로 대를 하여 '~와 같다'로 해석한다. 屛과 鏡은 명사로 대를 하고, 間과 裏는 방향 접미어로 대를 한다.

| 어휘 |

• 含 머금을 함 • 落 떨어질 락 • 照 햇빛 조 • 屛 병풍 병 • 間 사이 간

• 泛 뜰 범 • 殘 쇠잔할 잔 • 鏡 거울 경 • 裏 속 리 • 春 봄 춘

〈출처〉 '回首半山含落照'는 이태李迨의 《월연집月淵集》에, '黃花赤葉屛間畵'는 최명길崔鳴吉의 《지천집遲川集》에, '水泛殘花去'는 소세양蘇世讓의 《양곡집陽谷集》에 있다.

〈호대구〉 麗日 花氣節 雲間月 花逕雨 寒食淸明連夜雨

芳春 鳥聲春 雨後春 草堂春 杏花楊柳滿城春

〈문제 39〉 비단 수놓은 산마다 꽃기운 철이고,

눈 녹은 골짜기마다 새소리 봄이네(春).

春前有雨花開早 춘전유우화개조

秋後無霜葉落遲 추후무상엽락지

봄이 오기 전 비가 내리니 꽃이 일찍 피고,

가을 지난 뒤 서리가 없으니 잎이 늦게 지네.

As it rains before spring, a flower opens early.

As it does not frost after autumn, the leaves fall late.

| 구문 해설 |

이 대구문은 '시간어+술보+주술부'로 된 4,3 구조이다. ① 春前과 秋後는 시간어 대구로 春과 秋는 계절명으로 대를 하고, 前과 後는 시간어로 대를 한다. ② 有雨와 無霜은 '술보' 대구로 有와 無는 반의어 술어로 대를 하고, 雨와 霜은 보어로 대를 한다. 보어는 주어처럼 해석한다. 두 술어 사이를 '~하니'로 해석 연결한다. ③ 花開 早와 葉落遲는 '주술부' 구조의 대구로 花와 葉은 주어로 대를 하고, 開와 落은 술어 로 대를 하고, 早와 遲는 반의어 부사로 대를 한다. ④ 春秋, 前後, 有無, 開落, 早遲 등은 상반된 의미의 두 글자로 대를 하여 표현미가 돋보인다.

| 어휘 |

- 春 봄 춘 · 前 앞 전 · 雨 비 우 · 開 열 개 · 早 일찍 조
- 秋 가을 추 · 後 뒤 후 · 霜 서리 상 · 落 떨어질 락 · 遲 늦을 지

〈출처〉 '地暖花開早 山高鳥度遲'는 이승소李承召의 「가산嘉山」에 있다.

〈호대구〉 蝶早 塵心遠 花開早 鳥飛倦 遇花初發吟詩早

　　　　鶯遲 夏日遲 月上遲 雲過遲 待月將圓把酒遲

〈문제 40〉 조용히 앉아 물소리 들으니 먼지 마음 멀어지고,

　　　　　한가로이 누워 그늘을 탐하니 여름날 느리네(遲).

野色青黃禾半熟 야색청황화반숙

雲容黑白雨初晴 운용흑백우초청

들 색이 청황인 것은 벼가 반쯤 익어서이고,

구름모양이 흑백인 것은 비가 금방 개어서다.

The blue and yellow of a field is because a paddy half opens.

The black and white of a cloud is because a rain stops now.

| 구문 해설 |

이 대구문은 '주술+주부술'로 된 4,3 구조이다. ① 野色과 雲容은 수식 관계의 주어로 대를 한다. 명사 野와 雲이 대를 하여 명사 대어 色과 容을 수식한다. ② 青黃과 黑白은 색깔 형용사 대구로 명사화하여 문장의 주어로 쓰였다. ③ 禾半熟과 雨初晴은 '주부술' 구조의 대구로 禾와 雨가 주어로 대를 하고, 半과 初는 부사로 대를 하고, 熟과 晴은 술어로 대를 한다. ④ 禾가 半熟하고, 雨가 初晴한 것을 원인으로 해서 野色이 青黃하고, 雲容이 黑白으로 보이는 결과가 나온 것이다.

| 어휘 |

- 野 들 야　· 色 빛 색　· 禾 벼 화　· 熟 익을 숙　· 容 얼굴 용
- 黑 검을 흑　· 白 흰 백　· 雨 비 우　· 初 처음 초　· 晴 갤 청

〈출처〉 '雲容黑白雨初收'는 최집균崔集均 시에, '野色青黃稻最肥'는 이색李穡 시에, '野色青黃霜欲下 山雲黑白雨初收'는 임상원任相元의 「추우秋雨」에 있다.

〈호대구〉 將暮　春水漲　鷄催曙　梅欲放　燕子雙飛風乍暖

　　　　乍晴　曉山晴　鵲報晴　雨初晴　桃花半落雨初晴

〈문제 41〉 봄기운이 점점 따뜻하니 매화가 피려 하고,

　　　　아침 해 천천히 떠오르니 비가 처음 개이네(晴).

> **柳爲翠幕鶯爲客** 유위취막앵위객
>
> **花作紅房蝶作郎** 화작홍방접작랑
>
> 버들은 푸른 장막이고 꾀꼬리는 손님이고,
>
> 꽃은 붉은 동방이고 나비는 낭군님이네.
>
> A willow is a blue tent and an oriole is a guest.
>
> A flower is a red bride-room and a butterfly is a bridegroom.

| 구문 해설 |

이 대구문은 '주술보+주술보'의 'A爲(作)B=C爲(作)D'형으로 된 4,3 구조이다. ① 柳爲와 花作은 '주술' 구조의 대구로 柳와 花가 주어이고, 爲와 作은 술어로 '~이다, ~되다' 등으로 해석되고 뒤에 보어를 취한다. ② 翠幕과 紅房은 수식 구조의 보어로 翠와 紅은 색깔로 대를 하여 명사 대어 幕과 房을 수식한다. ③ 鶯爲와 蝶作은 앞의 柳爲와 花作과 같은 구조이다. 客과 郎은 爲와 作의 보어로 대를 한다. ④ 구중에서 같은 '주술보' 구조의 반복으로 구중대를 하여 음송 시에 리듬감이 있도록 하였다. 《추구》에는 '柳幕鶯爲客 花房蝶作郎'이다.

| 어휘 |

· 柳 버들 류 · 爲 할 위 · 翠 푸를 취 · 幕 장막 막 · 鶯 꾀꼬리 앵

· 客 손 객 · 作 지을 작 · 房 방 방 · 蝶 나비 접 · 郎 낭군 랑

〈출처〉 '園葵向日紅房折 庭樹含風翠蓋搖'는 정몽주鄭夢周(1338~1392)의 「석고포목도포사石橋鋪木陶鋪司」에 들어있다.

〈호대구〉 玉女　黃金客　紅顏女　恩情婦　桂樹南山懷隱士

　　　　　仙郎　白玉郎　白面郎　意氣郎　桃花春水羨漁郎

〈문제 42〉 한겨울에 눈을 읊는 홍안의 여인,

　　　　　난세에 글을 탐하는 백면의 사나이(郎).

043

> 白鷺下田千點雪 백로하전천점설
>
> 黃鶯上樹一枝金 황앵상수일지금
>
> 흰 해오라기 밭에 내리니 일천 점의 눈이고,
>
> 노란 꾀꼬리 나무에 오르니 한 가지가 금이네.
>
> The egrets on a farm look like a thousand flakes of snow.
> The oriole on a tree looks like a piece of gold on a branch.

| 구문 해설 |

이 대구문은 '주술보+주어+명사술어' 로 된 4,3 구조이다. ① 白鷺와 黃鶯은 수식 구조의 대구로 주어이다. 白과 黃은 색깔로 대를 하여 조류 대어인 鷺와 鶯을 수식한다. ② 下田과 上樹는 '술보' 의 대구로 下(~에(서) 내리다)와 上(~에 오르다)은 동사 술어로 대를 하고, 田과 樹는 보어로 대를 한다. 上과 下가 명사 앞에서는 동사가 되지만 뒤에 오면 '~위에', '~아래' 라는 방향어가 된다. 예 : 下山, 上陸; 案上, 手下. ③ 千點雪과 一枝金은 '주술' 대구로 千點과 一枝가 주어로 대를 하고, 雪과 金이 명사 술어로 대를 한다.

| 어휘 |

- 鷺 해오라기 로　· 下 내릴 하　· 田 밭 전　· 點 점 점　· 雪 눈 설
- 鶯 꾀꼬리 앵　· 上 오를 상　· 樹 나무 수　· 枝 가지 지　· 金 황금 금

〈출처〉 '帶雪更粧千點雪' 은 이규보李奎報의 「매화梅花」에 있고, '衰鬢競添 千點雪' 은 황준량黃俊良의 「차권송계次權松溪」에 있다.

〈호대구〉 蒼玉　溫如玉　俱白髮　千磨玉　梅花雪褪輕飄玉
　　　　紫金　利斷金　只黃金　百鍊金　楊柳風搖嫩拂金

〈문제 43〉 걱정을 잊어버린 현우도 다 백발이고,
　　　　몸을 편이한 귀천도 단지 황금이다(金).

千竿碧立依林竹 천간벽립의림죽

一點黃飛透樹鶯 일점황비투수앵

천 개의 푸른 대나무가 숲에 기대어 서있고,

한 점 노란 꾀꼬리가 나무를 뚫고 날아다니네.

A thousand poles of blue bamboos stand relying on the forest.

A yellow oriole flies around through a tree.

| 구문 해설 |

이 대구문은 '관형어 · 주어+술보'로 된 3,4 구조이다. ① 이 구문은 '千竿碧竹立依林 一點黃鶯飛透樹'가 정상 어순이나 鶯자가 운자이므로 어순이 도치되어 轉位修飾하고 있다. ② 千竿과 一點이 관형어대로 주어 碧竹과 黃鶯을 수식한다. 千과 一이 숫자로 대를 하고, 竿과 點이 명사로 대를 한다. 碧과 黃이 색깔로 대를 하여 주어 竹과 鶯을 수식한다. ③ 立依林과 飛透樹 '술보' 구조로 立과 飛는 술어로 대를 하고, 依林과 透樹는 보어로 대를 한다. 依林과 透樹는 '술목' 구조의 대구로 앞에 있는 立과 飛를 수식한다. 전위 수식하는 예문 : '仙禽白幾千年鶴 澗樹靑三百丈松'. [金笠 시].

| 어휘 |

　•竿 장대 간　•碧 푸를 벽　•立 설 립　•依 의지할 의　•林 수풀 림

　•竹 대 죽　•點 점 점　•飛 날 비　•透 통할 투　•樹 나무 수

<출처> 이 대구는 송나라 위경지魏慶之의 《시인옥설詩人玉屑》「풍소구법風騷句法」에 있다.

<호대구> 粉蝶　雙飛蝶　將雛燕　橫江鶴　松陰臥對接枝鶴

　　　　　金鶯　百囀鶯　喚友鶯　出谷鶯　柳底行聞隔葉鶯

<문제 44> 붉은 꽃잎 위에 나비 두 마리 날라 다니고,

　　　　　노란 버들가지 사이에 꾀꼬리 요란히 지저귀네(鶯).

白雲斷處見明月 백운단처견명월

黃葉落時聞擣衣 황엽락시문도의

흰 구름 끊어진 곳에 밝은 달이 보이고,

노란 잎 떨어질 때에 다듬이소리 들리네.

Where a white cloud is separated, a bright moon appears.

When a yellow leaf falls, the sound of fulling cloth hears.

| 구문 해설 |

이 대구문은 '부사구(주·술·명)+술주'로 된 4,3 구조이다. ① 白雲과 黃葉은 수식 구조의 대구로 주어이다. 白과 黃은 색깔로 대를 하여 명사 대어 雲과 葉을 수식한다. ② 斷과 落은 술어로 대를 하여, 명사 대어 處와 時를 수식하여 장소와 시간 부사구를 만든다. ③ 見明月과 聞擣衣는 '술주' 구조의 被動 대구로 見(보이다)과 聞(들리다)은 술어로 대를 하고, 明月과 擣衣는 주어로 대를 한다. 혹은 '술목' 구조로 하여 '~을 보고, ~을 듣다'라고 능동으로 해석해도 된다. ④ 明月은 수식 관계이고, 擣衣는 '술목' 관계이므로 바른 대구는 안 된다. 擣는 搗와 뜻이 같다.

| 어휘 |

- 雲 구름 운 · 斷 끊을 단 · 處 곳 처 · 見 볼 견 · 明 밝을 명
- 黃 누를 황 · 落 떨어질 락 · 時 때 시 · 聞 들을 문 · 擣 두드릴 도

〈출처〉 '黃葉落時辭古國 白雲飛處憶慈顔'은 정희량鄭希良의 「우음偶吟」에 있다.

〈호대구〉 天幕　君子帶　同心帶　見飛雁　芳草連天迷去馬

　　　　　地衣　道人衣　連理衣　聞擣衣　楊花如雪撲征衣

〈문제 45〉 재실齋室의 유생들 군자의 허리띠를 하고,

　　　　　임천林泉의 놀이 객들 도인의 옷 입었네(衣).

> 白躑躅交紅躑躅 백척촉교홍척촉
>
> 黃薔薇對紫薔薇 황장미대자장미
>
> 하얀 철쭉이 붉은 철쭉과 섞이고,
>
> 노란 장미가 붉은 장미와 마주하네.
>
> A white rhododendron is mixed with a red rhododendron.
> A yellow rose faces a purple rose.

| 구문 해설 |

이 대구문은 '주어(A)+술어+목적어(A)'로 된 3,1,3 구조이다. ① 白躑躅과 黃薔薇는 주어 대구로 白과 黃은 색깔로 대를 하여 명사 대어 躑躅과 薔薇를 수식한다. ② 躑躅과 薔薇는 두 자가 같은 뜻의 어휘로 구중에서 반복되었다. ③ 交는 躑躅을 白과 紅색으로 대를 하고, 對는 薔薇를 黃과 紫색으로 대를 하였다. ④ 躑躅은 두 글자의 초성 자음이 같은 쌍성관계어(蟋蟀, 邂逅)이고, 薔薇는 두 글자가 동의자 관계어(梧桐, 葡萄)로서 대를 하였다. 027번과 같은 A交A' = B對B' 형이다.

| 어휘 |

- 躑 철쭉 척   · 躅 철쭉 촉   · 交 사귈 교   · 紅 붉을 홍   · 薔 장미 장
- 薇 장미 미   · 黃 누를 황   · 對 대할 대   · 紫 자줏빛 자

- -

〈출처〉 '燕子日長無客到 黃薔薇下戲兒孫'은 서거정徐居正의 「즉사卽事」에 있다.

〈호대구〉 水荇 東海棗 春水鱖 開躑躅 離愁朝雨霑楊柳
　　　　 山薇 西山薇 故山薇 濕薔薇 歸夢春山長蕨薇

〈문제 46〉 따뜻한 날 가벼운 바람에 철쭉꽃 피고,
　　　　　 맑은 안개 가랑비에 장미꽃 젖는다(薇).

紅顏淚濕花含露 홍안루습화함로

素面愁生月帶雲 소면수생월대운

붉은 얼굴에 눈물 젖으니 꽃이 이슬 머금은 듯하고,

하얀 얼굴에 시름 생기니 달이 구름을 띤 듯하네.

A tear-wet red face looks like a flower with dew-drops.

An uneasy white face looks like a moon with a cloud.

| 구문 해설 |

이 대구문은 '장소어+주술+주술목'으로 된 4,3 구조이다. ① 紅顏과 素面은 장소어(~에) 대구로 紅과 素는 색깔로 대를 하여 명사 대어 顏과 面을 수식한다. ② 淚濕과 愁生은 '주술'의 대구로 淚와 愁가 주어로 대를 하고, 濕과 生은 술어로 대를 한다. 두 글을 '~하니'로 해석 연결한다. ③ 花含露와 月帶雲은 '주술목'의 대구로 花와 月은 주어, 含과 帶는 술어, 露와 雲은 목적어로 대를 한다. ④ 눈물은 꽃의 이슬에, 시름은 달의 구름에 비유한 글이다.

| 어휘 |

· 顏 얼굴 안 · 淚 눈물 루 · 濕 젖을 습 · 含 머금을 함 · 露 이슬 로

· 素 흴 소 · 面 낯 면 · 愁 시름 수 · 帶 띨 대 · 雲 구름 운

〈출처〉 '松花含雨落繽粉 一帶靑煙染白雲'은 이숭인李崇仁(1347~1392)의 「제승사제승사題僧舍」에 있다.

〈호대구〉 抱月 江上月 聞吠犬 花洞雨 餘生有恨江流石

　　　　披雲 嶺頭雲 映流雲 石上雲 往事無心岫出雲

〈문제 47〉 달 밝은 마을 가운데 개 짖는 소리 들리고,

　　　　강 맑은 물결 밑에 흐르는 구름 비치네(雲).

風驅江上群飛雁 풍구강상군비안

月送天涯獨去舟 월송천애독거주

바람은 강 위에 떼로 나는 기러기를 몰아내고,

달은 하늘 끝에 홀로 떠가는 배를 전송하네.

The wind drives out a flock of wild-geese flying over the river.

The moon sees a lone boat off floating in the skyline.

| 구문 해설 |

이 대구문은 '주술+장소어+목적어'로 된 2,5 구조이다. ① 風驅와 月送은 '주술' 구조의 대구로 風과 月이 주어로 대이고, 驅와 送은 술어로 대를 하여 목적어(雁과 舟)를 취한다. ② 江上과 天涯는 장소어 대구로 江과 天이 대를 하고, 上과 涯가 방향 접미어로 대를 한다. ③ 群飛와 獨去는 '부술' 구조의 대구로 群과 獨은 부사로 대를 하고, 飛와 去는 술어로 대를 하여 목적어(雁과 舟)를 수식한다. ④ 기본 구조는 '風 驅雁 月送舟'이고 나머지는 수식어다.

| 어휘 |

• 驅 몰 구 • 江 물 강 • 群 무리 군 • 飛 날 비 • 雁 기러기 안 • 送 보낼 송

• 涯 물가 애 • 獨 홀로 독 • 去 갈 거 • 舟 배 주

〈출처〉 이 대구는 신라 박인범朴仁範의 「강행정장준수재江行呈張峻秀才」에 있고, '衆鳥高 飛盡 孤雲獨去閑'은 이백李白(701~762)의 「경정산敬亭山」에 있다.

〈호대구〉 匹馬 飛候鳥 賣魚市 孤飛雁 秋收長天兩明月

虛舟 泊漁舟 採蓮舟 不繫舟 白鷗漁父一扁舟

〈문제 48〉 가을날 푸른 하늘에 철새가 날아가고,

맑은 강 깊은 곳에 고깃배 정박하다(舟).

049

> 月**鉤**蘸水魚驚**釣** 월구잠수어경조
>
> 煙**帳**橫山鳥畏**羅** 연장횡산조외라
>
> 달 갈고리가 물에 잠기니 물고기가 낚시인줄 놀라고,
>
> 연기 장막이 산에 비끼니 새가 그물인줄 겁을 내네.

A hook-like moon submerged in water makes a fish wonder if it is a fishing-hook. A curtain-like smoke across the mountain makes a bird surprised at doubting if it is a net.

| 구문 해설 |

이 대구문은 '주술보+주술보'로 된 4,3 구조이다. ①月鉤와 煙帳은 수식 구조의 대구로 주어이다. 月과 鉤는 명사로 대를 하여 중심어 煙과 帳을 수식한다. ② 蘸水와 橫山은 '술보' 구조의 대구로 蘸과 橫이 술어로 대를 하고, 水와 山이 보어로 대를 한다. 다음에 '~하니'라고 해석 연결한다. ③ 魚驚釣와 鳥畏羅는 '주술목' 구조의 대구로 魚와 鳥는 주어로 대를 하고, 驚과 畏는 술어로 대를 하고, 釣와 羅는 목적어로 대를 한다. 釣와 羅를 의문 어조 '~인가(~인줄) ~하네.'로 해석한다.

| 어휘 |

- 鉤 낚싯바늘 구 · 蘸 담글 잠 · 驚 놀랄 경 · 釣 낚시 조 · 煙 연기 연
- 帳 장막 장 · 橫 비낄 횡 · 畏 두려울 외 · 羅 그물 라

〈출처〉 '風生松夜鳴 火發魚驚遁'은 박은朴誾(1479~1504)의 「장어사교상藏魚寺橋上」에 있다.

〈호대구〉 蛛網 展紅被 金章耀 魚呑餌　靑山粉堞鳴笳鼓
　　　　 雀羅 舞綠羅 玉樹羅 雀避羅　綠水芳洲映綺羅

〈문제 49〉 복숭아꽃 땅에 떨어지니 붉은 이불 편 듯하고,
　　　　　 못물에 바람이 일렁이니 푸른 비단 춤추듯(羅).

050

> 池中荷葉魚兒傘 지중하엽어아산
>
> 梁上蛛絲燕子簾 양상주사연자렴
>
> 연못 속의 연잎은 물고기들의 양산이고,
>
> 대들보 위의 거미줄은 제비들의 발이네.
>
> A lotus leaf in the pond is like a parasol to a young fish.
> A cobweb on the girder is like a bamboo blind to a swallow.

| 구문 해설 |

　이 대구문은 '장소어+주어+명사술어'로 된 4,3 구조이다. ① 池中과 梁上은 장소어 대구로 池와 梁은 명사로 대를 하고, 中과 上은 방향 접미어로 대를 하여 주어로 대를 한 荷葉과 蛛絲를 수식한다. ② 주어 荷葉과 蛛絲는 수식 관계의 대구로 명사 荷와 蛛는 중심어 葉과 絲를 수식한다. ③ 魚兒傘과 燕子簾은 '관형어+명사술어' 구조의 명사술어로 魚兒와 燕子는 관형어로 대를 하여 명사술어로 대를 한 傘과 簾을 수식한다. 兒와 子는 동식물이나 기물의 이름 뒤에 붙는 助字 접미어다. 예 : 鶯兒, 蝶兒, 冊子, 亭子, 燕子.

| 어휘 |

・池 못 지　・荷 연 하　・魚 물고기 어　・兒 아이 아　・傘 양산 산
・梁 들보 량　・蛛 거미 주　・燕 제비 연　・簾 발 렴

〈출처〉'門外棗花落 池中荷葉生'은 명나라 胡奎호규의 「과전가過田家」에 있다.

〈호대구〉翠幕　水晶枕　風生院　搖翠幌　鶯語有時到閑枕
　　　　朱簾　夜明簾　月上簾　入朱簾　花香無碍入疏簾

〈문제 50〉지는 해 물빛이 푸른 장막 흔들고,
　　　　지는 꽃 산색이 붉은 발에 들어오네(簾).

脩竹映波魚怯釣 수죽영파어겁조

垂楊挾道馬驚鞭 수양협도마경편

긴 대가 물결에 비치니 물고기가 낚시인줄 겁내고,

수양버들이 길을 끼고 있으니 말이 채찍인줄 놀라네.

A long bamboo shining on a wave makes a fish wonder if it is a fishing-rod.
A weeping willow sandwiched between the roads makes a horse wonder
if it is a whip.

| 구문 해설 |

이 대구문은 '주술보+주술보'으로 된 4,3 구조이다. 049번과 문장 구조가 같다. ① 脩竹과 垂楊은 수식 구조의 대구로 주어이다. 脩와 垂는 형용사로 대를 하여 명사 대어 竹과 楊을 수식한다. ② 映波와 挾道는 '술보(목)' 구조의 대구로 映과 挾은 술어로 대를 하고, 波와 道를 보(목적)어로 대를 한다. 두 글을 '~하니'로 해석 연결한다. ③ 魚怯釣와 馬驚鞭은 '주술목' 구조의 대구로 魚와 馬가 주어로 대를 하고, 怯과 驚이 술어로 대를 하고, 釣와 鞭이 목적어로 대를 한다.

| 어휘 |

• 脩 길 수 • 映 비칠 영 • 波 물결 파 • 怯 겁낼 겁 • 釣 낚시 조

• 垂 드리울 수 • 楊 버들 양 • 挾 낄 협 • 驚 놀랄 경 • 鞭 채찍 편

〈출처〉'垂楊挾道綠如煙'은 원나라 오존吳存(1257~1339)의 「우제유색雨堤柳色」에 있다.

〈호대구〉蒲劍 桃花馬 黃金勒 琉璃盞 高飛鴻鵠誰能網

　　　竹鞭 楊柳鞭 白玉鞭 玳瑁鞭 疾走驊騮不待鞭

〈문제 51〉나그네가 도화마桃花馬 타고 자맥紫陌(都城)에 돌아오고,

　　　왕이 청삼靑衫(書生)에 양류편楊柳鞭을 보내다(鞭).

052

> 垂柳一村低酒旆 수류일촌저주패
> 平沙兩岸泊漁舟 평사양안박어주
>
> 수양버들 늘어진 마을에 주막 깃발 나직하고,
> 평평한 모래밭 양 언덕에 고깃배가 묵고 있네.
>
> At a village with a weeping willow lowers the flag of a tavern.
> At the shores with flat sands anchors a fishing boat.

| 구문 해설 |

이 대구문은 '관형어+장소어+술주'로 된 4,3 구조이다. ① 垂柳와 平沙는 관형어 대구로 一村과 兩岸을 수식한다. 垂와 平은 형용사로 대를 하여 명사 대어 柳와 沙를 수식한다. ② 一村과 兩岸은 장소어 대구로 一과 兩은 숫자로 대를 하고, 村과 岸은 명사로 대를 한다. ③ 低酒旆와 泊漁舟는 '술주' 구조로 低와 泊이 술어로 대를 하고, 酒旆와 漁舟는 주어로 대를 한다. ④ 低酒旆와 泊漁舟는 '舟'자가 운자이므로 酒旆低와 漁舟泊의 도치형이다. 장소어(부사구)가 문두에 오는 경우 보통 '술어+주어' 어순을 취한다.

| 어휘 |

- 柳 버들 류   • 低 낮을 저   • 酒 술 주   • 旆 기 패   • 沙 모래 사
- 兩 두 량   • 岸 언덕 안   • 泊 배댈 박   • 漁 고기 잡을 어   • 舟 배 주

〈출처〉 '綠盡平沙兩岸林'은 율곡栗谷 이이李珥의 「차이대중운次李大仲韻」에 있다.

〈호대구〉 鳳輦 風生渚 梅花笛 飛塞雁 銀河影倒天垂野
　　　　 龍舟 月在舟 蓮葉舟 泛蘭舟 玉笛聲高月在舟

〈문제 52〉 가을물 가없이 변방 기러기 날고,
　　　　　 푸른 산 다한 곳에 목란주木蘭舟 뜬다(舟).

珠簾半捲迎山影 주렴반권영산영

玉牖初開納月光 옥유초개납월광

　구슬 발을 반만 걷고 산 그림자를 맞이하고,

　옥 들창문을 처음 열고 달빛을 맞아들이네.

Half rolling up a beaded curtain, a person receives a mountain shadow.

First opening a jewel window, a person welcomes a moonlight.

| 구문 해설 |

　이 대구문은 '목부술+술목'으로 된 4,3 구조이다. ① 珠簾과 玉牖는 수식 구조의 대구로 半捲과 初開의 목적어다. 珠와 玉이 대를 하여 명사 대어 簾과 牖를 수식한다. 목적어를 앞에 둔 것은 강조하기 위함이거나 평측 때문이다. ② 半捲과 初開는 '부술' 구조의 대구로 半과 初는 부사로 대를 하여 술어로 대어 捲과 開를 수식한다. ③ 迎山影과 納月光은 '술목' 구조의 대구로 迎과 納은 술어로 대를 하고, 山影과 月光은 목적어로 대를 한다. ④ 山影과 月光은 수식 구조의 대구로 山과 月이 대를 하여 명사 대어 影과 光을 수식한다.

| 어휘 |

　•珠 구슬 주　•簾 발 렴　•捲 말 권　•迎 맞을 영　•影 그림자 영

　•玉 구슬 옥　•牖 창 유　•初 처음 초　•開 열 개　•納 드릴 납

〈출처〉 '珠簾半捲嶺雲垂'는 정을보鄭乙輔(?~1320~?)의 「촉석루矗石樓」에 있다.

〈호대구〉 春色　天生質　煙霞氣　暮山色　花落水流移鬂色

　　　　　秋光　月出光　水月光　秋水光　月明雲散現心光

〈문제 53〉 연꽃이 산뜻함(淡淡)은 하늘이 낳은 바탕이고,

　　　　　가을물 맑음(澄澄)은 달이 내는 빛이네(光).

> **十里松陰濃滿地** 십리송음농만지
>
> **千重岳色翠浮天** 천중악색취부천
>
> 십리에 소나무 그늘이 짙게 땅에 가득하고,
>
> 천 겹 큰 산빛이 파랗게 하늘에 떠있네.
>
> The deep shade of a pine over ten-ri covers the earth.
>
> The blue color of the remote mountains floats on the sky.

| 구문 해설 |

이 대구문은 '관형어+주어+부술보'로 된 4,3 구조이다. ① 十里와 千重은 관형어 대구로 松陰과 岳色을 수식한다. 十과 千은 숫자로 대를 하고, 里와 重은 거리와 두께로 대를 한다. ② 重은 '무겁다, 중하다'이면 측성이나, 여기서는 '거듭, 겹'으로 평성이다. ③ 松陰과 岳色은 수식 관계의 주어로 松과 岳은 대를 하여 중심어 陰과 色을 수식한다. ④ 濃滿地와 翠浮天은 '부술보'의 대구로 濃과 翠는 부사로 대를 하고, 滿과 浮는 술어로 대를 하고, 地와 天은 보어로 대를 한다. 濃과 翠를 명사주어로 하여 해석해도 된다.

| 어휘 |

- 里 마을 리 · 陰 그늘 음 · 濃 짙을 농 · 滿 찰 만 · 重 무거울 중
- 岳 큰 산 악 · 色 빛 색 · 翠 푸를 취 · 浮 뜰 부 · 天 하늘 천

〈출처〉'十里松陰列炬明'은 심언광沈彦光(1487~1540)의 《어촌집漁村集》에 있다.

〈호대구〉 麗日 芳草地 秋水岸 疑無地 舟泊一方秋水岸

　　　　　　　光天 碧雲天 夕陽天 別有天 酒醒無限夕陽天

〈문제 54〉 배가 가을 물 언덕 한때 정박하고,

　　　　　바람이 저녁 빛 하늘에 한없이 분다(天).

055

雨晴海嶠歸雲嫩 우청해교귀운눈

風亂山溪落葉嬌 풍란산계낙엽교

비가 갠 바다 산에 돌아가는 구름 어리고,

바람이 어지러운 산 개울에 지는 잎 곱네.

As the rain stops over the sea mountain, a returning cloud is young.

As the wind blows wildly in the valley, fallen leaves are lovely.

| 구문 해설 |

이 대구문은 '주술+장소어+주술'로 된 4,3 구조이다. ① 雨晴과 風亂은 '주술' 구조의 대구로 雨와 風이 주어로 대이고, 晴과 亂이 술어로 대이다. ② 海嶠와 山溪는 장소어 대구로 海와 山이 대를 하여 명사 대어 嶠와 溪를 수식한다. ③ 歸雲嫩과 落葉嬌는 '주술' 구조의 대구로 歸雲과 落葉이 주어로 대를 하고, 嫩과 嬌가 형용사술어로 대를 한다. ④ 歸雲과 落葉은 수식 구조로 歸와 落이 형용사로 대를 하여 명사 대어 雲과 葉을 수식한다.

| 어휘 |

- 雨 비 우　• 晴 갤 청　• 海 바다 해　• 嶠 산 뾰족할 교　• 嫩 어릴 눈
- 亂 어지러울 난　• 溪 시내 계　• 落 떨어질 락　• 葉 잎 엽　• 嬌 예쁠 교

〈출처〉'雨晴海嶠歸雲懶 風亂山蹊落葉驕'는 안축安軸의《근재집謹齋集》에 있다.

〈호대구〉柳弱　眠鶴逸　鶯歌艶　聲聲慢　珠箔乍開新月好
　　　　　梅嬌　語鶯嬌　蝶舞嬌　步步嬌　綺窓纔拓早梅嬌

〈문제 55〉 눈 고개 고송古松에 잠자는 학 편안하고(逸),
　　　　　강둑 실버들에 지저귀는 꾀꼬리 귀엽네(嬌).

> 春鳥弄春春不怒 춘조농춘춘불노
>
> 曉鷄唱曉曉無言 효계창효효무언
>
> 봄새가 봄을 희롱해도 봄은 성을 내지 않고,
>
> 새벽닭이 새벽을 노래해도 새벽은 말이 없네.
>
> Though a spring bird sports with spring, it doesn't get angry.
> Though a dawn hen calls a dawn, it doesn't answer.

| 구문 해설 |

이 대구문은 '주술목+주술' 로 된 4,3 구조이다. ① 春鳥와 曉鷄는 수식 관계의 대구로 주어이다. 春과 曉는 대를 하여 중심어 鳥와 鷄를 수식한다. ② 弄春과 唱曉는 '술목' 대구로 弄과 唱은 술어로 대를 하고, 春과 曉는 목적어로 대를 한다. ③ 春자와 曉자가 수식어, 주어, 목적어 등으로 3번 반복하여 리듬 효과를 더했다. 두 글을 '~하여도' 라고 해석 연결한다. ④ 春不怒와 曉無言은 '주술' 대구로 春과 曉는 주어로 대를 하고, 不怒와 無言은 술어로 대를 한다. 不자 뒤에는 술어(동사, 형용사)가 오지만, 無자 뒤에는 어떤 품사가 와도 된다.

| 어휘 |

- 春 봄 춘 ・鳥 새 조 ・弄 놀릴 롱 ・不 아니 불 ・怒 성낼 노
- 曉 새벽 효 ・鷄 닭 계 ・唱 부를 창 ・無 없을 무 ・言 말씀 언

〈출처〉 '殘蟾掛樹 曉鷄唱' 은 재호霽湖 양경우梁慶遇(1568~?)의 시이다.

〈호대구〉 蝶夢 君子行 忘年契 渾畵幅 簾外嬌然花欲笑

　　　　禽言 聖人言 知己言 卽琴言 階前唶若石無言

〈문제 56〉 머리 들고 산을 보니 온통 그림 폭이고,

　　　　　바위 앉아 물소리 들으니 곧 거문고 소리네(言).

春庭亂舞尋花蝶 춘정난무심화접

夏院狂歌選柳鶯 하원광가선유앵

봄 마당에서 어지러이 춤추며 꽃을 찾는 나비,

여름 집에서 미친 듯 노래하며 버들 고르는 꾀꼬리.

A butterfly dancing wildly in the spring garden seeks a flower.

An oriole singing madly in the summer house makes a choice of a willow.

| 구문 해설 |

이 대구문은 '장소어+부술+술목+주어'로 된 4,3 구조이다. ① 春庭과 夏院은 수식 관계의 장소어 대구로 春과 夏가 계절 명사로 대를 하고, 庭과 院은 장소어로 대를 한다. ② 亂舞하고 狂歌는 '부술' 구조의 대구로 亂과 狂은 부사로 대를 하여 술어로 대를 한 舞와 歌를 수식한다. ③ 尋花蝶과 選柳鶯은 '술목+주어' 구조로 尋과 選은 술어로 대를 하고, 花와 柳는 목적어로 대를 하여 주어로 대를 한 蝶과 鶯을 수식한다. ④ 이 글은 '蝶亂舞而尋花, 鶯狂歌而選柳'로 함이 정상 어순이지만 鶯자가 운자이므로 어순이 바뀌었다.

| 어휘 |

• 庭 마당 정 • 亂 어지러울 란 • 舞 춤출 무 • 尋 찾을 심 • 蝶 나비 접

• 院 집 원 • 狂 미칠 광 • 選 가릴 선 • 柳 버들 류 • 鶯 꾀꼬리 앵

〈출처〉'香引尋花蝶 聲傳向北鴻'은 박팽년朴彭年의 「춘풍春風」에 있다.

〈호대구〉 雙飛蝶 頻到燕 將雛燕 橫江鶴 深春簾幙家家燕

百囀鶯 自來鶯 喚友鶯 出谷鶯 淸日樓臺樹樹鶯

〈문제 57〉 봄비에 화실(畵堂)로 제비가 자주 날아오고,

봄바람에 꽃다운 나무로 꾀꼬리 절로 날아오네(來).

058

> 松作洞門迎客盖 송작동문영객개
>
> 月爲山室讀書燈 월위산실독서등
>
> 소나무는 마을 문에서 손님을 맞는 가리개 되고,
>
> 달빛은 산집에서 책 읽는데 필요한 등불이 되네.
>
> ---
>
> The pine is a sunshade that receives a guest at the village gate.
>
> The moon is a light that needs to read a book.

| 구문 해설 |

이 대구문은 '주술+보어(장소어+술목명)'의 4,3 구조이다. ① 松作과 月爲는 '주술' 구조의 대구로 松과 月은 주어로 대를 하고, 作과 爲는 술어로 대를 한다. 作과 爲는 '~이 (되)다'는 뜻으로는 보어를 필요로 한다. ② 洞門과 山室은 洞과 山이 대를 하고, 門과 室이 대를 한 장소어다. 장소어를 문두에 내어 '洞門松作迎客盖와 山室月爲讀書燈'으로 하는 것이 바른 어순이나 평측 관계로 바뀌었다. ③ 迎客盖와 讀書燈은 '술목명' 구조의 대구로 迎과 讀이 술어로 대를 하고, 客과 書가 목적어로 대를 하고, 盖와 燈은 명사보어로 대를 한다.

| 어휘 |

- 松 솔 송 · 作 지을 작 · 洞 골 동 · 客 손 객 · 盖 덮을 개
- 爲 될 위 · 室 집 실 · 讀 읽을 독 · 書 글 서 · 燈 등잔 등

〈출처〉 '長日閉門迎客懶'는 남용익南龍翼(1628~1692)의 《호곡집壺谷集》에 있다.

〈호대구〉 白雙鬢 穿雲磬 松下鶴 花村鼓 金璧樓臺臨綠水

　　　　 靑一燈 隔水燈 竹間燈 酒市燈 玉人歌舞映紅燈

〈문제 58〉 인간만사는 하얀 두 귀밑털이고,

　　　　 달빛 아래 오경五更에 푸른 등 하나네(燈).

松含雪裏靑春色 송함설리청춘색

竹帶風前細雨聲 죽대풍전세우성

소나무는 눈 속에서 푸른 봄빛을 머금고,

대나무는 바람 앞에서 가는 빗소리를 띠네.

A pine wears a color of youth even in the snow.

A bamboo sends a sound of a drizzle in front of the wind.

| 구문 해설 |

이 대구문은 '주술+장소어+목적어'로 된 2,5 구조이다. 048번과 구조가 같다. ① 松含와 竹帶는 '주술' 구조의 대구로 松과 竹이 주어로 대이고, 含과 帶는 술어로 대이다. ② 雪裏와 風前은 장소어 대구로 雪과 風이 기상어로 대를 하고, 裏와 前은 방향 접미어로 대를 한다. 장소어가 문두에 와서 '雪裏松含靑春色, 風前竹帶細雨聲'이 바른 어순이나 평측 관계로 바뀌었다. ③ 靑春色과 細雨聲은 수식 구조로 靑春과 細雨가 대를 하여 명사 대어 色과 聲을 수식한다. 시각과 청각을 잘 활용한 글이다.

| 어휘 |

- 松 솔 송   · 含 머금을 함   · 雪 눈 설   · 靑 푸를 청   · 色 빛 색
- 帶 띨 대   · 風 바람 풍   · 細 가늘 세   · 雨 비 우   · 聲 소리 성

〈출처〉'分手殘花色 關心細雨聲'은 김종후金鍾厚의《본암집本庵集》에 있다.

〈호대구〉春風意 桃花氣 只山色 孤帆影 唫裏碧山朝暮色

曉雨聲 杜宇聲 多水聲 一雁聲 琴中流水古今聲

〈문제 59〉 서당 자리에 드니 단지 산색山色뿐이고,

산각山閣 문을 나서니 물소리 많네(聲).

060

> **石床潤極琴絃緩** 석상윤극금현완
>
> **水閣寒多酒力微** 수각한다주력미
>
> 돌 평상에 윤기가 심하니 거문고 줄이 느슨하고,
>
> 물가 집에 추위가 심하니 술의 힘이 미미하네.
>
> As the gloss on a stone bed disappears, the strings of Korean harp become loose. As the cold gets severe on the water arbor, the influence of liquor becomes little.

| 구문 해설 |

　이 대구문은 '장소어+주술+주술'로 된 4,3 구조이다. ① 石床과 水閣은 수식 구조의 장소어 대구이다. 명사 石과 水는 대를 하여 중심 대어 床과 閣을 수식한다. ② 潤極과 寒多는 '주술' 구조의 대구로 潤과 寒이 주어이고, 極과 多는 형용사술어이다. 두 글 사이를 '~하니'라고 해석 연결한다. ③ 琴絃緩과 酒力微는 '주술' 관계의 대구로 琴絃과 酒力이 주어로 대를 하고, 緩과 微는 형용사술어로 대를 한다. 琴絃과 酒力은 수식 구조로 琴과 酒가 대를 하여 대어 絃과 力을 수식한다.

| 어휘 |

　•床 평상 상　•潤 윤기 윤　•極 심할 극　•絃 줄 현　•緩 느릴 완
　•閣 큰집 각　•寒 찰 한　•酒 술 주　•力 힘 력　•微 작을 미

〈출처〉 '高柳多風水閣寒'은 홍세태洪世泰(1653~1725)의 《유하집柳下集》에 있고, '幽夢初回酒力微'는 김안국金安國(1478~1543)의 《모재집慕齋集》에 있다.

〈호대구〉 春露重　孤村隱　經雨乍　春水闊　楊柳樓臺風淡蕩
　　　　　午風微　遠樹微　帶風微　夕陽微　杏花村落雨霏微

〈문제 60〉 어제 버들이 잠시 비를 맞으며 졸았고,
　　　　　오늘 아침 꽃이 바람 띠고 살며시 웃었다(微).

> 露凝垂柳千絲玉 노응수류천사옥
>
> 日映長江萬頃金 일영장강만경금
>
> 이슬이 수양버들에 엉기니 실실이 옥색이고,
>
> 햇살이 긴 강물에 비치니 이랑이랑 금빛이네.

The dew frozen on the weeping willow looks like a jewel of thousand threads. The sunshine shining on the long river looks like a gold of ten thousand ridges.

| 구문 해설 |

이 대구문은 '주술보+명사술어' 로 된 4,3 구조이다. ① 露凝과 日映은 '주술' 구조의 대구로 露와 日이 주어로 대이고, 凝과 映이 술어로 대이다. ② 凝과 映의 보어인 垂柳와 長江은 수식 구조의 대구로 垂와 長이 형용사로 대를 하여 명사 대어 柳와 江을 수식한다. 두 글 사이를 '~하니' 라고 해석 연결한다. ③ 千絲玉과 萬頃金은 명사술어 대구로 千絲와 萬頃이 의미상 주어로 대를 하고, 玉과 金은 술어로 대를 한다. 千과 萬은 수의 대어로 많은 수를 나타낸다.

| 어휘 |

- 露 이슬 로 　• 凝 엉길 응 　• 垂 드리울 수 　• 柳 버들 유 　• 玉 구슬 옥
- 映 비출 영 　• 長 길 장 　• 江 물 강 　• 萬 일만 만 　• 頃 이랑 경

〈출처〉 '垂柳千絲春色多' 는 남용익南龍翼(1628~1692)의 《호곡집壺谷集》에 있고, '日落平波萬頃金' 은 택당澤堂 이식李植(1584~1647)의 《사우정집四雨亭集》에 있다.

〈호대구〉 積玉　千磨玉　和露玉　麒麟玉　春後絮飛三逕雪
　　　　 鋪金　百鍊金　化沙金　孔雀金　月中魚躍一池金

〈문제 61〉 비가 개이니 마당에 기린 옥을 늘어놓고,
　　　　　 바람이 자니 병풍에 공작금을 펼친다(金).

062

> 花塢題詩香惹筆 화오제시향야필
>
> 月庭彈瑟冷侵絃 월정탄슬냉침현
>
> 꽃핀 언덕에서 시를 지으니 향기가 붓을 이끌고,
>
> 달빛 뜰에서 비파를 타니 냉기가 줄에 들어오네.
>
> As a person writes a poem on the flowery hill, the fragrance pulls a pen.
> As a person plays the lute at the moonlit garden, the cold penetrates into
> the string.

| 구문 해설 |

이 대구문은 '장소어+술목+주술목'으로 된 4,3 구조이다. ① 花塢와 月庭은 수식 관계의 장소어 대구로 花와 月이 대를 하여 중심어 塢와 庭을 수식한다. ② 題詩와 彈瑟은 '술목' 구조의 대구로 題와 彈이 술어로 대이고, 詩와 瑟이 목적어로 대이다. 두 글 사이를 '~하니'로 해석 연결한다. ③ 香惹筆과 冷侵絃은 '주술목' 구조의 대 구로 香과 冷이 주어로 대이고, 惹와 侵이 술어로 대이고, 筆과 絃은 목적어로 대이 다. ④ 이 대구는 黃眞伊의 시 '流水和琴冷 梅花入笛香'을 연상시킨다.

| 어휘 |

- 塢 언덕 오 • 題 지을 제 • 惹 이끌 야 • 筆 붓 필 • 庭 마당 정
- 彈 탈 탄 • 瑟 거문고 슬 • 冷 찰 냉 • 侵 침노할 침 • 絃 악기줄 현

〈출처〉 '題詩香繞筆 把酒冷侵杯'는 홍여하洪汝河(1620~1674)의《목재집木齋集》에 있다.

〈호대구〉 翠管 蕭史管 通別味 瑤池宴 簾外靑山宗炳畫
朱絃 伯牙絃 聽無絃 錦瑟絃 門前流水伯牙絃

〈문제 62〉 가죽나무 잎은 산중에서 별미로 통하고,
대나무 소리는 달빛 아래서 줄 없이도 들리네(絃).

063

> <u>風引</u>鐘聲<u>來遠洞</u> 풍인종성래원동
> <u>月驅</u>詩興<u>上高樓</u> 월구시흥상고루
>
> 바람이 종소리를 데리고 먼 마을에 들어오고,
> 달빛이 시흥을 몰고 높은 누각 위에 올라오네.
>
> The wind leads the sound of a bell and comes to the far village.
> The moon drives the pleasure of composing a poem and ascends the tower.

| 구문 해설 |

이 대구문은 '주술목+술보'로 된 4,3 구조이다. ① 風引鐘聲과 月驅詩興은 '주술목' 구조의 대구로 風과 月은 주어로 대를 하고, 引과 驅는 술어로 대를 하고, 鐘聲과 詩興은 목적어로 대를 한다. ② 鐘聲과 詩興은 수식 구조의 대구로 鐘과 詩는 대를 하여 중심어 聲과 興을 수식한다. ③ 來遠洞과 上高樓는 '술보' 구조의 대구로 來와 上이 술어로 대를 하고, 遠洞과 高樓는 장소어 보어로 대를 한다. ④ 이 대구의 주어는 風과 月이고, 동사는 각각 두 개로 引과 來, 驅와 上이다. 두 동사 사이를 '~하고 ~하다'로 해석 연결한다.

| 어휘 |

- 引 끌 인 · 鐘 종 종 · 聲 소리 성 · 遠 멀 원 · 洞 골 동
- 驅 몰 구 · 興 흥 흥 · 上 오를 상 · 高 높을 고 · 樓 다락 루

〈출처〉 '風引鐘聲近'은 어유봉魚有鳳(1672~1744)의 「춘야春夜」에 있다.

〈호대구〉 月殿 千間廈 山中寺 頻中酒 雁歸塞北春生水
　　　　　雲樓 百尺樓 水上樓 不下樓 人在江南月滿樓

〈문제 63〉 봄바람에 꽃이 떨어지니 자주 술에 취하고,
　　　　　가을비에 산이 푸르니 누각을 내려오지 않네(樓).

> **拂石坐來衫袖冷** 불석좌래삼수냉
>
> **踏花歸去馬蹄香** 답화귀거마제향
>
> 돌바닥을 쓸고 앉으니 옷소매가 서늘하고,
>
> 꽃을 밟고 돌아가니 말발굽이 향내 나네.

> When I sweep and sit down on the stone, a sleeve gets cool.
>
> When I step on the flower and return, a horse-hoof smells sweet.

| 구문 해설 |

이 대구문은 '술목+술어+주술'로 된 4,3 구조이다. ① 拂石과 踏花는 '술목' 구조의 대구로 拂과 踏은 술어로 대를 하고, 石과 花는 목적어로 대를 한다. ② 坐來와 歸去는 술어 대구로 來와 去는 반대어이나 來자는 조사로 특별한 뜻이 없다. 두 글 사이를 '~하고 ~하니'로 해석 연결한다. ③ 衫袖冷과 馬蹄香은 '주술' 구조의 대구로 衫袖와 馬蹄가 주어로 대를 하고, 冷과 香은 형용사술어로 대를 한다. ④ 衫袖와 馬蹄는 수식 관계 대구로 명사 衫과 馬가 대를 하여 중심어 袖와 蹄를 수식한다.

| 어휘 |

- 拂 떨칠 불　· 石 돌 석　· 坐 앉을 좌　· 衫 적삼 삼　· 袖 소매 수
- 冷 찰 랭　· 踏 밟을 답　· 馬 말 마　· 蹄 굽 제　· 香 향기 향

〈출처〉 이 글은 송宋나라 하문何汶(1196~1206)의 《죽장시화竹莊詩話》 권24에 있고, 고시古詩에 보인다.

〈호대구〉 石翠　懷夢草　雪牙淨　常思酒　庭中竹月千尋影
　　　　　泉香　返魂香　石髮香　未感香　座上花風百和香

〈문제 64〉 달빛에서 시를 읊으니 언제나 술이 생각나고,
　　　　　꽃 속에서 마음이 취하니 향기를 못 느끼네(香).

065

> 村逕繞山松葉滑 촌경요산송엽활
> 柴門臨水稻花香 시문임수도화향
>
> 마을길이 산을 돌아가니 솔잎이 미끄럽고,
> 사립문이 물가에 있으니 벼꽃 냄새가 나네.
>
> As a village road surrounds a mountain, a pine leaf is sleepy.
> As a brushwood gate faces water, a rice flower smells fragrant.

| 구문 해설 |

이 대구문은 '주술목+주술'로 된 4,3 구조이다. ① 村逕과 柴門은 수식 구조의 주어로 村과 柴가 대를 하여 명사 대어 逕과 門을 수식한다. ② 繞山과 臨水는 '술목' 구조의 대구로 繞와 臨은 술어로 대를 하고, 山과 水는 목적어로 대를 한다. 두 글 사이를 '~하니'로 해석 연결한다. ③ 松葉滑과 稻花香은 '주술' 구조의 대구로 松葉과 稻花가 주어로 대를 하고, 滑과 香은 술어로 대를 한다. ④ 松葉과 稻花, 村逕과 柴門은 '명+명' 구조로 '主從' 관계 혹은 수식 관계의 어휘이다. 즉 앞 명사가 主語가 되고 뒤 명사가 從語가 된다. 혹은 앞 명사가 뒤 명사를 단순히 수식하는 것으로 보아도 된다.

| 어휘 |

- 村 마을 촌　• 逕 지름길 경　• 繞 두를 요　• 松 솔 송　• 葉 잎 엽
- 滑 미끄러울 활　• 柴 섶 시　• 門 문 문　• 稻 벼 도　• 香 향기 향

〈출처〉 '柴門臨水稻花香'은 왕안석의 《당백가시선唐百家詩選》 권16에 있다.

〈호대구〉 露滑　絃管沸　屈宋艶　從鷺影　詩客夢俱楓葉冷
　　　　　泥香　綺羅香　班馬香　醉花香　隱人名共菊花香

〈문제 65〉 어로漁老가 낚시가 한가하니 백로 그림자 좇고,
　　　　　촌아이가 나물 캐기 나른해 꽃향기에 취하네(香).

山月入松金破碎 산월입송금파쇄

江風吹水雪崩騰 강풍취수설붕등

산달이 소나무에 드니 황금빛이 부서지고,

강바람이 물에 부니 흰 눈이 흩날리네.

As the moon on a mountain enters a pine tree, a golden color is smashed.

As the wind on a river blows over water, a white snow is scattered.

| 구문 해설 |

이 대구문은 '주술보+주술'로 된 4,3 구조이다. ① 山月과 江風은 수식 관계의 대구로 주어이다. 山과 江이 대를 하여 중심어 月과 風을 수식한다. ② 入松과 吹水는 '술보' 구조의 대구로 入과 吹는 술어로 대를 하고, 松과 水는 장소 보어(~에)로 대를 한다. ③ 金破碎와 雪崩騰은 '주술' 구조의 대구로 (黃)金과 (白)雪은 주어로 대를 하고, 破碎와 崩騰은 술어로 대를 한다. 破碎는 '깨어져 부스러지다'이고, 崩騰은 '오르락내리락 흩날리다'이다.

| 어휘 |

· 山 뫼 산 · 月 달 월 · 入 들 입 · 松 소나무 송 · 破 깰 파 · 碎 부술 쇄

· 吹 불 취 · 水 물 수 · 崩 무너질 붕 · 騰 오를 등

⟨출처⟩ 이 연구는 송나라 왕안석王安石(1021~1086)의 《임천문집臨川文集》에 있다. '山月 入松金破碎 江風吹水雪奔騰'은 《어선송시御選宋詩》에 있다.

⟨호대구⟩ 嶽秀 天風下 空遠近 水聲走 萍水有緣猶合聚

波騰 海日騰 自飛騰 山勢騰 楊花無力尙飛騰

⟨문제 66⟩ 아침저녁 강과 산은 공연히 멀다 가깝고,

예나 지금 해와 달은 저절로 날아오르네(騰).

青山繞屋雲生榻 청산요옥운생탑

碧樹低窓露滴簾 벽수저창로적렴

푸른 산이 집을 두르니 평상에서 구름이 피어나고,

푸른 나무가 창문에 숙이니 발에서 이슬이 떨어지네.

As a blue mountain encloses a house, a cloud arises from a bench.
As a blue tree lowers a window, a dew drops from a bamboo-blind.

| 구문 해설 |

이 대구문은 '주술목+주술보'로 된 4,3 구조이다. ① 青山과 碧樹는 수식 구조의 주어 대구로 青과 碧은 색깔로 대를 하여, 명사 대어 山과 樹를 수식한다. ② 繞屋과 低窓은 '술목' 구조의 대구로 繞와 低(고개 숙이다)는 술어로 대를 하고, 屋과 窓은 목적어로 대를 한다. 두 글 사이를 '~하니 ~하다'로 해석하여 앞뒤 글이 인과 관계임을 나타낸다. ③ 雲生榻과 露滴簾은 '주술보' 구조의 대구로 기상어 雲과 露가 주어로 대를 하고, 生과 滴이 술어로 대를 하고, 榻과 簾이 보어(~에서)로 대를 한다.

| 어휘 |

· 繞 두를 요 · 屋 집 옥 · 雲 구름 운 · 榻 걸상 탑 · 碧 푸를 벽

· 低 낮을 저 · 窓 창 창 · 露 이슬 로 · 滴 물방울 적 · 簾 발 렴

〈출처〉 이 대구는 이규보李奎報(1168~1241)의 「방족암령수좌訪足庵聆首座」에 있다. '把酒雲生榻'은 남용익南龍翼(1628~1692)의 《호곡집壺谷集》에 들어 있다.

〈호대구〉 月幌 雲母帳 珊瑚架 生玉露 花陰過午仍高枕

風簾 水晶簾 翡翠簾 上珠簾 山色送青不下簾

〈문제 67〉 하룻밤 가을바람에 옥 같은 이슬 드리우고,

삼경의 밝은 달이 구슬발에 오르네(簾).

粧閣美人雙鬢綠 장각미인쌍빈록

詠花公子一脣香 영화공자일순향

집을 단장하는 미인은 귀밑머리가 파랗고,

꽃을 노래하는 공자는 입술에서 향기가 나네.

Both sideburns of a beauty who decorates a house is green.

The lip of a young prince who recites a flower smells sweet.

| 구문 해설 |

이 대구문은 '관형어(술목명)+주술'로 된 4,3 구조이다. ① 粧閣과 詠花는 '술목' 구조의 대구로 粧과 詠은 술어로 대를 하고, 閣과 花는 목적어로 대를 하여 美人과 公子를 수식한다. ② 美人과 公子는 사람 대구로 雙鬢과 一脣을 소유한 주체이다. 따라서 雙鬢과 一脣을 소유한 美人과 公子는 주어가 됨으로 美人之雙鬢이고 公子之一脣이다. ③ 綠과 香은 형용사술어로 대를 한다. 雙과 一은 숫자로 대를 하고, 鬢과 脣은 명사로 대를 한다. ④ 美人과 公子, 雙鬢과 一脣, 綠과 香은 好對이다.

| 어휘 |

- 粧 단장할 장 · 閣 누각 각 · 美 아름다울 미 · 鬢 살쩍 빈 · 綠 초록빛 록
- 詠 읊을 영 · 花 꽃 화 · 公 공평할 공 · 脣 입술 순 · 香 향기 향

〈출처〉'君猶雙鬢綠 我已兩眸昏'은 이색李穡의 《목은시고牧隱詩稿》에 있다.

〈호대구〉丹液 燭暈 仙仗彩 草莖舞 酒痕勝借山蔘力

　　　　墨香 樽香 御爐香 松葉香 花氣疑含海墨香

〈문제 68〉바람이 길 위에 부니 풀줄기 춤추고,

　　　　달이 산간에 머무니 솔잎이 향기 나네(香).

069

香入珠簾花滿院 향입주렴화만원

色當金壁月生雲 색당금벽월생운

향기가 주렴에 들어옴은 뜰에 꽃이 가득해서고,

빛이 금벽에 당도함은 구름에서 달이 생겨서다.

As a garden is filled with a flower, the fragrance enters the beaded hanging screen. As a bright moon rises from the cloud, the light reaches the golden wall.

| 구문 해설 |

이 대구문은 '주술보+주술보'로 된 4,3 구조이다. 049번과 구조가 같다. ① 香入과 色當은 '주술' 구조의 대구로 香과 色이 주어로 대이고, 入과 當이 술어로 대이다. ② 珠簾과 金壁은 수식 구조의 대구로 珠와 金이 형용사로 대를 하여 명사 대어 簾과 壁을 수식한다. 珠簾과 金壁은 入과 當의 보어로 대를 한다. ③ 花滿院과 月生雲은 '주술보' 구조의 대구로 花와 月이 주어로 대를 하고, 滿과 生이 술어로 대를 하고, 院과 雲은 출처를 나타내는 보어로 대를 한다. ④ 花滿院과 月生雲은 香入과 色當의 원인이 되므로 이 대구문은 果因文이다.

| 어휘 |

· 香 향기 향　· 珠 구슬 주　· 簾 발 렴　· 滿 찰 만　· 院 담 원

· 色 빛 색　· 當 당할 당　· 壁 벽 벽　· 生 날 생　· 雲 구름 운

〈출처〉 '浥露春花滿院香'은 김집金集(1574~1656)의 「차구봉운次龜峰韻」에 있다.

〈호대구〉 步月　金莖露　歎日月　猿啼月　花繁滿地香成海

　　　　乘雲　玉葉雲　待風雲　犬吠雲　松鬱參天影勝雲

〈문제 69〉 백수는 공연히 슬퍼하며 일월을 한탄하고,

　　　　청년은 크게 참고 풍운을 기다린다(雲).

> **庭畔脩篁篩月影** 정반수황사월영
>
> **門前細柳帶霜痕** 문전세류대상흔
>
> 마당가의 긴 대나무는 달그림자를 체질하고,
>
> 문 앞의 가는 버들은 서릿발을 띠고 있네.
>
> The tall bamboo beside the garden sieves the moon shadow.
> The slender weeping willow in front of the gate wears a rime-frost.

| 구문 해설 |

이 대구문은 '장소어+주술목'으로 된 4,3 구조이다. ① 庭畔과 門前은 장소어 대구로 庭과 門이 명사로 대를 하고, 畔과 前이 방향 접미어로 대를 한다. ② 脩篁과 細柳는 수식 구조의 주어대구로 脩와 細는 형용사로 대를 하여 명사 대어 篁과 柳를 수식한다. ③ 篩月影과 帶霜痕은 '술목' 구조의 대구로 篩과 帶는 술어로 대를 하고, 月影과 霜痕은 목적어로 대를 한다. ④ 月影과 霜痕은 수식 관계 어휘로 月과 霜이 대를 하여 명사 대어 影과 痕을 수식한다.

| 어휘 |

- 畔 물가 반 · 脩 길 수 · 篁 대숲 황 · 篩 체질 사 · 影 그림자 영
- 細 가늘 세 · 柳 버들 류 · 帶 띨 대 · 霜 서리 상 · 痕 흔적 흔

〈출처〉 '驛樹帶霜痕'은 정약용丁若鏞의 「신진사지申進士至」에 들어 있다.

〈호대구〉 石氣 煙霞氣 森羅象 無人跡 睡中午枕聞花氣

　　　　苔痕 雨露痕 剪刻痕 有月痕 醒後春衫見酒痕

〈문제 70〉 마음을 감동하는 흰 눈에는 사람 발자취 없고,

　　　　눈을 매혹하는 붉은 매화에는 달 흔적 있네(痕).

071

輕揭畵簾容乳燕 경게화렴용유연
暗垂珠淚送情人 암수주루송정인

그림 같은 발을 살짝 들어 어미 제비 들게 하고,

구슬 같은 눈물 몰래 흘리며 정든 임을 보내네.

Lightly lifting the splendid curtain, I let a nursing swallow enter.

Secretly dropping tears of a gem, I see a lover off.

| 구문 해설 |

이 대구문은 '부술목+술목'으로 된 4,3 구조이다. ① 輕揭와 暗垂는 '부술' 구조의 대구로 輕(살짝, 가볍게)과 暗(몰래)은 부사로 대를 하고, 揭와 垂는 술어로 대를 한다. ② 揭와 垂의 목적어인 畵簾과 珠淚는 수식 구조의 대구로 畵와 珠는 미와 형상을 나타내는 관형어(~같은)로 대를 하여 명사 대어 簾과 淚를 수식한다. ③ 容乳燕과 送情人은 '술목' 구조로 容(허용하다)과 送(보내다)은 술어로 대를 하고, 乳燕과 情人은 목적어로 대를 한다. 乳燕은 젖먹이는 제비, 또는 새끼 제비를 이른다.

| 어휘 |

・輕 가벼울 경 ・揭 들 게 ・畵 그림 화 ・容 용납할 용 ・乳 젖 유
・燕 제비 연 ・暗 어두울 암 ・淚 눈물 루 ・送 보낼 송 ・情 뜻 정

〈출처〉 '暗垂珠淚郎不知'는 최경창崔慶昌의「동작기사銅雀妓詞」에 있다.

〈호대구〉 才子 心中士 紅袖妓 如過客 千里湖山逢勝地
　　　　　美人 萬里人 白衣人 孰主人 百年風月屬閑人

〈문제 71〉 꿈속에 해와 달은 지나가는 나그네 같고,
　　　　　그림 안의 강과 산은 누가 주인인가?(人)

072

> **鬟插玉梳新月曲** 환삽옥소신월곡
>
> **眼含珠淚曉花濃** 안함주루효화농
>
> 쪽 머리에 옥 얼레빗 꽂으니 초승달 굽은 듯하고,
>
> 눈에 구슬 눈물 머금으니 새벽 꽃 이슬 맺힌 듯.
>
> A braided hair put on a comb looks like a curved crescent.
>
> Eyes filled with tears of a gem look like a wet dawn flower.

| 구문 해설 |

이 대구문은 '주술목+주술'로 된 4,3 구조이다. ① 鬟插과 眼含은 구조상으로 '주술'로 鬟과 眼이 주어로 대를 하고, 插과 含이 술어로 대를 한다. 하지만 鬟과 眼을 장소어로 하여 '~에'라고 해석한다. ② 玉梳와 珠淚는 수식 구조의 대구로 插과 含의 목적어다. 玉과 珠는 소재와 형상을 나타내는 관형어로 대를 하여, 명사 대어 梳와 淚를 수식한다. 두 글 사이를 '~하니'로 해석 연결한다. ③ 新月曲과 曉花濃은 '주술' 구조의 대구로 新月과 曉花는 수식 구조의 주어로 대를 하고, 曲과 濃은 형용사술어로 대를 한다.

| 어휘 |

- 鬟 쪽머리 환 · 插 꽂을 삽 · 梳 빗 소 · 曲 굽을 곡 · 眼 눈 안
- 含 머금을 함 · 淚 눈물 루 · 曉 새벽 효 · 花 꽃 화 · 濃 이슬 맺힐 농

〈출처〉 '遠山橫似障 新月曲如眉'는 서거정徐居正의 「도촌가도촌가到村家」에 있다.

〈호대구〉 酒熟 春風轉 無深淺 江霧濕 溪聲氷雪消初滑
　　　　　香濃 曉靄濃 有淡濃 野雲濃 山色煙霞映復濃

〈문제 72〉 강 빛은 달이 가득하니 깊고 얕음이 없고,
　　　　　산색은 구름이 옮기니 묽고 짙음이 있네(濃).

垂柳綠均鶯返囀 수류녹균앵반전

群林紅盡雁廻聲 군림홍진안회성

수양버들의 푸른색이 고르니 꾀꼬리 돌아오며 울고,

많은 숲의 붉은색 다되니 기러기 돌아오며 소리 내네.

As the green of a weeping willow is all alike, an oriole returns and sings.
As the red of a forest is gone, a wild goose sends a returning sound.

| 구문 해설 |

이 대구문은 '관형어+주술+주술' 로 된 4,3 구조이다. ① 垂柳와 群林은 수식 구조
의 관형어 대구로 垂와 群은 형용사로 대를 하여 명사 대어 柳와 林를 수식한다. ②
綠均과 紅盡은 '주술' 구조의 대구로 색깔 명사주어 綠과 紅은 주어로 대를 하고, 均
과 盡은 술어로 대를 한 다음 '~하니' 라고 해석 연결한다. ③ 鶯返囀과 雁廻聲은 '주
술' 구조의 대구로 鶯과 雁이 주어로 대를 하고, 返囀과 廻聲이 술어로 대를 한다. ④
返囀과 廻聲은 '술술' 구조로 '~하면서 ~하다' 로 해석된다. 返과 廻는 같은 뜻이나
평측이 다르다.

| 어휘 |

· 柳 버들 류 · 綠 푸를 록 · 均 고를 균 · 鶯 꾀꼬리 앵 · 返 돌아올 반

· 囀 지저귈 전 · 群 무리 군 · 盡 다할 진 · 雁 기러기 안 · 廻 돌 회

〈출처〉 '官牆垂柳綠絲絲' 는 황윤석黃胤錫(1729~1791)의 「영관류詠官柳」에 있다.

〈호대구〉 花影 碧山色 千花氣 沽酒興 樽前月影兼花影

　　　　 竹聲 流水聲 百鳥聲 賣花聲 樓上歌聲又笛聲

〈문제 73〉 화가畵家 눈썹 위에는 산빛이 푸르고,

　　　　　 가객歌客 가슴속에는 물소리 흐르네(聲).

糝逕楊花鋪白氈 삼경양화포백전

點溪荷葉疊靑錢 점계하엽첩청전

길에 뿌려진 버들개지는 흰 담요를 깔은 듯하고,

개울에 점을 찍은 연잎은 푸른 돈을 포갠 듯하네.

The willow catkins scattered on the road look like spreading a white blanket. The lotus leaf dotted on the stream looks like heaping up a blue copper coin.

| 구문 해설 |

이 대구문은 '술보+주술목'으로 된 4,3 구조이다. ① 糝逕과 點溪는 '술보' 구조의 대구로 糝과 點은 술어로 대를 하고, 逕과 溪는 보어로 대를 하여, 楊花와 荷葉을 수식한다. ② 楊花와 荷葉은 수식 관계의 주어 대구로 楊과 荷는 대를 하여 명사 대어 花와 葉을 수식한다. ③ 鋪白氈과 疊靑錢은 '술목' 구조의 대구로 鋪와 疊은 술어로 대를 하고, 白氈과 靑錢은 목적어로 대를 한다. 白과 靑은 색깔로 대를 하여 명사 대어 氈과 錢을 수식한다.

| 어휘 |

• 糝 섞일 삼　• 逕 소로 경　• 楊 버들 양　• 鋪 펼 포　• 氈 모전 전

• 點 점 찍을 점　• 溪 시내 계　• 荷 연 하　• 疊 포갤 첩　• 錢 돈 전

〈출처〉 이 시는 두보杜甫(712~770)의 「절구만흥絶句漫興」에 있다. '粘逕楊花鋪白氈 點溪荷葉疊靑錢'은 성해응成海應(1760~1839)의 「서화잡식書畵雜識」에 있다.

〈호대구〉 金粟　三千卷　花似繡　無遺跡　斗米山村堪比玉

　　　　　玉錢　百萬錢　葉如錢　不用錢　尺魚江市不論錢

〈문제 74〉 따뜻한 봄 흰 눈은 흔적을 남기지 않고,

　　　　　밝은 달 맑은 바람은 돈을 쓰게 않는다(錢).

春色每留階下竹 춘색매류계하죽

雨聲長在檻前松 우성장재함전송

　봄빛은 늘 섬돌 아래 대나무에 머물고,

　빗소리는 오래 난간 앞 소나무에 있네.

Spring scenery remains at the bamboo under the stone steps.

The sound of rain hears at the rail before the pine.

| 구문 해설 |

　이 대구문은 '주부술+보어(장소어+명사)' 로 된 2,2,3 구조이다. ① 春色과 雨聲은 수식 관계의 주어 대구로 春과 雨는 대를 하여 중심어 色과 聲을 수식한다. ② 每留 와 長在는 '부술' 구조의 대구로 每와 長은 부사로 대를 하여 술어로 대를 한 留와 在를 수식한다. 留와 在는 '~에' 라는 보어를 필요로 한다. ③ 階下竹과 檻前松은 '장소어+명사보어' 대구로 階下와 檻前은 장소어로 대를 하고, 명사 竹과 松은 留와 在의 보어로 대를 한다. ④ 階와 檻은 명사로 대를 하고, 下와 前은 방향 접미어로 대를 한다.

| 어휘 |

- 每 매양 매　• 留 머무를 류　• 階 섬돌 계　• 下 아래 하　• 竹 대 죽
- 聲 소리 성　• 長 오래 장　• 在 있을 재　• 檻 난간 함　• 松 솔 송

〈출처〉 '雨聲長在芭蕉葉 春色深留芍藥叢' 은 서거정徐居正 「부안扶安」에 있다.

〈호대구〉 義竹　魚在藻　先折桂　君子竹　閑夢煙波雙白鷺

　　　　貞松　鶴棲松　後凋松　大夫松　高標雪嶺一蒼松

〈문제 75〉 젊은 나이에 꽃다운 이름은 일찍 월계수 꺾었고,

　　　　노년에 높은 절개는 늦게 시드는 소나무이네(松).

076

> 雪裏高松含素月 설리고송함소월
>
> 庭前脩竹帶淸風 정전수죽대청풍
>
> 눈 속에 높은 소나무는 흰 달을 안고 있고,
>
> 뜰 앞에 긴 대나무는 맑은 바람 띠고 있네.
>
> The tall pine in the snow embraces a white moon.
> The long bamboo before the garden carries a cool breeze.

| 구문 해설 |

이 대구문은 '장소어+주술목'으로 된 4,3 구조이다. ① 雪裏와 庭前은 장소어의 대구로 雪과 庭은 명사로 대를 하고, 裏와 前은 방향 접미어로 대를 하여, 주어 高松과 脩竹을 수식하는 관형어이다. ② 高松과 修竹은 수식 구조의 주어 대구로 高와 修는 형용사로 대를 하여 명사 대어 松과 竹을 수식한다. ③ 含素月과 帶淸風은 '술목' 구조의 대구로 含과 帶는 술어로 대를 하고, 素月과 淸風은 목적어로 대를 한다. ④ 형용사 高는 脩와 素는 淸과 대를 하고, 명사 松은 竹과, 月은 風과 대를 하여 맑고 깨끗함을 한층 더했다.

| 어휘 |

- 雪 눈 설　· 裏 속 리　· 高 높을 고　· 松 솔 송　· 含 머금을 함　· 素 흴 소
- 庭 뜰 정　· 前 앞 전　· 脩 길 수　· 帶 띨 대　· 淸 맑을 청　· 風 바람 풍

〈출처〉 '庭前脩竹數千竿'은 김창흡金昌翕(1653~1722)의 「永保亭」에 있다.

〈호대구〉 海日　玉露　南山霧　金樽月　時降露　沽酒人來帶明月
　　　　　天風　金風　北海風　玉笛風　自來風　看花客到袖春風

〈문제 76〉 달빛 아래 풀밭에는 때때로 이슬 내리고,
　　　　　　대나무 가 술자리에는 절로 바람이 오네(風).

軒竹帶風輕撼玉 헌죽대풍경감옥

山泉遇石競噴珠 산천우석경분주

　추녀의 대가 바람을 띠니 가볍게 옥구슬 흔들고,

　산 샘물이 돌을 만나니 다투어 구슬을 뿜어내네.

The bamboo near the eaves carries the wind and hears like shaking a gem. The spring in the mountain meets the stone and looks like spouting a pearl.

| 구문 해설 |

　이 대구문은 '주술목+부술목' 으로 된 4,3 구조이다. ① 軒竹과 山泉은 수식 관계의 주어 대구로 軒과 山은 대를 하여 중심어 竹과 泉을 수식한다. ② 帶風과 遇石은 '술목' 구조의 대구로 帶와 遇는 술어로 대를 하고, 風과 石은 목적어로 대를 한다. 두 글을 '~하니' 라고 해석 연결한다. ③ 輕撼과 競噴은 '부술' 구조로 輕(가볍게)과 競(다투어)은 부사로 대를 하여 술어로 대를 한 撼과 噴을 수식한다. ④ 撼玉과 噴珠는 '술목' 구조의 대구로 撼과 噴은 술어로 대를 하고, 玉과 珠는 목적어로 대를 한다.

| 어휘 |

　• 軒 추녀 헌　• 輕 가벼울 경　• 撼 흔들 감　• 玉 옥 옥　• 泉 샘 천

　• 遇 만날 우　• 石 돌 석　• 競 다툴 경　• 噴 뿜을 분　• 珠 구슬 주

〈출처〉 '閑看槐柳帶風輕' 은 이육李陸(1438~1498)의 《청파집靑坡集》에 있다.

〈호대구〉 虹玉　依玉　山蘊玉　如紅玉　鬢毛愧我紛如雪

　　　　　露珠　探珠　海遺珠　似綠珠　咳唾輪君大似珠

〈문제 77〉 연꽃이 못 위에서 붉은 옥 같고,

　　　　　매화 열매가 창문 앞에서 푸른 구슬 같네(珠).

078

> 前澗飛流噴白玉 전간비류분백옥
>
> 西峰落日掛紅輪 서봉낙일괘홍륜
>
> 앞산 계곡에 날아 흐르는 물은 흰 옥을 뿜고,
>
> 서녘 봉우리에 지는 해는 붉은 바퀴를 걸었네.
>
> The stream falling in the front valley spouts out the white gems.
> The sun setting in the western peak hangs the red wheel on it.

| 구문 해설 |

　이 대구문은 '장소어+주술목'으로 된 4,3 구조이다. ① 前澗과 西峰은 장소어 대구로 前과 西는 방향어로 대를 하여 장소 명사 澗과 峰을 수식하고, 飛流(폭포)와 落日을 수식한다. ② 飛流와 落日은 수식 구조의 주어 대구로 飛와 落은 형용사로 대를 하여 중심어 流와 日을 수식한다. 이백의 「망여산폭포」의 '飛流直下三千尺 疑是銀河落九天' 참조. ③ 噴白玉과 掛紅輪은 '술목' 구조의 대구로 噴과 掛는 술어로 대를 하고, 白玉과 紅輪은 목적어로 대를 한다. 白과 紅은 색깔로 대를 하여 명사 대어 玉과 輪을 수식한다.

| 어휘 |

　• 澗 산골 물 간　• 飛 날 비　• 流 흐름 류　• 噴 뿜을 분　• 白 흰 백
　• 西 서녘 서　• 峰 봉우리 봉　• 落 떨어질 락　• 掛 걸 괘　• 輪 바퀴 륜

〈출처〉'西峰落日如懸燈'은 원천석元天錫의 「차도경선옹次道境禪翁」에 있고, '遙憶紫霞洞 石澗飛流長'은 정몽주鄭夢周의 「노방류路傍柳」에 있다.

〈호대구〉火傘　心千里　松陰盖　五花馬　人淸如水琴三尺
　　　　金輪　月半輪　鶴翅輪　七香輪　天淨無雲月一輪

〈문제 78〉꿈속에서 한번 헤어지니 마음은 천리요,
　　　　베개 위에서 서로 생각하니 달이 반 수레네(輪).

> 閉門野寺松陰轉 폐문야사송음전
>
> 欹枕風軒客夢長 기침풍헌객몽장
>
> 문 닫힌 들녘 절에 소나무 그늘이 옮아가고,
>
> 바람 부는 집에 베개 벤 나그네 꿈이 길구나.
>
> The pine tree in the closed field temple removes its shadow.
> The visitor resting his head on the pillow at the blowing house sleeps long.

| 구문 해설 |

이 대구문은 '술목+장소어+주술'로 된 4,3 구조이다. ① 閉門과 欹枕은 '술목' 구조의 대구로 閉와 欹가 술어로 대를 하고, 門과 枕이 목적어로 대를 하여, 구조상 장소어인 野寺와 風軒을 수식한다. ② 閉門은 野寺를 수식하지만 欹枕은 風軒을 수식하지 않고 客을 수식하는 것으로 본다. ③ 野寺와 風軒은 수식 구조의 대구로 野와 風은 형용사로 대를 하여 명사 대어 寺와 軒을 수식한다. ④ 松陰轉과 客夢長은 '주술' 구조의 대구로 松陰과 客夢이 주어로 대를 하고, 轉과 長은 술어로 대를 한다. 松陰과 客夢은 수식 관계어로 松과 客이 대를 하여 중심어 陰과 夢을 수식한다.

| 어휘 |

• 閉 닫을 폐　• 野 들 야　• 寺 절 사　• 陰 그늘 음　• 轉 구를 전

• 欹 기울 기　• 枕 베개 침　• 客 손 객　• 夢 꿈 몽　• 長 길 장

〈출처〉 이 연구는 소식蘇軾의 「병중유조탑원病中游祖塔院」에 있다.

〈호대구〉 氣浩　乾坤別　秋已半　僧語氣　花發主人留客久

　　　　心長　日月長　夜初長　鶴聲長　鳥鳴春日抵年長

〈문제 79〉 불사佛寺에 가을이 서늘하니 스님 법어 기운차고,

　　　　솔 산에 밤이 조용하니 학의 울음소리 기네(長).

春日鶯啼脩竹裏 춘일앵제수죽리

仙家犬吠白雲間 선가견폐백운간

봄날에 꾀꼬리는 긴 대나무 속에서 울고,

신선 집에 개가 흰 구름 사이에서 짖는다.

On a spring day an oriole sings in the high bamboo.

In the hermitage a dog barks among the white clouds.

| 구문 해설 |

이 대구문은 '시간·장소어+주술+장소어'로 된 4,3 구조이다. ① 春日과 仙家는 수식 관계의 대구로 春日은 시간어로 仙家는 장소어로 대를 한다. 春과 仙이 대를 하여 명사 대어 日과 家를 수식한다. ② 鶯啼와 犬吠는 '주술' 구조의 대구로 鶯과 犬이 주어로 대를 하고, 啼와 吠는 술어로 대를 한다. ③ 脩竹裏와 白雲間은 장소어 대구로 脩竹과 白雲이 대를 하고, 裏와 間은 방향 접미어로 대를 하여 啼와 吠의 보어가 된다. ④ 脩竹과 白雲은 수식 관계어 대구로 脩의 형상과 白의 색이 대를 하고, 초목어 竹과 기상어 雲이 대를 하였다.

| 어휘 |

- 鶯 꾀꼬리 앵 · 啼 울 제 · 脩 길 수 · 竹 대 죽 · 裏 속 리
- 仙 신선 선 · 犬 개 견 · 吠 짖을 폐 · 白 흰 백 · 雲 구름 운

〈출처〉 이 시는 두보杜甫의 「등왕정자滕王亭子」에 있다.

〈호대구〉 花下 流水上 詩書裏 明月下 馬上暮春詩句裏

竹間 碧山間 宇宙間 落花間 江南煙雨畵圖間

〈문제 80〉 마을 길 돌다리는 흐르는 물 위에 있고,

서쪽 창문 띤 집은 푸른 산 사이에 있네(間).

081

> 春光不老靑松院 춘광불로청송원
>
> 秋氣長留翠竹亭 추기장류취죽정
>
> 봄빛이 푸른 소나무 사원에서는 늙지 않고,
>
> 가을 기운이 푸른 대 정자에서 오래 머무네.
>
> Spring tints don't fade away in the mansion with a green pine.
> Autumnal air remains long in the arbor with a green bamboo.

| 구문 해설 |

이 대구문은 '주술+보어(장소)'로 된 2,2,3 구조이다. ① 春光과 秋氣는 수식 관계의 주어 대구로 春과 秋는 계절 명으로 대를 하여 중심어 光과 氣를 수식한다. ② 不老와 長留는 '부술' 관계의 대구로 不과 長은 부사로 대를 하고, 老와 留는 술어로 대를 한다. ③ 靑松院과 翠竹亭은 장소어 대구로 不老와 長留의 보어(~에서)이다. 靑松과 翠竹은 수식 구조의 대구로 院과 亭을 수식하는 관형어이다. ④ 靑과 翠는 색깔 형용사로 대를 하여 수목어樹木語로 대를 한 松과 竹을 수식한다. 院과 亭은 정각어亭閣語로 대를 한다. 대어는 같은 품류끼리 하는 것이 원칙이다.

| 어휘 |

- 春 봄 춘 · 光 빛 광 · 老 늙을 노 · 靑 푸를 청 · 院 담장 원
- 秋 가을 추 · 氣 기운 기 · 留 머무를 류 · 翠 푸를 취 · 亭 정자 정

〈출처〉'春光不老武陵源'은 하연河演의 「희기나주목사戱寄羅州牧使」에 있다.

〈호대구〉 花遷 千秋館 尋古寺 風生院　僧去白雲岩角寺
　　　　 竹亭 萬壽亭 到新亭 月滿亭　客來明月水心亭

〈문제 81〉 소객騷客들이 봄날을 타고 옛 절간을 찾고,
　　　　　 학인學人들이 달빛을 걸어서 새 정자에 이르렀다(亭).

身立風端細柳態 신립풍단세류태

眉臨鏡面遠山容 미림경면원산용

몸이 바람 끝에 서니 실버들 모양이고,

눈썹이 거울표면에 임하니 먼 산 모습이네.

The body standing in the head wind looks like a slender willow.

The eyebrows facing the looking-glass look like a far-off mountain figure.

| 구문 해설 |

이 대구문은 '주술보+명사술어'로 된 4,3 구조이다. ① 身立과 眉臨은 '주술' 구조의 대구로 身과 眉가 주어로 대를 하고, 立과 臨은 술어로 대를 한다. ② 風端과 鏡面은 장소어의 대구로 風과 鏡이 명사로 대이고, 端과 面이 방향어 대로 立과 臨의 보어가 된다. ③ 細柳態와 遠山容은 명사술어 대구로 細柳와 遠山은 態와 容을 수식하는 관형어다. ④ 細柳와 遠山은 수식 구조의 대구로 細와 遠은 형용사로 대를 하여 명사 대어 柳와 山을 수식한다. ⑤ 細柳는 身之態고, 遠山은 眉之容이다. 柳眉(미인의 눈썹), 柳腰(미인의 허리), 柳態(미인의 자태) 등은 시어에 자주 쓰인다.

| 어휘 |

• 立 설 립 • 端 끝 단 • 細 가늘 세 • 柳 버들 류 • 態 모양 태

• 眉 눈썹 미 • 臨 임할 림 • 鏡 거울 경 • 遠 멀 원 • 容 얼굴 용

〈출처〉'煙雲莫辨遠山容'은 김용金涌의 「생담십이영笙潭十二詠」에 있다.

〈호대구〉佛氣 山河勢 千里夢 當年事 山鳥有群皆自樂

　　　　仙容 日月容 萬家容 太古容 野花無主爲誰容

〈문제 82〉붉은 꽃 흐르는 물은 당년當年의 일이고,

　　　　초록 나무 푸른 산은 태고太古의 얼굴이네(容).

083

> 獨鞭山影騎驢客 독편산영기려객
>
> 閑枕松聲伴鶴僧 한침송성반학승
>
> 홀로 산 그림자 채찍질하며 나귀 타고 가는 길손,
>
> 한가로이 솔 소리를 베개 하고 학을 벗 삼은 스님.
>
> A lonely traveller on a donkey whips a mountain shadow. A free monk accompanied by a crane pillows his head hearing a pine sound.

| 구문 해설 |

이 대구문은 '부술목+주어(술목명)' 로 된 4,3 구조이다. ① 獨鞭과 閑枕은 '부술' 구조의 대구로 獨과 閑이 부사로 대를 하여 술어로 대를 한 鞭과 枕을 수식한다. ② 鞭과 枕의 목적어인 山影과 松聲은 수식 구조의 대구로 山과 松은 대를 하여 중심어 影과 聲을 수식한다. ③ 騎驢客과 伴鶴僧은 '술목명' 구조의 대구로 騎와 伴은 술어로 대를 하고, 驢와 鶴은 목적어로 대를 하여 사람 대를 한 客과 僧을 꾸민다. ④ 騎驢客과 伴鶴僧이 문두에 위치하는 것이 정상 어순이지만 '僧' 자가 운자이므로 도치되었다.

| 어휘 |

- 獨 홀로 독 · 鞭 채찍 편 · 騎 말 탈 기 · 驢 나귀 려 · 客 길손 객
- 閑 한가할 한 · 枕 베개 침 · 伴 짝 반 · 鶴 학 학 · 僧 중 승

〈출처〉 '騎驢客到楓根' 은 이덕무李德懋(1741~1793)의 「초동初冬」에 있다.

〈호대구〉 醉客 遠飛雁 柴門客 花間妓 白雲流水雙溪寺

　　　　眠僧 高臥僧 竹院僧 月下僧 碧眼厖眉一老僧

〈문제 83〉 푸른 하늘 천리를 멀리 나는 기러기,

　　　　밝은 달 한 암자에 높이 누운 스님(僧).

> **螢火不燒籬下草** 형화불소리하초
>
> **月鉤難掛殿中簾** 월구난괘전중렴
>
> 반딧불이 울타리 밑 풀을 태우지 못하고,
>
> 달 갈고리는 대궐 안의 발에 걸기는 어렵네.

The glow of a firefly can't burn the grass under the fence.

The hook of the moon doesn't hang the bamboo curtain of the palace.

| 구문 해설 |

이 대구문은 '주술+목적어(장소어+명사)' 로 된 2,2,3 구조이다. ① 螢火와 月鉤는 수식 관계의 주어 대구로 명사 螢과 月이 대를 하여 중심어 火와 鉤를 수식한다. ② 不燒와 難掛는 부정술어 대구로 不燒는 籬下草를 목적어로 하지만 難掛는 殿中簾을 보어로 한다. ③ 籬下草와 殿中簾은 '장소어+명사' 대구로 籬下와 殿中은 장소어대를 하고, 草와 簾은 명사로 대를 한다. ④ 籬下와 殿中은 草와 簾을 한정 수식하는 관형어다. 籬와 殿이 명사로 대를 하고 下와 中이 방향 접미어로 대를 한다. 이 대구문은 '2/5(2+3)' 구조이다. 즉 '주어(螢火)+술어(不燒)+목적어(籬下草)' 이다.

| 어휘 |

- 螢 개똥벌레 형　· 火 불 화　· 燒 사를 소　· 籬 울타리 리　· 草 풀 초
- 鉤 갈고리 구　· 難 어려울 난　· 掛 걸 괘　· 殿 큰집 전　· 簾 발 렴

〈출처〉 '昨日酒中花 今日籬下草' 는 송나라 공평중孔平仲의 「십일국十日菊」에 있다.

〈호대구〉 雲帳　竹當戶　風搖幌　吹翠幕　花陰過午仍高枕

　　　　 水簾　花映簾　月漾簾　照珠簾　山色送青不下簾

〈문제 84〉 구름 걷히니 봄바람이 푸른 장막에 불고,

　　　　　 비가 개니 아침 해가 구슬발을 비추네(簾).

085

山頭夜戴孤輪月 산두야대고륜월

洞口朝噴一片雲 동구조분일편운

산머리는 밤에 외로운 바퀴 달을 이고 있고,

골짝 어귀는 아침에 한 조각구름을 뿜어내네.

At night the mountain carries a lonely wheel moon on its head.

In the morning the valley spouts a piece of cloud from the mouth.

| 구문 해설 |

이 대구문은 '주어+시간어+술목'으로 된 2,2,3 구조이다. ① 山頭와 洞口는 장소어 주어 대구로 山과 洞이 대를 하여 중심어 頭와 口를 수식한다. ② 시간 명사 夜, 朝, 日, 時, 秋 등이 행동성 동사 앞에 오면 행동의 빈도를 나타내어 '~마다', '~에', '~로' 등의 부사로 해석된다. 예 : 吾日三省吾身. 學而時習之. 朝聞道 夕死可矣.〈논어〉 ③ 戴孤輪月과 噴一片雲은 '술목' 구조의 대구로 戴와 噴이 술어로 대를 하고, 孤輪月과 一片雲은 목적어로 대를 한다. ④ 孤輪과 一片은 月과 雲을 수식하는 관형어로 대를 한다. 孤와 一은 숫자로 대를 하여 명사 대어 輪과 片을 수식한다.

| 어휘 |

- 頭 머리 두 · 夜 밤 야 · 戴 일 대 · 孤 외로울 고 · 輪 바퀴 륜
- 洞 골 동 · 口 입 구 · 朝 아침 조 · 噴 뿜을 분 · 片 조각 편

〈출처〉 '波含萬古孤輪月 山帶千秋一片雲'은 박팽년朴彭年 「등금강루登錦江樓」에 있다.

〈호대구〉 江月 逝水 聞喚鶴 千里月 壁上池光搖夕日

嶺雲 浮雲 見流雲 萬山雲 窓間山色逗春雲

〈문제 85〉 달 밝으니 솔가에서 학 우는 소리 들리고,

물 맑으니 강 밑에서 흘러가는 구름 보이네(雲).

> **山影倒江魚躍岫** 산영도강어약수
>
> **樹陰斜路馬行枝** 수음사로마행지
>
> 산 그림자가 강에 넘어지니 고기가 산봉우리서 뛰놀고,
>
> 나무 그늘이 길에 비끼니 말이 나뭇가지 위로 걸어가네.
>
> As the mountain shadow falls headlong into the river, a fish romps about on the peak. As the shade of a tree goes along the roads, a horse walks on the branch.

| 구문 해설 |

이 대구문은 '주술보+주술보'로 된 4,3 구조이다. ① 山影과 樹陰은 수식 관계의 주어 대구로 山과 樹는 대를 하여 중심어 影과 陰을 수식한다. ② 倒江과 斜路는 '술보' 구조의 대구로 倒와 斜가 술어로 대를 하고, 江과 路는 보어로 대를 한다. 두 글을 '~하니'로 해석 연결한다. ③ 魚躍岫와 馬行枝는 '주술보' 구조의 대구로 魚와 馬가 주어로 대를 하고, 躍과 行은 술어로 대를 하고, 岫와 枝는 보어(~에서, ~로)로 대를 한다.

| 어휘 |

· 影 그림자 영   · 倒 넘어질 도   · 魚 고기 어   · 躍 뛸 약   · 岫 산봉우리 수

· 樹 나무 수   · 陰 그늘 음   · 斜 비낄 사   · 路 길 로   · 枝 가지 지

〈출처〉 '山影倒江掩夕扉'는 김고성金高城의 부실副室 이씨李氏 작으로 이덕무李德懋의 「강촌즉사江村卽事」에 있다.

〈호대구〉 竹葉 黃金穗 懷夢草 蘆絮岸 池蓮魚戱東西葉
　　　　 楊枝 碧玉枝 合歡枝 夕陽枝 門柳鶯啼下上枝

〈문제 86〉 기러기 그림자 갈대꽃(蘆絮)물가에서 두루 밝고,
　　　　 매미소리 석양의 나뭇가지에서 가장 목매이네(枝).

087

山青山白雲來去 산청산백운래거

人樂人愁酒有無 인락인수주유무

산이 푸르고 흰 것은 구름이 오고 가기 때문이고,

사람이 즐겁고 근심함은 술이 있고 없기 때문이다.

A mountain is blue and white is because the cloud appears and disappears. A man enjoys and worries is because he drinks or not.

| 구문 해설 |

이 대구문은 '주술+주술+(因)주술'로 된 4,3 구조이다. ① 山青과 人樂은 '주술' 구조의 대구로 山과 人은 주어로 대를 하고, 青과 樂은 술어로 대를 한다. ② 山白과 人愁도 '주술' 구조의 대구로 山과 人은 주어로 대를 하고, 白과 愁는 술어로 대를 한다. 山과 人을 반복하여 리듬 효과를 더했다. ③ 雲來去와 酒有無는 '주술' 구조의 대구로 雲과 酒가 주어로 대이고, 來去와 有無는 술어로 대이다. 青白, 樂愁, 來去, 有無는 뜻이 반대인 글자로 표현미를 더했다. ④ 雲來去와 酒有無가 원인이고, 山青山白과 人樂人愁는 결과의 현상이다.

| 어휘 |

· 青 푸를 청 · 白 흰 백 · 雲 구름 운 · 來 올 래 · 去 갈 거

· 樂 즐거울 락 · 愁 시름 수 · 酒 술 주 · 有 있을 유 · 無 없을 무

〈출처〉 '是非世事雲來去 憂樂春風酒有無'는 이안눌李安訥《동악집東岳集》에 있고, '有花還問酒有無 有酒不論花無有'는 심주沈周의 「구일무국九日無菊」에 있다.

〈호대구〉 崇有 雨多少 山自在 有時有 日高花影紛多少
　　　　貴無 山有無 志非無 無日無 風定禽聲乍有無

〈문제 87〉 세월이 가고 물이 흘러가도 산은 저절로 있고,
　　　　　병이 오고 몸이 늙어도 뜻이 없는 것은 아니네(無).

> 月掛青空無柄扇 월괘청공무병선
>
> 星排碧落絶纓珠 성배벽락절영주
>
> 달이 푸른 하늘에 걸렸는데 자루 없는 부채이고,
>
> 별이 푸른 하늘에 벌렸는데 끈 끊어진 구슬이네.
>
> The moon hanging on the blue sky looks like a fan without a handle.
>
> The stars spreading on the blue sky look like pearls without a string.

| 구문 해설 |

이 대구문은 '주술보+술주+명사' 으로 된 4,3 구조이다. ① 月掛와 星排는 '주술' 구조의 대구로 月과 星이 주어로 대이고, 掛와 排가 술어로 대이다. ② 青空과 碧落(=青空)은 수식 구조의 대구로 青과 碧이 색깔 형용사로 대를 하여 명사 대어 空과 落을 수식하고, 掛와 排의 보어가 된다. 두 글을 '~했는데' 라고 역접으로 해석 연결한다. ③ 無柄扇과 絶纓珠는 '수식어+명사' 구조로 無와 絶이 술어로 대를 하고, 柄과 纓이 명사로 대를 하여 扇과 珠를 수식한다. ④ 無柄과 絶纓은 扇과 珠의 관형어로 '無柄之扇', '絶纓之珠' 이다.

| 어휘 |

- 掛 걸 괘 • 空 하늘 공 • 柄 자루 병 • 扇 부채 선 • 星 별 성
- 排 벌릴 배 • 碧 푸를 벽 • 絶 끊을 절 • 纓 갓끈 영 • 珠 구슬 주

〈출처〉 '皎月掛青空 晶光相映明' 은 김용金涌의 《운천집雲川集》에 있다.

〈호대구〉 雲錦 蘊玉 昆山玉 回文錦 鼠肥秋後千倉粟

月珠 藏珠 合浦珠 如意珠 蛛弄霖餘一網珠

〈문제 88〉 봄 오기 전의 눈은 곤륜산崑崙山의 옥을 부순듯하고,

비온 뒤의 매화는 합포合浦의 구슬을 머금은듯하네(珠).

> **朝愛青山褰箔早** 조애청산건박조
>
> **夜憐明月閉窓遲** 야련명월폐창지
>
> 아침에는 푸른 산을 사랑해 발을 일찍 걷고,
>
> 밤에는 밝은 달을 사랑하여 창을 늦게 닫네.
>
> Loving the blue mountain in the morning, I roll up the bamboo-blind earlier.
>
> Liking a bright moon at night, I close the window later.

| 구문 해설 |

이 대구문은 '시간어+술목+술목부' 로 된 4,3 구조이다. ① 朝와 夜는 시간어로 대를 하고, 문두에서 '~에(는)' 으로 번역한다. ② 愛青山과 憐明月은 '술목' 구조의 대구로 愛와 憐은 술어로 대이고, 青山과 明月은 목적어로 대이다. 青山과 明月은 수식 구조의 대구이다. 憐은 愛와 같은 뜻으로 쓰이지만 '어여삐 여겨 귀애하다' 와 '불쌍히 여겨 가련하다' 는 두 뜻이 있다. ③ 褰箔早와 閉窓遲는 '술목부' 구조의 대구로 褰(=捲)과 閉는 술어로 대이고, 箔과 窓은 목적어로 대이고, 早와 遲는 상반의의 부사 대를 하여 술어 褰과 閉를 수식한다. ④ 朝와 夜, 褰과 閉, 早와 遲 등은 의미상 좋은 반대어이다.

| 어휘 |

- 朝 아침 조 · 愛 사랑 애 · 褰 걷을 건 · 箔 발 박 · 早 일찍 조
- 夜 밤 야 · 憐 사랑할 련 · 閉 닫을 폐 · 窓 창 창 · 遲 더딜 지

〈출처〉 '夜憐明月頻閉戶 朝愛青山早捲簾' 은 최연崔演의 「모춘술회暮春述懷」에 있다.

〈호대구〉 車快 歌聲緩 鶯來早 孤帆遠 行春新縣和風遍
　　　　　馬遲 舞影遲 水去遲 匹馬遲 獻壽高堂愛日遲

〈문제 89〉 나무 중에 버들이 좋아 꾀꼬리 일찍 오고,
　　　　　강 위에 산이 아름다워 물이 더디게 흘러가네(遲).

鳥去鳥來山色裏 조거조래산색리

人歌人哭水聲中 인가인곡수성중

　산빛 속에 새가 날아가고 새가 날아오고,

　물소리 속에 사람이 노래하고 사람이 우네.

The bird flies out and in amid the mountain scenery.

The man sings and cries in the sound of water.

| 구문 해설 |

　이 대구문은 '주술+주술+부사구'로 된 4,3 구조이다. ① 鳥去와 人歌는 '주술' 구조의 대구로 鳥와 人은 주어로 대를 하고, 去와 歌는 술어로 대를 한다. ② 鳥來와 人哭도 '주술' 구조의 대구로 鳥와 人이 주어로 대를 하고, 來와 哭은 술어로 대를 한다. ③ 去와 來, 歌와 哭은 상반의로 의미가 잘 드러난다. ④ 山色과 水聲은 수식 구조의 대구로 山과 水가 대를 하여 빛과 소리로 대를 한 色과 聲을 수식한다. 裏와 中은 장소 부사 방향 접미어(~에)로 대를 한다.

| 어휘 |

　•鳥 새 조　•去 갈 거　•來 올 래　•山 뫼 산　•色 빛 색　•裏 속 리

　•歌 노래 가　•哭 울 곡　•水 물 수　•聲 소리 성　•中 가운데 중

〈출처〉 이 시는 두목杜牧의 「제개원사題開元寺」에 있다. '鳥去鳥來天界白'은 황정욱黃廷彧의 시이고, '一廢一興那更問 人歌人哭本來空'은 이해수李海壽의 시다.

〈호대구〉 柳外　春風裏　山影外　秋水上　古今人老虛無裏

　　　　　花中　夜雨中　水聲中　夕陽中　天地神存事物中

〈문제 90〉 만리 외로운 돛단배가 가을 물 위에,

　　　　　긴 피리 한 소리가 석양 속에(中).

螢飛草葉無煙火 형비초엽무연화

鶯囀花林有翼金 앵전화림유익금

풀잎에서 날아다니는 반디는 연기 없는 불이고,

꽃 숲에서 우는 꾀꼬리는 날개 있는 황금이네.

A firefly flies around the leaf of grass, and it is a fire without smoke.

An oriole warbles in the forest of flowers, and it has a golden wing.

| 구문 해설 |

이 대구문은 '주술보+술보명'으로 된 4,3 구조이다. ① 螢飛와 鶯囀은 구조상 '주술' 구조의 대구로 螢과 鶯이 주어로 대를 하고, 飛와 囀이 술어로 대를 한다. ② 草葉과 花林은 수식 관계의 대구로 草와 花가 대를 하여 중심어 葉과 林을 수식하고, 飛와 囀의 보어(~에서)가 된다. ③ 無煙火와 有翼金은 '술보명' 구조의 대구로 無와 有는 술어로 대를 하고, 煙과 翼은 보어로 대를 하고, 火와 金은 명사 술어로 대를 한다. 명사술어는 '~이다. ~와 같다'로 풀이한다. ④ 無煙과 有翼은 火와 金을 수식하는 관형어이다.

| 어휘 |

- 螢 개똥벌레 형 · 飛 날 비 · 草 풀 초 · 葉 입 엽 · 煙 연기 연
- 鶯 꾀꼬리 앵 · 囀 지저귈 전 · 花 꽃 화 · 林 수풀 림 · 翼 날개 익

〈출처〉 '松間寂寂無煙火'는 당나라 진계秦系의 「제장도사산거題張道士山居」에 있고, '鶯囀花林外淸和雨霽時'는 원천석元天錫(1330~?)의 《운곡행록耘谷行錄》에 있다.

〈호대구〉 良玉 麒麟玉 霜凝縞 千頃玉 公子詩名輕萬戶
　　　　 瑞金 孔雀金 月漾金 萬株金 將軍劍價溢千金

〈문제 91〉 서당 마당에서 옥 같은 기린이 펴지고,
　　　　　 재실 병풍에서 황금 같은 공작이 열리네(金).

> **庭畔竹枝經雪茂** 정반죽지경설무
>
> **檻前桐葉望秋零** 함전동엽망추령
>
> 마당가의 대나무 가지는 눈을 겪으며 무성하고,
>
> 난간 앞의 오동잎은 가을을 바라보며 떨어지네.
>
> ---
>
> The bamboo branch beside the garden grows thick after it snows.
> The paulownia leaf in front of the rail falls looking up autumn.

| 구문 해설 |

이 대구문은 '장소어+주술목술'로 된 4,3 구조이다. ① 庭畔과 檻前은 장소어 대구로 庭과 檻이 명사로 대를 하고, 畔과 前이 장소 방향 접미어로 대를 하여 竹枝와 桐葉을 수식한다. ② 竹枝와 桐葉은 수식 관계의 주어 대구로 竹과 桐이 대를 하여 중심어 枝와 葉을 수식한다. ③ 經雪과 望秋는 '술목' 구조의 대구로 經과 望이 술어로 대를 하고, 雪과 秋가 목적어로 대를 한다. ④ 茂와 零은 형용사술어로 대를 한다. '經雪而茂'요, '望秋而零'이다.

| 어휘 |

- 畔 두둑 반 ・枝 가지 지 ・經 지날 경 ・雪 눈 설 ・茂 우거질 무
- 檻 난간 함 ・桐 오동나무 동 ・望 바랄 망 ・秋 가을 추 ・零 떨어질 령

〈출처〉 '縱異孤松經雪茂'는 박준원朴準源의 「영괴詠槐」에, '心羞蒲柳望秋零'은 김성일金誠一의 「지란재처방芝蘭在處芳」에 있다.

〈호대구〉 曉發 風雲合 皆和暢 蟲聲作 閉戶春深庭草長
　　　　秋零 雨露零 半凋零 木葉零 懷人夜永燭花零

〈문제 92〉 비갠 달빛 풍광은 모두가 화창하건만,
　　　　　고향의 친구들 반이나 시들어 떨어졌네(零).

鶯兒趁蝶斜穿竹 앵아진접사천죽

蟻子拖蟲倒上階 의자타충도상계

꾀꼬리는 나비를 쫓아 비스듬히 대숲을 뚫고,

개미는 벌레를 끌고 거꾸로 섬돌을 오르네.

An oriole chasing a butterfly goes through the bamboo slant-wise.

An ant drawing an insect climbs the stone steps upside down.

| 구문 해설 |

이 대구문은 '주술목+부술목'으로 된 4,3 구조이다. ① 鶯兒와 蟻子는 주어 대구로서 鶯과 蟻는 조충어鳥蟲語로 대를 하고, 兒와 子는 명사 접미어 조사로 대를 한다. 050번 참조. ② 趁蝶과 拖蟲은 '술목' 구조로 趁과 拖는 술어로 대를 하고, 蝶과 蟲은 목적어로 대를 한다. ③ 斜穿竹과 倒上階는 '부술목' 구조의 대구로 斜와 倒는 부사로 대를 하고, 穿과 上이 술어로 대를 하고, 竹과 階가 목적어로 대를 한다. 上과 下 뒤에 명사가 오면 '오르다, 내리다'는 '술목(보)' 구조가 되거나 또는 수식 구조가 된다. 예 : 上陸, 上船, 下野, 下車, 또는 上品, 上官, 下位, 下等 등.

| 어휘 |

- 兒 아이 아 • 趁 쫓을 진 • 蝶 나비 접 • 斜 비낄 사 • 穿 뚫을 천
- 蟻 개미 의 • 拖 끌 타 • 蟲 벌레 충 • 倒 거꾸로 도 • 階 섬돌 계

〈출처〉 '流鶯趁蝶斜穿檻 遊蟻抱蟲倒上階'는 김시습金時習의 시다.

〈호대구〉 賢路 水檻 山臨檻 花覆檻 酒醒竹風頻拂檻

　　　　善階 雲階 水到階 竹穿階 棋收花日已移階

〈문제 93〉 푸른 담쟁이(綠蘿) 담장이 짧아 산이 난간에 닿고,

　　　　붉은 연꽃(紅藕) 못이 넓어 물이 섬돌에 이르네(階).

> **綠楊有意簾前舞** 녹양유의염전무
>
> **明月多情海上來** 명월다정해상래
>
> 푸른 버들은 뜻이 있어 발 앞에서 춤추고,
>
> 밝은 달은 정이 많아 바다 위로 떠오르네.
>
> ---
>
> The green willow has meaning and dances before the bamboo-curtain.
>
> The bright moon is warm-hearted and comes from the sea.

| 구문 해설 |

이 대구문은 '주술보+장소어+술어'로 된 4,3 구조이다. ① 綠楊과 明月은 수식 구조의 대구로 주어이다. 綠과 明은 형용사로 대를 하여 명사 대어 楊과 月을 수식한다. ② 有意와 多情은 '술보' 구조의 대구로 有와 多는 술어로 대를 하고, 意와 情은 보어로 대를 한다. ③ 簾前舞와 海上來는 '장소어+술어'의 대구로 簾과 海가 대를 하고, 前과 上이 장소 접미어로 대를 하고, 舞와 來는 술어로 대를 한다. ④ 多 뒤의 명사는 주어처럼 해석한다. 多情多感, 多才多能, 多情多恨, 多事多難.

| 어휘 |

- 綠 초록 록 · 楊 버들 양 · 有 있을 유 · 意 뜻 의 · 簾 발 렴
- 舞 춤출 무 · 多 많을 다 · 情 뜻 정 · 海 바다 해 · 來 올 래

〈출처〉 '淸風有意迎懷袖 明月多情送酒杯'는 이황李滉의 시이고, '浮雲捲 盡秋空淡 明月多情忽上來'는 안민학安敏學의 시이다.

〈호대구〉 鴻去 白駒出 孤燈在 因風散 秋江月白孤舟在
         鳳來 靑鳥來 一雁來 共月來 故國天靑一雁來

〈문제 94〉 시 근심 다하지 않아 외로운 등불 밝고,
          가을 색 가없어 기러기 한 마리 날아오네(來).

095

松間白雪尋巢鶴 송간백설심소학

柳上黃金喚友鶯 유상황금환우앵

　나무 사이에 흰 눈은 둥지 찾는 학이고,

　버들 위에 노란 금은 벗 부르는 꾀꼬리네.

The snow among the pine trees is a crane seeking a nest.

The gold on the willow is an oriole calling a friend.

| 구문 해설 |

　이 대구문은 '장소어+주어+술목명' 으로 된 4,3 구조이다. ① 松間과 柳上은 장소어의 대구이다. 松과 柳는 나무로 대를 하고, 間과 上은 방향 접미어로 대를 하여 白雪과 黃金을 수식한다. ② 白雪과 黃金은 수식 구조의 대구로 주어이다. 白과 黃은 색깔로 대를 하여 명사 대어 雪과 金은 수식한다. ③ 靑松의 白雪은 鶴으로, 碧柳의 黃金은 鶯으로 비유 환치하였다. ④ 尋巢鶴과 喚友鶯은 '술목(之)명' 구조의 대구로 尋과 喚은 술어로 대이고, 巢와 友는 목적어로 대를 하여 鶴과 鶯을 수식하는 관형어로 '尋巢之鶴' 과 '喚友之鶯' 이다.

| 어휘 |

　•松 소나무 송　•間 사이 간　•雪 눈 설　•尋 찾을 심　•巢 둥지 소

　•鶴 학 학　•柳 버들 류　•喚 부를 환　•友 벗 우　•鶯 꾀꼬리 앵

〈출처〉 '惟有東風喚友鶯 訪我花下歸來頻' 은 박인로朴仁老의 시이다.

〈호대구〉 舞蝶　老鶴　閑看蝶　過粉蝶　松陰臥對棲枝鶴

　　　　　歌鶯　雛鶯　醉聽鶯　坐金鶯　柳底行聞隔葉鶯

〈문제 95〉 꽃다운 풀이 잠시 밝은 것은 흰나비가 지나가서이고,

　　　　　버들이 갑자기 무거운 것은 꾀꼬리가 앉아서네(鶯).

竹影掃階塵不動 죽영소계진부동

月輪穿海浪無痕 월륜천해랑무흔

대 그림자가 섬돌을 쓸어도 티끌이 일지 않고,

달 바퀴가 바다를 뚫어도 물결은 흔적이 없네.

The bamboo shadow sweeps the stone steps but the dust doesn't move.
The moon wheel pierces the sea but the wave has no traces.

| 구문 해설 |

이 대구문은 '주술목+주술'로 된 4,3 구조이다. ① 竹影과 月輪은 수식 관계의 대구로 주어이다. 竹과 月이 대를 하여 중심어 대어 影과 輪을 수식한다. ② 掃階와 穿海는 '술목' 구조의 대구로 掃와 穿이 술어로 대를 하고, 階와 海는 목적어로 대를 한다. 두 술어 사이를 '~하여도'라고 해석 연결한다. ③ 塵不動과 浪無痕은 '주술' 구조의 대구로 塵과 浪이 주어로 대를 하고, 不動과 無痕은 술어로 대를 한다. 不動과 無痕은 대를 하지만 不은 부정부사이고, 動은 술어동사이고, 無는 유무동사로 술어이고, 痕은 명사이다. 따라서 정확한 품사 대는 안 되고 意對는 된다.

| 어휘 |

- 影 그림자 영 　• 掃 쓸 소 　• 階 섬돌 계 　• 塵 티끌 진 　• 動 움직일 동
- 輪 바퀴 륜 　• 穿 뚫을 천 　• 浪 물결 랑 　• 無 없을 무 　• 痕 자취 흔

〈출처〉 '竹影掃階塵不動 月穿潭底水無痕'은 송나라 보제普濟스님의 시다.

〈호대구〉 山色　帽影　花送影　深綠色　春山渾是煙霞氣
　　　　　水痕　鞋痕　月移痕　淡紅痕　老樹猶餘雨露痕

〈문제 96〉 여름풀이 연기와 화하니 진한 녹색이고,
　　　　　봄꽃이 물에 임하니 연분홍 흔적이네(痕).

残星數點雁橫塞 잔성수점안횡새
長笛一聲人倚樓 장적일성인의루

　희미한 별 몇 점을 보고 기러기 변방을 비끼고,

　긴 피리 한 소리를 듣고 사람이 누각에 기대네.

Looking up some stars remaining in the sky, the wild goose flies cross-wise.
Hearing a long sound of the flute, a man leans against the tower.

| 구문 해설 |

　이 대구문은 '관형어+명사술어+주술목'으로 된 4,3 구조이다. ① 殘星과 長笛은 관형어 대구로 數點과 一聲을 수식한다. 殘과 長은 형용사로 대를 하여 명사 대어 星과 笛을 수식한다. ② 數點과 一聲은 명사술어 대구로 數와 一이 숫자 대를 하고, 명사로 대를 한 點과 聲을 수식하여 '별 몇 개를 보고'와 '피리 한 곡을 듣고'라고 해석 연결한다. ③ 雁橫塞과 人倚樓는 '주술목' 구조의 대구로 雁과 人이 주어로 대를 하고, 橫과 倚가 술어로 대를 하고, 塞과 樓가 목적어로 대를 한다.

| 어휘 |

　· 殘 남을 잔　· 星 별 성　· 數 셀 수　· 點 점 점　· 雁 기러기 안

　· 橫 가로 횡　· 塞 변방 새　· 笛 피리 적　· 倚 의지할 의　· 樓 다락 루

〈출처〉이 연구는 송나라 조하趙嘏의 「장안추석長安秋夕」에 '忽聞新雁逐風落 長笛一聲人
　　　倚樓'는 이색李穡의 「평전안락平田雁落」에 들어있다.

〈호대구〉金闕　紫陌　千秋觀　頻中酒　玉笛一雙風捲箔
　　　　　玉樓　雪樓　萬歲樓　更上樓　金釵十二月橫樓

〈문제 97〉괴로움이 오는 사업하면 자주 술에 만취를 하고,
　　　　　늙어가며 몸이 근심스러우면 다시 루에 오르네(樓).

> **天空絶塞聞邊雁** 천공절새문변안
>
> **葉盡孤村見夜燈** 엽진고촌견야등
>
> 하늘이 빈 먼 요새에 변방 기러기 소리 들리고,
>
> 잎이 다 떨어진 외딴 마을에 밤 등불이 보이네.
>
> From the far-off frontier with the sky empty, the sound of a wild goose is heard. At the lonely village with the leaves fallen, a light at night can be seen.

| 구문 해설 |

이 대구문은 '관형어(주술)+장소어+술주'로 된 4,3 구조이다. ① 天空과 葉盡은 '주술' 구조의 관형어 대구로 天과 葉이 주어로 대이고, 空과 盡이 술어로 대를 하여 絶塞(먼 요새)와 孤村(외딴 마을)을 수식한다. ② 絶塞와 孤村은 수식 구조의 대구로 絶과 孤는 형용사로 대를 하고, 塞와 村은 장소어로 대를 한다. ③ 聞邊雁과 見夜燈은 '술주' 구조의 대구로 聞과 見은 술어로 대이고, 邊雁과 夜燈은 주어로 대이다. 邊雁과 夜燈은 수식 구조의 대구로 邊과 夜가 雁과 燈을 수식한다.

| 어휘 |

- 天 하늘 천 • 空 빌 공 • 絶 끊을 절 • 塞 변방 새 • 聞 들을 문
- 邊 가 변 • 雁 기러기 안 • 村 마을 촌 • 夜 밤 야 • 燈 등잔 등

〈출처〉이 연구는 당나라 유창劉滄의 「함양회고咸陽懷古」에, '天空絶塞秋'는 이식李植의 「서루송객西樓送客」에, '葉盡孤村菊已衰'는 남용익南龍翼의 「즉사卽事」에 있다.

〈호대구〉仙鼎 綠酒 梅下酌 白雙鬢 蘭薰爐畔氷消硯

　　　　佛燈 紅燈 雪中燈 靑一燈 梅影窓間雪照燈

〈문제 98〉마음 근심 만사는 양 살쩍을 희게 하고,

　　　　밤이 짧은 오경五更에 등불하나 푸르네(燈).

> **巷深人靜晝眠穩** 항심인정주면온
>
> **稻熟魚肥秋興饒** 도숙어비추흥요
>
> 골목이 깊고 사람이 고요하니 낮잠 자기 편하고,
>
> 벼 익고 물고기가 살찌니 가을 흥겨움 넉넉하네.
>
> As the street is deep and a man is quiet, it is peaceful to take a nap.
>
> As a rice-plant ripens and fish grows fat, autumnal interest is enough.

| 구문 해설 |

이 대구문은 '주술+주술+주술' 로 된 4,3 구조이다. ① 巷深과 稻熟은 '주술' 구조의 대구로 巷과 稻는 주어로 대를 하고, 深과 熟은 형용사술어로 대를 한다. ② 人靜과 魚肥도 '주술' 구조의 대구로 人과 魚가 주어로 대를 하고, 靜과 肥는 형용사술어로 대를 한다. 다음 글과 '~하니' 라고 해석 연결한다. ③ 晝眠穩과 秋興饒도 '주술' 관계의 대구로 晝眠과 秋興은 주어로 대를 하고, 穩과 饒는 형용사술어로 대를 한다. 晝와 秋가 대를 하고, 眠과 興이 대를 한다. ④ '주술' 구조가 3번 반복되어 문장 구조가 단조롭다.

| 어휘 |

- 巷 골목 항　• 靜 고요 정　• 晝 낮 주　• 眠 잠잘 면　• 穩 평온할 온
- 稻 벼 도　• 熟 익을 숙　• 肥 살찔 비　• 興 흥겨울 흥　• 饒 넉넉할 요

〈출처〉 '稻熟魚肥信淸美' 는 소식蘇軾의 시이고, '竹陰上榻晝眠穩' 은 유방선柳方善의 시이고, '織錦宮中秋興饒' 는 박상朴祥의 시이다.

〈호대구〉 秋熟　節約　靑草發　人文樸　洞中霞氣花俱吐
　　　　 歲饒　豊饒　白雲饒　物産饒　溪上煙光柳最饒

〈문제 99〉 따뜻한 땅에 바람이 온화하니 푸른 풀 피어나고,
　　　　　 비갠 하늘에 가을 깨끗하니 흰 구름 넉넉하네(饒).

100

纔攲復正荷飜雨 재기부정하번우

乍去還來燕引雛 사거환래연인추

겨우 기울고 다시 바른 것은 연잎이 비에 뒤집힘이고,

잠깐 갔다 다시 오는 것은 제비가 새끼를 거느림이네.

Barely leaning and again restoring, a lotus leaf is turned by rain.

For a while leaving and again returning, a swallow leads its young.

| 구문 해설 |

이 대구문은 '부술+부술+주술목(보)'의 4,3 구조이다. ① 纔攲와 乍去는 '부술' 구조의 대구로 纔와 乍는 부사로 대를 하고, 攲와 去는 술어로 대를 한다. ② 復正과 還來도 '부술' 구조의 대구로 復와 還은 부사로 대를 하고, 正과 來는 술어로 대를 한다. ③ 荷飜雨와 燕引雛는 형식상 '주술목' 구조의 대구로 荷와 燕은 주어로 대를 하고, 飜과 引은 술어로 대를 하고, 雨와 雛는 목적어로 대를 한다. 하지만 荷飜雨는 雨飜荷가 정상 어순이나 평측 관계로 도치되었다. 荷飜雨는 '연잎은 비로 인해 뒤집혀지다'는 피동으로 해석된다.

| 어휘 |

· 纔 겨우 재 · 攲 기울 기 · 復 다시 부 · 正 바를 정 · 荷 연 하 · 飜 뒤칠 번

· 乍 잠깐 사 · 還 다시 환 · 燕 제비 연 · 雛 병아리 추

〈출처〉'野花成子落 江燕引雛飛'는 당나라 은요殷遙의 「산행山行」에 있고, '牆頭日暖梅成子 簷角風微燕引雛'는 성현成俔의 「차양근동헌次楊根東軒」에 있다.

〈호대구〉鳩婦 鶴子 鶯喚友 何無子 戞爾長鳴憐鶴子

燕雛 鶯雛 鳳將雛 亦產雛 忽然輕鬪笑鷄雛

〈문제 100〉 목단牧丹은 부귀한데 어찌 씨가 없고,

두루미는 청한淸閑해도 병아리를 까네(雛).

부록

〈문제 1〉　　日暖百花發　地肥五穀生

〈문제 2〉　　草屋南山下　柴門漢水頭

〈문제 3〉　　江水何能斗　人心不可斤

〈문제 4〉　　肉身生有限　鹹水海無邊

〈문제 5〉　　春來花鳥笑　夏至水山靑

〈문제 6〉　　臘月紅梅發　嚴冬白雪來

〈문제 7〉　　日月天中鏡　江山地上屛

〈문제 8〉　　北塞雁歸處　東山日聳門

〈문제 9〉　　春水滿農地　夏雲作怪峰

〈문제 10〉　秋月故鄕友　冬山白雪松

〈문제 11〉　歲月春間夢　人生水上萍

〈문제 12〉　靑松山上蓋　全鰒海中珠

〈문제 13〉　月作無煙燭　風爲有韻琴

〈문제 14〉　園筍綠抽玉　簷櫻紅綴珠

〈문제 15〉　筍如黃犢角　弓似紫霞橋

〈문제 16〉　秋草霜前綠　春花雪後紅

〈문제 17〉　古洞石多怪　名山泉有靈

〈문제 18〉　天道四時信　春心三月仁

〈문제 19〉　老子道其道　莊周才不才

〈문제 20〉　老愧無師友　貧肯共弟兄

〈문제 41〉　梅子黃時雨　楊花白處煙

〈문제 42〉　午時松上鶴　晚夜竹間燈

〈문제 43〉　水流山自在　身老志非無

〈문제 44〉　山光渾是畵　竹籟自然琴

〈문제 45〉　老年常好日　秋日不勝衣

〈문제 46〉　淸夜千山月　高樓一笛秋

〈문제 47〉　野店柳花白　江村梅子黃

〈문제 48〉　開戶日初上　捲簾山自前

〈문제 49〉　柴門臨水上　茅屋在花中

〈문제 50〉　詩債如山積　春愁似海深

〈문제 51〉　千山花氣盛　萬樹鳥聲春

〈문제 52〉　林深知鳥悅　水淺見魚窮

〈문제 53〉　身老心非老　家貧道不貧

〈문제 54〉　江上帆聲少　詩中雁字多

〈문제 55〉　花開詩急就　風定睡初成

〈문제 56〉　竹深題走逕　茅暖鳥喧簷

〈문제 57〉　秋月異春月　今人非昔人

〈문제 58〉　碧落千飛雁　淸江一釣舟

〈문제 59〉　秋風蟬已覺　落日鳥先知

〈문제 60〉　閑猶乞花種　老更借書看

〈문제 61〉　絮飛三逕雪　魚躍一池金

〈문제 62〉　臥穩楊花枕　夢淸梅月屛

〈문제 63〉　臥看雲出洞　坐愛月臨門

〈문제 64〉　江山佳麗地　桃李艷陽天

〈문제 65〉　嶺上孤松秀　江南衆草芳

〈문제 66〉　夜雨江山暗　朝陽草木淸

〈문제 67〉　碧山驢背在　春水鴨頭生

〈문제 68〉　木落千峰出　天長一水連

〈문제 69〉　風塵樽外逗　日月卷中消

〈문제 70〉　樓敞宜邀月　階寬合種花

〈문제 71〉　拄天山疎立　赴海水爭流

〈문제 72〉　山盡高城出　江回大野開

〈문제 73〉　時危如累卵　技小愧雕蟲

〈문제 74〉　君子三槐宅　高堂五柳門

〈문제 75〉　月白寧無酒　山靑況有江

〈문제 76〉　流水聲中枕　高梧影上樓

〈문제 77〉　細水流松下　閑花墜鶴邊

〈문제 78〉　不禁生白髮　最喜見靑山

〈문제 79〉　兎狡營三窟　鷦安借一枝

〈문제 80〉　呼友花間酌　忘憂月下琴

〈문제 101〉　黃金鶯混柳　紅粉蝶迷花

〈문제 102〉　水流塵事遠　山靜道心存

〈문제 103〉　蓋山俄白雨　隔水忽丹紅

〈문제 104〉　南山懷隱士　春水羨漁郎

〈문제 105〉　花氣山如動　禽聲樹欲浮

〈문제 106〉　故國無窮事　長江不盡流

〈문제 107〉　花猶紅未了　草尙碧無端

〈문제 108〉　夕陽無限麗　流水有餘淸

〈문제 109〉　地暖花開早　天長鳥去遲

〈문제 110〉　明月當簷角　春風入洞房

〈문제 111〉　垂名人不見　過劫水共流

〈문제 112〉　人倦草堂夢　天催花信風

〈문제 113〉　春風能起我　夜月可留人

〈문제 114〉　香草三生夢　靑天萬古心

〈문제 115〉　林光春已放　野色雨初收

〈문제 116〉　水定渾無浪　山幽自少塵

〈문제 117〉　事無可爲者　人各自知之

〈문제 118〉　日日杯中酒　年年床上書

〈문제 119〉　春去似過客　日長如少年

〈문제 120〉　風雨人間世　江湖歸去來

백련초해 한역 문제 해답

001	梅笑窓邊人不聽	鷄啼庭上犬無看
002	春粧樹色無今古	世動人心有淺深
003	人因歲月顔將老	物被風霜色漸除
004	花朶露垂紅玉燦	江堤煙鎖白雲輕
005	春不送花花自去	年非招病病欺侵
006	風吹翠竹聲如雨	月照白沙色似霜
007	風入紙窓燈易滅	月明茅屋事多成
008	花開花謝偏三月	春去春來願百年
009	人愁深淺是非好	路樹高卑先後栽
010	山不笑談常抱客	花無歌舞每留人
011	花園蝶舞飛飛雪	柳幕鶯聲碎碎金
012	落花流水琴三関	明月淸風酒一樽
013	柳中黃鳥每呼伴	砂上白鷗閑樂眠
014	花間勸酒紅顔色	樓上吟詩白月光
015	栗花後院黃峰鬧	芳草長堤紫馬嘶
016	紅花暖日誇嬌色	翠竹淸風冷曙光
017	芳草平原秋水碧	濃花深苑夕陽紅
018	無事無憂人亦老	多年多病我猶生
019	園中木木高卑勢	窓外山山鳥獸形
020	船中勸酒愁何在	花裏吟詩興不窮

021 江上清風江上寶　山間明月山間珠

022 花開花落生成理　雲去雲來造化心

023 沙邊白鷺窺漁店　樹下紅蜓坐釣竿

024 山間茅屋書香滿　岩上松風睡味長

025 清秋窓外碧山色　靜夜庭中明月光

026 疎星淡月祥光曉　清簟輕衫爽氣秋

027 有朋有酒邀明月　無瑟無詩惜落花

028 閑家院後鳥穿竹　仲夏池中魚戲蓮

029 竹樓玩月千愁散　莞簟迎風萬事閑

030 溪谷淡煙苔滑足　春山時雨蕨舒拳

031 畵意青山屛一輻　詩愁白日鬢千絲

032 心如碧海寬猶樂　愁似春蕉剪又生

033 春雨佳人南浦別　清風寒士北窓眠

034 遊客巡杯秋水岸　騷人雅會夕陽天

035 光陰百代身過客　風月三年狗主人

036 清明時節杏花雨　寒食墓園香火煙

037 古巖不語雲間坐　清水無心石上行

038 山窓雪月凝寒色　春氣梅花動暗香

039 錦繡山山花氣節　雪融谷谷鳥聲春

040 靜居聽水塵心遠　閑臥貪陰夏日遲

041 春氣漸溫梅欲放　朝陽徐出雨初晴

042 嚴冬詠雪紅顏女　亂世貪書白面郞

043 忘慮賢愚俱白髮　安身貴賤只黃金

044 紅花葉上雙飛蝶　黃柳枝間百囀鶯

045 齋室儒生君子帶　林泉遊客道人衣

046 暖日輕風開躑躅　淡煙細雨濕薔薇

047 月白村中聞吠犬　江淸波底映流雲

048 秋日靑空飛候鳥　淸江幽處泊漁舟

049 桃花落地展紅被　池水搖風舞綠羅

050 斜日水光搖翠幌　殘花山色入朱簾

051 客歸紫陌桃花馬　王贈靑衫楊柳鞭

052 秋水無邊飛塞雁　靑山盡處泛蘭舟

053 蓮花淡淡天生質　秋水澄澄月出光

054 舟泊一時秋水岸　風吹無限夕陽天

055 雪嶺古松眠鶴逸　江堤細柳語鶯嬌

056 擧首看山渾畵幅　坐岩聽水卽琴言

057 春雨畵堂頻到燕　東風芳樹自來鶯

058 人間萬事白雙鬢　月下五更靑一燈

059 書堂入座只山色　山閣出門多水聲

060 昨日柳眠經雨乍　今朝花笑帶風微

061 雨晴庭列麒麟玉　　風靜屏開孔雀金

062 樗葉山中通別味　　竹聲月下聽無絃

063 東風花落頻中酒　　秋雨山靑不下樓

064 詩吟月下常思酒　　心醉花中未感香

065 漁老釣閑從鷺影　　村兒採慢醉花香

066 朝夕江山空遠近　　古今日月自飛騰

067 一夜秋風垂玉露　　三更明月上珠簾

068 風吹路上草莖舞　　月逗山間松葉香

069 白首空悲歎日月　　靑年太忍待風雲

070 感心白雪無人跡　　迷目紅梅有月痕

071 夢中日月如過客　　畵裏江山執主人

072 江光月滿無深淺　　山色雲移有淡濃

073 畵家眉上碧山色　　歌客胸中流水聲

074 陽春白雪無遺迹　　明月淸風不用錢

075 少歲芳名先折桂　　老年高節後凋松

076 月下草原時降露　　竹邊酒席自來風

077 荷花池上如紅玉　　梅實窓前似綠珠

078 夢中一別心千里　　枕上相思月半輪

079 佛寺秋涼僧語氣　　松山夜靜鶴聲長

080 村路石橋流水上　　西窓茅屋碧山間

081 騷客乘春尋古寺　學人步月到新亭

082 紅花流水當年事　綠樹青山太古容

083 蒼天千里遠飛雁　明月一庵高臥僧

084 雲捲春風吹翠幕　雨晴朝日照珠簾

085 月白松邊聞唳鶴　水清江底見流雲

086 雁影徧明蘆絮岸　蟬聲最咽夕陽枝

087 歲去水流山自在　病來身老志非無

088 春前雪碎崑山玉　雨後梅含合浦珠

089 樹中柳好鶯來早　江上山佳水去遲

090 萬里孤帆秋水上　一聲長笛夕陽中

091 書堂庭列麒麟玉　齋室屏開孔雀金

092 霽月風光皆和暢　故鄉親友半凋零

093 綠蘿墻短山臨檻　紅藕池寬水到階

094 詩愁不盡孤燈在　秋色無邊一雁來

095 芳草乍明過粉蝶　垂楊忽重坐金鶯

096 夏草和煙深綠色　春花臨水淡紅痕

097 苦來事業頻中酒　老去身愁更上樓

098 心愁萬事白雙鬢　夜短五更青一燈

099 暖地風和青草發　晴天秋淨白雲饒

100 牧丹富貴何無子　仙鶴清閑亦産雛

백련초주(백련초해 속편)와 한역

001 小塘影澈涵山翠 　작은 못 그림자 맑으니 산에 젖어 푸르고,
　　老木陰疏漏日紅 　늙은 나무 그늘 성기니 햇살 새어 붉네.

002 入手溪山眞富貴 　손에 들어온 개울과 산이 진정한 부귀이고,
　　滿囊篇什最風流 　주머니에 가득한 시편이 최고의 풍류이네.

003 不分淸風如舊識 　사람 나누지 않는 청풍은 옛 친구 같고,
　　盡情啼鳥似相酬 　정을 다해 우는 새는 수창하는 것 같네.

004 洞房白日松陰靜 　동방의 한낮에 소나무 그늘이 조용하고,
　　瀑布高秋鶴夢涼 　폭포의 늦가을에 학의 꿈이 서늘하네.

005 已知出郭少塵事 　성을 나서면 세상일 적음을 이미 알고,
　　更有澄江銷客愁 　다시 맑은 강이 있어 나그네 시름 녹이네.

006 山翁送餉盈筐菜 　산옹이 광주리에 가득한 나물을 보내오고,
　　海客攜分貫柳魚 　바다 어부 버들에 꿴 물고기 나누어주네.

007 滿庭月色無烟燭 　뜰에 가득한 달빛은 연기 없는 촛불이고,
　　入坐山光不速賓 　자리에 든 산빛은 청하지 않은 손님이네.

008 天衾地褥山爲枕 　하늘 이불, 땅 요에 산을 베개로 하고,
　　月燭雲屛海作醇 　달 촛불, 구름 병풍에 바닷물이 술이네.

009 落花遊絲白日靜 　지는 꽃 아지랑이 나는 대낮은 고요하고,
　　鳴鳩乳燕靑春深 　우는 비둘기 어린 제비 푸른 봄 저무네.

010 老妻畵紙爲棋局 　늙은 아내 종이에 그려 바둑판 만들고,
　　穉子敲針作釣鉤 　어린아이 바늘 두들겨 낚싯바늘 만드네.

011 風塵荏苒音書絶　전쟁이 오래 끌어 고향 소식 끊겼고,
　　關塞蕭條行路難　관문의 변방 쓸쓸해 돌아가기 어렵네.

012 叢菊兩開他日淚　국화꽃 두 번 피어 다른 날로 눈물짓고,
　　孤舟一繫故園心　외로운 배 하나 메어두고 고향 생각하네.

013 塔影倒江翻浪底　탑 그림자 강에 거꾸러져 물결이 번드치고,
　　磬聲搖月落雲間　풍경소리 달 흔들며 구름 사이 사라지네.

014 舴艋獨行明鏡裡　거룻배 거울 속에 홀로 떠가고,
　　鷺鷥雙去畫圖中　해오라기 그림 속에 두 마리 나네.

015 山容水色無今古　산 얼굴 물빛은 고금이 같으나,
　　俗態人情有異同　세속 모양 사람 정은 다르기도 같기도.

016 人情紛紛信難整　인정은 어지러워 진실로 정리하기 어렵고,
　　天命赫赫終無頗　천명은 빛이 밝아 끝내 치우침이 없네.

017 花開花謝春何管　꽃 피고 꽃 짐을 봄이 어찌 관리하며,
　　雲去雲來山不爭　구름 가고 구름 와도 산은 다투지 않네.

018 心同流水自淸淨　마음은 흐르는 물 같아 스스로 맑아지고,
　　身與片雲無是非　몸은 조각구름과 함께 옳고 그름이 없네.

019 月白雲白天地白　달 밝고 구름 밝으니 천지가 밝고,
　　山深夜深客愁深　산 깊고 밤 깊으니 나그네 수심 깊네.

020 星霜荏苒誰能畫　세월의 흐름을 누가 그릴 수 있을까?
　　天地蒼茫我有詩　천지의 아득함을 나는 시로 읊을 수 있네.

021 影浸綠水衣無濕　그림자가 푸른 물에 잠겨도 옷은 안 젖고,
　　夢踏靑山脚不苦　꿈에 청산을 걸어도 다리가 아프지 않네.

022 年年春草傷心碧　해마다 봄에 파란 풀은 마음을 상하게 하고,
　　夜夜雲山入夢靑　밤마다 구름 낀 푸른 산이 꿈에 들어오네.

023 日日看山山不足　날마다 산을 보아도 산은 족하지 않고,
　　 時時聽水聽無厭　시시로 물소리 들어도 듣기 싫지 않네.

024 飢來喫飯飯尤美　배가 고파 밥 먹으니 밥이 더욱 맛있고,
　　 睡起啜茶茶更甘　자고 일어나 차 마시니 차가 더욱 맛있네.

025 冰消一點還爲水　한 점 얼음이 녹아 다시 물이 되고,
　　 兩木相對便成林　두 나무가 마주 보니 곧 숲을 이루네.

026 澗水潺湲山寂歷　산골 물 졸졸졸 산은 적막하고,
　　 客愁迢遞月黃昏　나그네 수심 아득하고 달빛은 황혼이네.

027 田家望望惜雨乾　농가가 바라고 바라던 비가 말라 애석하고,
　　 布穀處處催春種　뻐꾹새가 곳곳에서 봄 파종을 재촉하네.

028 寒蟬碧樹無涯興　가을 매미 푸른 나무에서 한없이 흥겹고,
　　 紫蟹香秔不外求　자줏빛 게 메벼 향내 밖에서 구할 것 없네.

029 衣綻尙餘慈母線　터진 옷에 어머니 바느질 흔적 남아있고,
　　 帙多難盡古人書　책이 많아 옛사람의 글 다 읽기 어렵네.

030 露晞明朝更復落　이슬은 마르면 다음날 아침 다시 내리는데,
　　 人死一去何時歸　사람은 한번 가면 언제 돌아오려나?

031 白雲雲裡靑山重　흰 구름 구름 속에 푸른 산 겹치고,
　　 靑山山中白雲多　푸른 산 산 가운데 흰 구름이 많구나.

032 有溪無石溪還俗　시내 있고 돌 없으면 시내가 도리어 속되고,
　　 有石無溪石不奇　돌 있고 시내 없으면 돌이 기이하질 않네.

033 出門遠觀山山翠　문을 나와 멀리 보니 산마다 푸르고,
　　 朋友相送月月親　벗을 보내고 나니 달만 보면 반갑네.

034 滄海難尋舟去迹　푸른 바다는 배가 지나간 자취 찾기 어렵고,
　　 靑山不見鶴飛痕　푸른 산은 학이 날아간 흔적 보이지 않네.

035 雨聲長在芭蕉葉　빗소리는 파초 잎에서 길게 들리고,
　　春色深留芍藥叢　봄 색은 작약 떨기에 깊이 머무르네.

036 玉燕低飛紅杏雨　옥빛 제비 붉은 살구비 내리니 낮게 날고,
　　金鶯靜囀綠楊風　금앵이 푸른 버들 바람 부니 조용히 지저귀네.

037 褰衣步月踏花影　옷을 걷고 달빛에 걸으며 꽃 그림자 밟고,
　　爭挽長條落香雪　긴가지를 다투어 당기니 향내 눈이 떨어지네.

038 騷人賦處頻揮翰　시인은 글 짓는 곳에서 자주 붓을 휘두르고,
　　酒客邀時屢擧盃　주객은 만날 때마다 거듭거듭 술잔을 드네.

039 浮雲自作他山雨　뜬구름은 저절로 남의 산에 비를 뿌리고,
　　返照俄成隔水虹　낙조는 잠깐 사이 물 건너 무지개를 만드네.

040 坐見夕陽沈古樹　석양이 고목에 잠기는 것을 앉아서 보고,
　　臥聽夜雨響空階　밤비가 빈 뜨락에 울리는 소리 누워서 듣네.

041 雨來忽失高低路　비가 오니 갑자기 높고 낮은 길이 없어지고,
　　雲去俄分遠近山　구름이 가니 금새 먼 산 가까운 산 구별되네.

042 沙汀水嚙迷江路　모래톱에 물결 일고 강 길은 희미하고,
　　蘆岸烟深失釣船　갈대에 안개가 자욱하니 낚싯배 길을 잃었네.

043 進退未知朝對易　진퇴를 알지 못해 아침에 역을 대하고,
　　陰晴欲卜夜觀星　음청을 점치고파서 밤에는 별을 보네.

044 閑餘索筆題窓紙　한가하면 붓을 찾아 창호지에 글을 짓고,
　　興至持竿上釣航　흥이 나면 낚싯대 잡고 낚싯배에 오르네.

045 小園花開親灌漑　작은 뜰에 꽃이 피면 몸소 물을 주고,
　　比隣酒熟屢招迎　이웃집에 술 익으면 자주 불러 맞이하네.

046 獨嗅石蒲兼賞竹　홀로 돌창포 냄새 맡다가 대나무 감상하고,

靜聽山鳥更觀魚 조용히 산새소리 듣다가 물고기 관찰하네.

047 雲從樵兒頭上起 구름은 나무하는 아이 머리 위를 따라 일고,
山入漂娥手裏鳴 산은 빨래하는 여인의 손 안에 들어서 우네.

048 秋天一碧心俱靜 가을 하늘 한결 푸르니 마음 함께 고요하고,
夜月虛明夢亦淸 밤에 달이 허공에 밝으니 꿈 또한 맑네.

049 宿露未晞山鳥語 간밤 이슬 아직 마르지 않아도 산새는 울고,
春風不盡野花明 봄바람이 다하지 않아 들꽃들이 환히 밝네.

050 小舟左右通人捷 작은 배 좌우로 통행하는 사람 민첩하고,
長桂東西畫壤明 긴 장승 동서로 그림 같은 땅을 밝히네.

051 黑雲飜墨未遮山 검은 구름 먹구름 되어 아직 산 가리기 전에,
白雨跳珠亂入船 소나기가 구슬 튀듯 어지럽게 배에 들어오네.

052 夢繞雲山心似鹿 꿈이 구름 산을 두르니 마음이 사슴 같고,
魂匝深海情如龜 혼이 깊은 바다를 두르니 정이 거북이 같네.

053 長江繞郭知魚美 긴 강이 성을 둘러 있으니 물고기 맛이 좋고,
好竹連山覺筍香 좋은 대가 산을 이으니 죽순 맛이 향기롭네.

054 杏花飛簾散餘春 살구꽃이 발에 날려 남은 봄 흩어지고,
明月入戶尋幽人 밝은 달이 문에 들어 은자隱者를 찾고 있네.

055 荷盡已無擎雨蓋 연꽃이 지니 비를 가릴 우산이 없고,
菊殘猶有傲霜枝 국화는 져도 서리를 버틸 가지가 있네.

056 野桃含笑竹籬短 들 복숭아 짧은 대울타리에서 웃음 머금고,
溪柳自搖沙水淸 냇가 버들 맑은 모래섬에서 저절로 흔드네.

057 大瓢貯月歸春甕 큰 바가지에 달 담아 봄 항아리로 돌아오고,
小杓分江入夜瓶 작은 국자로 강을 나누어 밤 병에 넣는다네.

058 收拾小山藏社甕 작은 산을 수습하여 술단지에 감추고,

招呼明月到芳樽　밝은 달을 부르니 꽃다운 술잔에 이르네.

059　今人不見古時月　지금 사람이 옛날 달을 보지 못하지만,
　　　今月曾經照古人　지금 저 달은 일찍이 옛사람을 보았다네.

060　古人今人若流水　옛사람 지금 사람 모두 흐르는 물과 같은데,
　　　共看明月皆如此　함께 밝은 달을 보는 마음은 다르지 않네.

061　江畔何人初見月　강가에서 어느 누가 처음 저 달을 보았고,
　　　江月何年初照人　강달은 어느 해부터 처음 사람을 비추었을까.

062　人生代代無窮已　인생살이는 대대로 끝없이 살아가고,
　　　江月年年望相似　강과 달은 해마다 바라보아도 변함이 없네.

063　風淸竹院逢僧話　바람 맑은 대나무 뜰에 스님 만나 이야기하고,
　　　草軟陽坡共鹿眠　풀 연한 양지 언덕에서 사슴과 함께 잠자네.

064　盧橘香邊山鹿睡　비파나무 향기 속에 산 노루 잠자고,
　　　石榴花下海禽來　석류꽃 아래 바닷새가 날아오네.

065　江山信馬春吟好　강산은 말 가는대로 봄 읊기 좋고,
　　　雨雪留僧夜話宜　눈비에 스님 붙들어 밤 이야기 좋네.

066　茶罷松簷掛微月　차를 다 마시니 솔 처마에 초승달 걸려있고,
　　　講闌風榻搖殘鐘　염불 마친 바람 부는 평상에 종소리 흔드네.

067　牢籠歲月淸樽裏　맑은 술통 속에 세월을 거두어 담고,
　　　搬運江山素壁間　흰 벽 사이에 강산을 운반해 왔네.

068　芳草淡煙連牧笛　꽃다운 풀, 묽은 안개에 목동 피리 소리 잇고,
　　　斜風細雨滿漁舟　비껴 부는 바람, 가는 비 고깃배에 가득하네.

069　鴻雁偶成文字去　기러기 떼 짝을 이루어 글자 만들며 가고,
　　　鷺鷥自作畵圖飛　해오라기 절로 그림을 그리며 날아가네.

070　滿院松篁僧富貴　사원에 가득한 솔과 대는 스님의 부귀이고,

一江烟月寺風流　한 강에 안개와 달빛은 절간의 풍류이네.

071 千峰樹色和雲冷　천봉오리 나무색 구름과 함께 차고,
　　一壑鐘聲帶雨疏　온 골짜기 종소리 비와 함께 성기네.

072 畵角聲中朝暮浪　피리 소리에 아침저녁 물결 일고,
　　靑山影裏古今人　푸른 산 그림자 속에 고금의 사람들.

073 花正開時月未團　꽃이 활짝 피었을 때는 달이 둥글지 않다가,
　　月輪明後已花殘　둥근 달이 밝고 나니 꽃은 이미 시들었네.

074 百年忽忽駒過隙　백 년이 홀연히 문틈에 망아지 지나듯 지나고,
　　浮生在世誰非客　구름 인생 이 세상에서 누가 나그네 아니냐?

075 無官無貴亦無權　벼슬 없고, 귀함도 없고 또 권세도 없지만,
　　有竹有梅又有蓮　대나무 있고, 매화 있고 또 연꽃도 있네.

076 平等看時人不異　평등하게 볼 때는 사람이 다르지 않고,
　　便宜行處物無侵　편의하게 가는 곳에는 외물이 침노 않네.

077 偶趁奔鼯忘峻坂　우연히 바쁜 다람쥐 쫓다 산비탈을 잊었고,
　　因隨過納得幽蹊　지나가는 부마副馬 따르다가 깊은 오솔길 만났네.

078 刷毛鵁鴿窺簷角　깃털을 씻은 비둘기 처마 모서리 엿보고,
　　啣尾蜻蜓點水心　꼬리를 문 잠자리 물 가운데에 점을 찍네.

079 蛛網蜂窠懸矮屋　거미줄과 벌집은 작은 집에 매달려 있고,
　　瓜花匏葉滿平田　오이꽃과 박 잎이 평지밭에 가득하네.

080 老媼負墻閒獵蝨　할머니는 담장에 기대어 한가로이 이를 잡고,
　　丫童護麥懶驅鷄　아이는 보리 지키려고 닭 쫓는 것 게으르네.

081 乾坤逆旅飜千劫　천지의 여관이 일천 겁에 되돌고,
　　造化爐錘鑄萬生　조화옹의 풀무는 만생을 만드네.

082 不識恢恢開闊步 넓고 넓게 열린 큰 걸음를 모르고,
惟看窄窄窒靈心 오직 좁고 좁게 막힌 영심靈心만 보네.

083 窓臨絶澗聞流水 창이 산골 물에 임해 흐르는 물소리 들리고,
客到孤峰掃白雲 나그네 외봉우리에 올라 흰 구름을 쓰네.

084 寒竈每聞山鳥語 가난한 부엌에 매양 산새소리 들리고,
曉簷時見宿雲痕 새벽 처마엔 때로 구름 묵은 흔적이 보이네.

085 細雨濕衣看不見 가랑비 옷 적시나 보아도 안 보이고,
閑花落地聽無聲 한가한 꽃 땅에 떨어져 들어도 안 들리네.

086 牛羊欲下山雨暝 산비 내려 어두우니 소와 양 하산하려 하고,
芹藻初生垈水香 미나리와 물풀 갓 자라나니 야수野水는 향기롭네.

087 葉從霜夜濃全赤 나뭇잎 밤새 서리 맞아 온통 진하게 붉고,
山入秋空割半靑 산속에 가을 하늘 드니 반을 갈라 푸르네.

088 霽雨每憑鳩報候 비냐 개냐는 언제나 비둘기 예보에 의지했고,
豊凶常藉雪占冬 풍년 흉년은 언제나 겨울눈으로 점을 쳤네.

089 岫送烟光縈翠箔 산봉우리가 노을 빛 보내어 푸른 발을 휘감고,
波搖月色動寒窓 물결이 달빛을 흔드니 추운 창문이 움직이네.

090 杏花深院邯鄲枕 살구꽃 핀 깊은 뜰에 한단몽을 꾸고,
歸夢一棹迷江蘋 고향 가는 꿈에 노 하나가 강풀에서 헤매네.

091 天開瑞石祥龍蜿 하늘이 서석산을 여니 상용이 꿈틀거리고,
地匝長松爽籟生 땅이 낙락장송을 두르니 상쾌한 바람나네.

092 白雲夜宿留簷濕 흰 구름이 밤에 머무니 처마에 습기를 남기고,
淸月時來滿室涼 맑은 달이 때마침 오르니 온 실내가 서늘하네.

093 花飄山郭鶯聲滑 꽃이 나부끼는 산성에 꾀꼬리 소리 미끄럽고,
水漾沙堤柳色深 물이 출렁이는 모래 둑에 버들색이 깊어가네.

094 漁艇載分籠渚月　고기잡이배는 물가 두른 달빛을 나누어 싣고,
　　樵兒踏碎羃山嵐　나무하는 아이는 산 덮은 남기를 밟아 부수네.

095 山靑雲白雨初霽　비가 막 개이니 산은 푸르고 구름은 희고,
　　石老溪淸塵不生　돌은 오래고 시내는 맑아 먼지 생기지 않네.

096 雉雉鳴鳩聲互答　꿩 우니 비둘기 울어 소리로 서로 화답하고,
　　老梅幽竹影交叉　늙은 매실과 그윽한 대 그림자를 교차하네.

097 萬卷芳塵吾有慕　많은 책 속의 성인 말씀 내가 경모하고,
　　一瓢眞樂子非涼　한 바가지 참 즐거움 그대 청량함 아닌가.

098 人隨流水何時盡　인생은 흐르는 물을 따라 어느 때 다하고,
　　竹帶寒山萬古靑　대나무는 차가운 산을 띠고 만고에 푸르네.

099 掠草低飛雙乳燕　풀을 스치듯 나직이 나는 한 쌍의 새끼 제비,
　　出墻微露半開花　담장에 돋아난 미묘한 이슬 맺힌 반만 핀 꽃.

100 石頭松老一片月　바위 머리 노송에 한 조각 달 걸리고,
　　天末雲低千點山　하늘 끝 구름 아래 점점이 산이네.

101 樵童野老行行問　나무꾼 아이, 들 노인에게 가며 물었지만,
　　流水柴門處處疑　흐르는 물, 사립문마다 고개 갸우뚱하네.

102 靑眼挑燈一夜話　반가운 눈으로 등불 돋우며 밤새 이야기하고,
　　紅顏騎竹十年情　홍안의 나이에 죽마 타며 사귄 십 년의 우정.

103 靜裏禪心無去住　고요 속에 선심은 가거나 머물거나 하지 않고,
　　客邊關路任高低　나그네 옆 관문 길은 높고 낮고 마음대로네.

104 百代興亡山不語　백 년 대대로 흥하고 망해도 산은 말하지 않고,
　　一樓烟火夜將闌　한 누각의 연화人煙 속에 밤은 깊어가네.

105 晨霞一掬和松栢　새벽노을 한 줌이 송백과 화합하고,
　　古屋三椽補薜蘿　세 칸 옛집을 벽라 덩굴로 보완했네.

106 牧因橫笛歸家緩　목동은 피리 부느라고 집에 늦게 돌아오고,
　　茶爲澆腸汲井忙　차는 장을 적시기 때문에 우물물 긷기 바쁘네.

107 煙外釣竿聊寓興　연하 밖에서 낚싯대로 잠시 흥에 머무르고,
　　夢中聲利更何求　꿈속에서 명성명리를 다시 왜 구하겠느냐?

108 纖纖繭絲結短網　곱고 고운 명주실로 짧은 그물 만들어,
　　遮得玉鱗澄潭中　맑은 못 가운데 던져 옥 비늘 물고기 잡네.

한영韓英 속담俗談

1. 공자 앞에 문자 쓴다.

   To teach a fish how to swim.

2. 서당개 3년에 풍월한다.

   The sparrow near a school sings the primer.

3. 금강산도 식후경.

   A loaf of bread is better than the song of many birds.

4. 재주는 곰이 하고, 돈은 되놈이 번다.

   One man sows and another man reaps.

5. 원숭이도 나무에서 떨어진다.

   Even Homer nods.

6. 꼬리가 길면 잡힌다.

   Murder will out. Born in a barn.

7. 아내가 귀여우면 처갓집 말뚝 보고 절한다.

   Love me, love my dog.

8. 용두사미.

   Starts off with a bang and ends with a whimper.

9. 믿는 도끼에 발등 찍힌다.

   Stabbed in the back.

10. 감언이설.

   Sweet talk.

11. 콩 심은 데 콩 나고 팥 심은 데 팥 난다.

   As one sows, so shall he reap.

12. 죽마고우.

   A buddy from my old stomping grounds.

13. 이심전심.

   To have the right chemistry. Tacit understanding.

14. 남의 떡이 커 보인다.

   The grass is greener on the other side of the fence.

15. 엎친 데 덮친다.

   Adding insult to injury.

16. 공중누각.

   Castle in the air.

17. 호미로 막을 데 가래로 막는다.

   A stitch in time saves nine.

18. 소 잃고 외양간 고친다.

   Mend the barn after the horse is stolen.

19. 종로에서 뺨 맞고 한강 가서 눈 흘긴다.

   Go home and kick the dog.

20. 사촌이 땅을 사면 배가 아프다.

   Turning green with envy.

21. 백문이 불여일견.

   One picture is worth a thousand words.

22. 첫술에 배부르랴.

   Rome wasn't built in a day.

23. 부전자전.

   Like father, like son.

24. 울며 겨자 먹기.

   Face the music. Bite the bullet.

25. 시작이 반이다.

   Well begun is half done.

26. 칠전팔기.

   If at first you don't succeed, try, try again.

27. 거두절미.

   Let's get to the point.

28. 소귀에 경 읽기.

   Talking to the wall.

29. 돌다리도 두드려보고 건너라.

   Look before you leap.

30. 돼지 목에 진주.

   Casting pearls before swine.

31. 개천에서 용 난다.

   A rags to riches story.

32. 눈에 가시.

   Thorn in the side.

33. 쥐구멍에도 볕들 날이 있다.

   Every dog has his own day.

34. 엎질러진 물이다.

   It's no use crying over spilt milk.

35. 두 손뼉이 맞아야 소리가 난다.

   It takes two to tango.

36. 가재는 게 편이다.

   Birds of a feather flock together.

37. 일석이조.

   Kill two birds with one stone.

38. 누워서 떡 먹기.

   It's a piece of cake.

39. 털어서 먼지 안 나는 사람 없다.

   Everyone has a skeleton in the closet.

40. 독 안에 든 쥐.

   A rat in a trap.

41. 벼룩의 간을 빼먹는다.

   Can't get blood from a turnip.

42. 구관이 명관.

   You don't know what you've got until you've lost it.

43. 일각이 여삼추.

   Every minute seems like a thousand.

44. 천생연분.

   Match made in heaven.

45. 줍는 사람이 임자다.

   Finders keepers, losers weepers.

46. 똥 묻은 개가 겨 묻은 개 나무란다.

The pot calls the kettle black.

47. 모르는 게 약이다.

Ignorance is bliss.

48. 금상첨화.

Icing on the cake.

49. 세 살 버릇 여든까지 간다.

What's learned in the cradle is carried to the grave.

50. 선무당이 사람 잡는다.

A little learning is dangerous.

51. 콩으로 메주를 쑨다 해도 믿지 않는다.

You've cried wolf too many times.

52. 팥으로 메주를 쑨다 해도 믿는다.

You could sell him the Brooklyn bridge.

53. 바늘 도둑이 소도둑 된다.

He that will steal a pin will steal an ox.

54. 헌신짝 버리듯.

Thrown away like an old shoe.

55. 호랑이 굴에 들어가야 호랑이를 잡는다.

Nothing ventured, nothing gained.

56. 호떡집에 불났다.

Running around like a chicken with its head cut off.

57. 긁어 부스럼.

Let sleeping dogs lie.

58. 미꾸라지 한 마리가 온 웅덩이를 흐린다.

One rotten apple spoils the barrel.

59. 누워서 침 뱉기.

Cut off your nose to spite your face.

60. 잔디밭에서 바늘 찾기.

Searching for a needle in a haystack.

61. 코끼리 비스킷.

A drop in the bucket.

62. 사공이 많으면 배가 산으로 올라간다.

Too many cooks spoil the broth.

63. 양지가 음지 되고 음지가 양지된다.

Life is full of ups and downs.

64. 갈수록 태산.

Out of the frying pan into the fire.

65. 낮말은 새가 듣고, 밤 말은 쥐가 듣는다.

Walls have ears.

66. 하룻강아지 범 무서운 줄 모른다.

Fools rush in where angels fear to tread.

67. 한 귀로 듣고 한 귀로 흘린다.

In one ear and out the other.

68. 김칫국부터 마신다.

Don't count your chickens before they hatch.

69. 온고이지신.

History repeats itself.

70. 찢어지게 가난하다.

   As poor as a church mouse.

71. 놓친 고기가 더 크다.

   The fish that got away is bigger.

72. 소 타면 말 타고 싶다.

   Greed has no limits.

73. 자라 보고 놀란 가슴 솥뚜껑 보고 놀란다.

   Once bitten, twice shy.

74. 송충이는 솔잎을 먹어야 한다.

   Don't bite off more than he can chew.

75. 웃는 낯에 침 뱉으랴.

   A soft answer turns away wrath.

76. 매 끝에 정든다.

   Spare the rod and spoil the child.

77. 우는 아이 젖 준다.

   The squeaky wheel gets the grease.

78. 팔이 안으로 굽는다.

   Charity begins at home.

79. 진퇴양난.

   Between a rock and a hard place.

80. 자업자득.

   Self do, self have. He got what he bargained for.

81. 곧은 나무 먼저 찍힌다.

   The good die young.

82. 아니 땐 굴뚝에 연기 나랴.

   Where there's smoke, there's fire.

83. 비 온 뒤에 땅이 굳어진다.

   After the storm comes the calms.

84. 피는 물보다 진하다.

   Blood is thicker than water.

85. 전화위복.

   Every cloud has a silver lining.

86. 공수래 공수거.

   Naked we come into the world and naked we leave it.

87. 모로 가도 서울만 가면 된다.

   The end justifies the means.

88. 이웃사촌.

   Near neighbor is better than a distant cousin.

89. 철면피.

   Thick skinned. Brass neck.

90. 쇠뿔은 단김에 빼라.

   Strike while the iron is hot.

91. 빈 수레가 요란하다.

   The worst wheel of the cart always creaks most.

92. 업은 아기 삼 년 찾는다.

   If it were a snake, it would bite you.

93. 엎드리면 코 닿을 데.

   Within a stone's throw.

94. 옷이 날개라.

Clothes make the man.

95. 입에 쓴 약이 병에는 좋다.

A good medicine tastes bitter.

96. 팔방미인.

A man of many talents.

97. 천 리 길도 한 걸음부터.

A journey of a thousand miles begins with a first step.

98. 뜻이 있는 곳에 길이 있다.

Where there is a will, there is a way.

99. 범 없는 골에 토끼가 스승이다.

When the cat's away, the mice will play.

100. 십인십색.

To each his own. Different strokes for different folks.

101. 티끌 모아 태산.

Little drops of water make the mighty ocean.

102. 그림의 떡.

Pie in the sky.

103. 백짓장도 맞들면 낫다.

Many hands make light work.

104. 걱정도 팔자.

Worry wart. Mind your own business.

105. 궁하면 통한다.

Necessity is the mother of invention.

106. 구르는 돌에는 이끼가 안 낀다.

A rolling stone gathers no moss.

107. 개도 나갈 구멍을 보고 쫓아라.

Don't back him into a corner.

108. 돈에 침 뱉는 놈 없다.

No one spits on money.

109. 군계일학.

Stands out in the crowd.

110. 호랑이도 제 말 하면 온다.

Speak of the devil.

111. 헌 짚신도 짝이 있다.

Every Jack has his Jill.

112. 될성부른 나무는 떡잎부터 알아본다.

As the twig is bent, so grows the tree.

113. 시장이 반찬이다.

Hunger is the best sauce.

114. 배부른 흥정.

To have the upper hand.

115. 눈 감고 아웅한다.

The cat that ate the canary.

116. 지렁이도 밟으면 꿈틀한다.

Even a worm will turn.

117. 못 먹는 감 찔러나 본다.

Sour grapes.

118. 무소식이 희소식.

No news is good news.

119. 세월이 약이라.

Time heals all wounds.

120. 이열치열.

Fight fire with fire.

121. 내 손톱에 장을 지지겠다.

I'll eat my hat.

122. 대장간에 식칼이 없다.

The cobbler's children go barefoot.

123. 깨가 쏟아진다.

They're a storybook couple.

124. 제 눈에 안경이다.

Beauty is in the eye of the beholder.

125. 침소봉대.

Making a mountain out of a molehill.

한시 초보자를 위한
한시 길잡이
― 영어와 함께 배우는 추구推句와 백련초해百聯抄解 ―

초판 1쇄 발행 2022년 10월 28일
초판 2쇄 발행 2023년 10월 31일

지은이 박원익
발행자 김동구
디자인 이명숙·양철민
발행처 명문당(1923. 10. 1 창립)
주 소 서울시 종로구 윤보선길 61(안국동)
        우체국 010579-01-000682
전 화 02)733-3039, 734-4798, 733-4748(영)
팩 스 02)734-9209
Homepage www.myungmundang.net
E-mail mmdbook1@hanmail.net
등 록 1977. 11. 19. 제1~148호

ISBN 979-11-91757-69-9 (03370)
20,000원